中国信托理论与实践丛书
CHINA TRUST THEORY AND PRACTICE SERIES

总主编 邢 成

资金信托

THEORY AND PRACTICE OF MONETARY TRUSTS

理论与实务

邢 成 袁吉伟 编著

本书编委会

陈镜宇 王 楠 赵 颖 邢知远

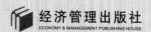

经济管理出版社
ECONOMY & MANAGEMENT PUBLISHING HOUSE

图书在版编目（CIP）数据

资金信托理论与实务/邢成，袁吉伟编著 . —北京：经济管理出版社，2019.9
ISBN 978-7-5096-4808-7

Ⅰ. ①资… Ⅱ. ①邢… ②袁… Ⅲ. ①资金信托—研究—中国 Ⅳ. ①F832.49

中国版本图书馆 CIP 数据核字（2019）第 244219 号

组稿编辑：王光艳
责任编辑：李红贤
责任印制：黄章平
责任校对：陈晓霞

出版发行：经济管理出版社
　　　　　（北京市海淀区北蜂窝 8 号中雅大厦 A 座 11 层　100038）
网　　址：www. E-mp. com. cn
电　　话：（010）51915602
印　　刷：三河市延风印装有限公司
经　　销：新华书店
开　　本：720mm×1000mm/16
印　　张：16. 25
字　　数：310 千字
版　　次：2020 年 1 月第 1 版　　2020 年 1 月第 1 次印刷
书　　号：ISBN 978-7-5096-4808-7
定　　价：98. 00 元

中国信托理论与实践丛书

编委会

总序言 | FOREWORD

　　习近平总书记在全国金融工作会议上强调，服务实体经济、防控金融风险、深化金融改革，促进经济和金融良性循环、健康发展。进入新时期我国信托行业机遇与挑战并存，面对新形势我国信托业新的转型定位迫在眉睫。尤其是在当前严监管和经济新常态的大背景下，伴随《关于规范金融机构资产管理业务的指导意见》的颁布实施，未来我国信托行业将迎来全新的发展机遇与挑战，新的发展时期亟待系统、科学、全面确定新的行业发展定位。

　　当前我国信托行业定位面临着新变化，新时期对信托业的功能作用提出了更高要求、信托机构同质化业务模式已经难以为继，信托业务定位必须最大程度满足新的市场需求。为应对这些变化，今后我国信托业发展定位，应确定以独特的信托法律关系为依托，以个性化的信托制度安排为特色，以私募（和公募）工具为资金保障，以科学的净资本管理为风控基础，支持实体经济发展，促进资本市场完善，助力人民美好生活，实现社会融资结构的合理化与渠道的多元化；在信托机构方面，应将信托机构定位为以受托人为根本定位和唯一职责，逐步从传统的非标类、债权型、同质性高速度外延增长的经营模式，转型发展成为以净值化、投资型、差异化高质量内涵发展的经营模式，并以管理佣金和投资收益分成为核心盈利模式，专业化、特色化的非银行金融机构；信托业务模式，应全面实现私募投行业务向资产管理业务转型、通道业务实现向财富管理业务转型，构建专业化驱动的核心竞争力。

　　纵观我国信托业自2002年"一法两规"框架下以来的发展历程，结合当前信托业的现状和所处的外部环境，我国信托业已经到了转型发展的窗口期。特别是2018年相继出台的《商业银行理财业务监督管理办法》和《商业银行理财子公司管理办法（征求意见稿）》，使我国资产管理市场和金融理财市场竞争环境更加严峻，我国信托业在面对众多的市场挑战、制度挑战和监管挑战的情况下，必须重新理解并全新界定我国信托业的发展定位。谋定而动，行稳致远。要彻底改变传统僵化的思维模式、经营理念和发展道路。积极探索并发展资产配置型资金信托、家族信托和慈善信托等本源业务。未来的五年注定是信托行业实现其战略转型的关键际遇期，挑战与机遇并存，信托业应在明确未来发展定位的前提下，回归本源、开拓创新、认清资源禀赋、发挥比较优势。秉承"以信为本，谨慎忠诚"的信托文化，继往开来，不忘初心，砥砺前行，再创一个信托业黄金十年发展期。

邢成

2019.12

前言 | PREFACE

自 2018 年《关于规范金融机构资产管理业务的指导意见》（银发〔2018〕106 号）颁布实施以来，信托与商业银行等其他金融同业处在同一监管标准下公平展业，市场环境和竞争生态都发生了巨大变化，信托业赖以生存的传统业态受到颠覆性冲击。信托业不得不对其主流业务——传统的资金信托业务深入反思和彻底改革。将资金信托重新划分为融通型资金信托和资产配置型资金信托就是重要的改革思路之一。

资金信托作为信托机构最为核心的信托业务，一直是信托机构盈利来源的最主要组成部分，占信托公司全部利润总额的 80% 以上。据统计，迄今信托全行业资金信托规模约 20 万亿元，占信托行业信托资产总规模的比例达到 84.24%。

作为中国信托业传统核心业务的资金信托内容包括什么，在我国发展中有着怎样的历史沿革，传统资金信托业务目前面临着哪些发展困境，新时期的资金信托标准又进行着哪些创新和转型等，这些关乎信托公司生存和资金信托发展的重大问题，都将在本书中得到系统研究和深入探讨。

本书运用理论分析与实务分析，从资金信托的发展历史出发，对传统资金信托的内容、特点、问题以及新时期资金信托的创新与发展进行了具体介绍。同时，从当前信托行业发展资金信托的业务实践出发，在全新市场环境和监管政策下，对融通型资金信托和配置型资金信托的业务范围、产品结构、操作流程、交易对手、市场开发、风险防控以及创新思路等业务实操进行了实务研究。

本书将理论与实务密切结合，是研究机构、信托公司、金融同业、监管部门重要的参考文献来源，具有较高的学术价值和实务应用价值。

目录 │ CONTENTS

第一章

信托的主要分类

自 2007 年《信托公司管理办法》和《信托公司集合资金信托计划管理办法》（以下简称"新两规"）颁布以来，我国信托业务一直呈现较快的发展势头。2008 年底，信托资产规模首次突破万亿元大关，达到 1.22 万亿元。此后，信托资产规模于 2013 年底突破 10 万亿元大关；截至 2018 年底，我国信托资产规模为 22.70 万亿元，较 2017 年小幅回落。

信托业的快速发展带动了信托产品创新步伐，信托产品类别呈现多样化衍生趋势，通过对信托产品分类的进一步规范有助于理顺信托业的发展方向和发展思路，规范市场对信托业的认知。

第一节 信托的法律分类

为了调整信托关系，规范信托行为，保护信托当事人的合法权益，促进信托事业的健康发展，第九届全国人民代表大会常务委员会第二十一次会议（2001年 4 月 28 日）通过了《中华人民共和国信托法》（以下简称《信托法》）。《信托法》将信托行为定义为：委托人基于对受托人的信任，将其财产权委托给受托人，由受托人按委托人的意愿，以自己的名义，为受益人的利益或者特定目的，进行管理或者处分的行为。

《信托法》从信托的设立、信托财产、信托当事人、信托的变更与终止和公益信托五个方面对信托行为进行约束。基于此，可依据信托设立方式、信托行为产生根据、委托人和受托人身份、信托利益归属、信托目的、受托人职责等视角，在法律层面对信托进行分类。

一、依据信托设立方式的分类

《信托法》第二章第八条规定"设立信托，应当采取书面形式"。书面形式具体包括信托合同、遗嘱或者法律、行政法规规定的其他书面文件等。其中，采取信托合同形式设立信托的，信托于合同签订时成立；采取其他书面形式设立信托的，信托于受托人承诺信托时成立。

根据信托设立的方式不同，可将信托分为合同信托、遗嘱信托和宣言信托。

（一）合同信托

1. 合同信托的概念

合同信托是指当事人以合同方式设立的信托，即首先由委托人和受托人以合同形式形成意思表示的合意，其次基于该合意的结果成立信托。信托合同是信托设立的典型形式，是由委托人与受托人签订的，以设立、变更、终止信托关系为内容的书面协议。信托合同具体体现信托当事人的信托意思，是信托当事人意思表示的载体。设立信托的当事人仅包括委托人和受托人，受益人虽包含在信托关系中，但其收益权是委托人和受托人设立信托的结果，受益人是单纯享受信托利益的人。因此，委托人和受托人通过签订信托合同设定信托，受益人的意愿与信托合同的设立并无直接关系。

2. 信托合同所包含的一般条款

信托合同一般根据《中华人民共和国信托法》、《信托投资公司管理办法》、《信托投资公司资金信托管理暂行办法》、《中华人民共和国民法通则》（以下简称《民法通则》）、《中华人民共和国合同法》（以下简称《合同法》），及其他有关法律、法规和规章，由委托人和受托人在协商一致后签订。

信托合同通常包括信托当事人的权利和义务、信托目的、信托期限、信托资金及其交付、信托财产与费用承担、信托财产的管理与风险承担、信托收益、信托受益权转让、信托的变更与终止等一般条款。其中，信托财产包括受托人因承诺信托取得的信托资金、因信托财产的管理（运用或处分）而形成的财产、因前述一项或数项财产灭失（毁损或其他事由）形成或取得的财产、其他杂项收入；信托财产承担的费用包括受托人报酬、信托财产管理（运用或处分）过程中发生的税费、信息披露费用、中介费用（例如律师费、审计费、手续费、银行推介费等）、营销及推介费用、信托终止时的清算费用；信托合同终止的情况包括信托期限届满、信托被解除、经合同双方协商同意、信托的存续违反信托目的、信托的目的已经实现或不能实现。

3. 信托合同的特点

（1）信托合同属于民事合同。首先，信托合同是委托人与受托人之间的民事行为，是基于双方当事人意思表示而成立的表意行为；其次，它是各方当事人意思表示一致的民事行为，是当事人自愿协商一致的产物；最后，它是以设立、变更和终止信托权利义务关系为内容的民事行为，所涉及的权利和义务均属于民事性质。因此，信托合同具有民事合同的一般特点，即当事人订立、履行民事合同时，遵循平等原则、自愿原则、公平原则、诚实信用原则、公序良俗原则以及合法原则。

（2）信托合同属于要式合同。要式合同与非要式合同是一组相对的概念，两者的区别在于是否以一定的形式（例如，采用书面形式、批准、登记等）作为合同成立和生效的条件。我国《信托法》明确规定，信托合同只能采用书面形式订立。因此，信托合同要归入要式合同范畴。

（3）信托合同属于诺成合同。诺成合同与实践合同相对应，即诺成合同的成立不依赖于合同标的物的交付，合同各方就合同主要条款意思表示一致即可成立，有时又被称为不要物合同。在诺成合同中，交付标的物或完成其他给付是合同相关方的义务，违反该义务会产生违约责任。而我国《信托法》规定，采取信托合同形式设立的信托在合同签订时成立，委托人将信托财产的管理权交付受托人在信托合同一般条款中的"信托当事人的权利和义务"项下加以约定。因此，信托合同的成立并不以信托财产的转移为必要构成要件，信托合同属于诺成合同。

4. 信托合同的成立与生效

信托合同的成立与生效并非同一概念，信托合同的成立体现的是信托当事人的意志，信托合同成立与否是一个事实判断问题，关注于信托是否已经客观存在；而信托合同的生效体现国家对信托关系的评价，信托合同生效与否是一个法律价值判断问题，关注于信托是否取得法律认可的约束力。

（1）信托合同的成立。信托合同的成立一般包括四个要件：信托当事人、信托目的、信托财产和书面形式。其中，信托当事人包括委托人、受托人和受益人；信托目的要明确体现当事人的意思表示行为；信托财产要有明确的名称、种类、基本状况及范围；书面形式主要包括信托合同、遗嘱或者法律、行政法规规定的其他书面文件等。《信托法》第二章第八条对此进行了明确说明。

在实践中，信托合同的成立存在一些复杂情况。例如，信托当事人没有采用书面形式设立信托，但实际已履行信托项下的义务。依照《信托法》的标准，难以确定信托合同是否成立，但依据《合同法》第三十六条和第三十七条之规定，法律、行政法规规定或者当事人约定采用书面形式订立合同，当事人未采用书面形式，但一方已经履行主要义务，对方接受的，或者采用合同书形式订立合同，在签字或者盖章之前，当事人一方已经履行主要义务，对方接受的，该合同成立。结合《信托法》与《合同法》的相关条款，能对实践中的复杂问题进行判别。

（2）信托合同的生效。根据《信托法》及《民法通则》的规定，信托合同生效包括一般要件和特殊要件。一般要件包括：信托当事人主体适格、信托意思的真实表示、信托内容不违反法律或者社会公共利益。特殊要件包括：信托目的合法、信托财产能够确定且为委托人合法所有、受益人或者受益人范围确定。

具体而言，信托合同的生效包含以下几种情况：信托合同依法成立时生效（例如，普通私益信托）；依规定办理信托登记时生效；管理机构批准时生效（例如，公益信托）；信托当事人约定的条件成就时生效；信托合同期限届至时生效。

（二）遗嘱信托

1. 遗嘱信托的概念

遗嘱信托是指由立遗嘱人将其遗产通过信托遗嘱行为而设立的信托，是遗嘱人为使其死后的遗产发生信托法律效力，而依法单方所立的以设立信托关系为内容的书面文件，委托人死亡时该信托生效。在信托遗嘱中，遗嘱人将其遗产作为信托财产而转移给受托人管理或处分，受托人按照遗嘱规定将信托利益交付给遗嘱人指定的受益人或用于遗嘱人指定的公益事业。

在个人财富的积累和代际的传承中，遗嘱信托的财产管理功能受到社会公众的普遍关注。遗嘱信托行为是单方、死因法律行为，与合同信托不同，遗嘱人生前可以变更或撤销信托，并且遗嘱信托只有在委托人死亡时才能生效。

2. 信托遗嘱的特点

其一，遗嘱信托可防争端与侵占，采用遗嘱信托方式，能够有效延续遗嘱人的主观意志，并弥补继承人理财能力的不足，甚至可以保障立遗嘱人在去世后对其财产进行合理有序的分配，规避复杂的亲属关系产生的遗产纠纷。其二，信托遗嘱行为属于单方法律行为，基于当事人一方的意思表示就可以发生法律效力的民事法律行为，无须得到对方当事人同意的意思表示即不需进行合意。其三，遗嘱信托不可能是自益信托，只能为他益信托或公益信托，当遗嘱信托生效时，委托人已不在人世，无法成为受益人。

3. 遗嘱信托的生效

虽然遗嘱信托使委托人能够依照自己的意愿处置个人遗产，但《信托法》第十三条也明确表述"设立遗嘱信托，应当遵守继承法关于遗嘱的规定"。我国《民法通则》和《中华人民共和国继承法》（以下简称《继承法》）对有效遗嘱具备的实质要件进行如下约定：其一，遗嘱人在立遗嘱时必须具有遗嘱能力，属于完全民事行为能力人；其二，遗嘱必须是遗嘱人真实意思的表示；其三，遗嘱应当对缺乏劳动能力又没有生活来源的继承人保留必要的遗产份额；其四，遗嘱只能处分遗嘱人的个人合法财产；其五，遗嘱内容不得违反社会公德和公共利益。

4. 信托遗嘱的撤销与变更

立遗嘱人生前有权撤销或者变更自己所立遗嘱。具体的撤销或变更方式为：其一，立遗嘱人可另立遗嘱并在新遗嘱中声明对原来所立遗嘱变更或撤销；其二，直接将所立遗嘱销毁或在所立遗嘱上进行变更；其三，通过生前与遗嘱内容相抵触的行为撤销或变更原来所立遗嘱。

遗嘱人生前立有多份遗嘱的，若前后内容相矛盾，则应当以后面的遗嘱为准。但是，按照我国《继承法》的规定，后面以自书、代书、录音、口头等方式设立的遗嘱，不能撤销或变更前面的公证遗嘱。

5. 遗嘱信托的类别

根据遗嘱信托受托人的不同职责，可将遗嘱信托进一步划分为遗嘱执行信托和遗产管理信托。

遗嘱执行信托主要内容包括债权债务的清偿、税款及其他支付、遗赠物的分配、清理和分割遗产等方面。遗嘱执行信托大多是因遗嘱人财产较多，遗产的分割处理关系比较复杂，且缺少可靠执行人等而设立的，主要目的是帮助委托人分配遗产。因此，除了巨大和复杂的产业之外，遗嘱执行信托的期限较短，一般不超过三年。

遗产管理信托的主要目的是对遗产进行管理。通常适用于继承人尚不确定或不明确、继承人尚不具备管理遗产的能力等情况下，代替委托人管理遗产。遗产管理信托的内容与遗嘱执行信托的内容虽有交叉，但侧重于管理遗产方面，而非遗产分配。

（三）宣言信托

宣言信托是指委托人以自己为受托人就特定财产设立的信托。通过宣言信托，委托人将其财产列为信托财产，并由其自任受托人为特定的人或特定的目的来进行管理和处分。由于宣言信托的受托人一般是委托人自身，并且只存在由该委托人所做出的关于设立信托关系的声明和表示，不存在信托财产转移的事实。因此，英美法系国家、日本和我国台湾地区承认的宣言信托，在我国大陆地区尚未被法律认可。

二、依据信托行为产生根据的分类

《信托法》第二章第六条明确表示"设立信托，必须有合法的信托目的"，而信托行为产生的不同依据又体现了信托目的的不同形式。因此，按照信托行为产生的依据不同，可将信托分为意定信托和非意定信托。

（一）意定信托

意定信托是指由信托当事人的意思表示和法律行为而设立的信托，又称为明示信托。合同信托、遗嘱信托和宣言信托就是意定信托。意定信托的设立依赖于信托当事人明确的意思表示，体现了信托当事人之间明确的契约关系：其一，意定信托必须体现明确的信托目的；其二，意定信托必须指明信托财产的类别与范围；其三，意定信托必须以指定方式或定义方式充分明确受益人或受益人范围。上述任何一方面的不确定都不能成立意定信托。

《信托法》第二章第七条规定"设立信托，必须有确定的信托财产"，第十一条进一步约定信托在受益人或者受益人范围不能确定时无效。因此，通过各种形式的契约明确表示信托当事人意思的意定信托在我国是被承认的。

（二）非意定信托

非意定信托指不是由委托人明确的意思表示和法律行为而设立的信托，又称为默示信托。非意定信托主要有法定信托、推定信托等类别。

法定信托并不依据委托人或信托当事人的意思表示而设立，而是依据有关法律的明确规定在某种情况下应当成立的信托。以英国 1925 年颁布的《财产法》和《遗产管理法》为例：其一，若财产所有人未留遗嘱而死亡，则依照英国法律规定将以其遗产管理人为财产受托人，以其特定范围的亲属为受益人成立遗产分配信托；其二，若未成年人与某成年人合法地共同受让某项不动产财产权，则依照英国法律规定，以该成年人为受托人，以全体受让人为受益人而成立法定信托。上述法定信托的信托意图和当事人权利义务完全依法律规定，并未体现信托当事人明确的意思表示。

推定信托指法院依据特定情况推定存在一项信托，并要求当事人作为推定受托人而承担责任，防止信托当事人获得不当利益，维护信托关系的公平正义。其中，"特定情况"主要指财产并未体现其合法拥有人或管理人的真实意愿，而转移到其他人手中。推定信托依据衡平法原则设立，即财产受托人不享有受益权原则。例如，当事人不公正地占有他人财产并获取财产收益，或财产所有人的代理人（监护人、律师等）不正当地利用信任关系获取财产及其收益，均违背衡平法原则。在英美法系下，法院有权撤销当事人或代理人所获得的财产收益，并强制设立推定信托。推定信托规则旨在禁止占有他人财产的当事人不公正地取得他人财产收益。

无论是法定信托还是推定信托均与委托人是否具有设立信托的意思表示无关，信托成立的要件为法律规定或法院推定，不受当事人意图影响。英美《信托法》对这两类信托均予以承认，但我国《信托法》原则上并不承认此类非意定信托。

三、依据委托人法律性质的分类

《信托法》第四章第十九条明确表示"委托人应当是具有完全民事行为能力的自然人、法人或者依法成立的其他组织"。因此，按照委托人法律性质的不同，可将信托分为法人信托和个人信托。

（一）个人信托

1. 个人信托的概念

个人信托以自然人作为委托人，并以其名下各类财产权（包括现金、有价证券、不动产等）为中心，基于财产管理、财富增值的目的，委托信托机构（受托人）依照信托契约执行信托财产的各项管理和运用。

2. 个人信托的特点

个人信托内容的多样性与灵活性使个人信托具备以下特点：

其一，信托的目的存在多样性，不同委托人拥有的财产结构、规模不尽相同，信托意图也多种多样。具体包括：破产隔离，保护财产使个人财富增值；规划遗产避免继承纠纷，惠及更多的子孙后代或指定的受益人；通过购买保险、投资等多种财产规划，合理合法节税。

其二，受托人的职责存在多样性，首先，受托人接受信托财产，并对财产进行管理运用确保其保值增值；其次，受托人通常也要负责依据委托人的意愿在受益人之间进行收益权的分配。

其三，信托财产管理的专业性，个人信托的受托人一般为专业的信托机构，对信托财产的管理具有专业性和合规性。

其四，信托财产的存续性，通过适当的规划，信托财产将不受委托人死亡、破产或丧失行为能力等因素影响，在信托目的完全实现之前可以长期存续。

3. 个人信托的类型

个人信托早期出现在英国，当时的个人信托主要依靠人与人之间的相互信任，通过委托来进行财产转移。随着资本市场的创新步伐加快，个人信托的业务也呈现持续快速增长态势。作为信托发源地的英国，个人信托的类型主要包括：财产管理、执行遗嘱、管理遗产、财务咨询等。在我国，根据委托人的生命期，个人信托的类型包括生前信托和身后信托。其中，身后信托又包括遗嘱信托、监护信托、人寿保险信托等类型。

（二）法人信托

1. 法人信托的概念

法人信托是指由公司、社团等法人委托信托机构办理的各种信托业务，又称为机构信托、公司信托、团体信托等，是个人信托的对称。法人信托的设立有助于企业塑造良好的公众形象，并增强公司的凝聚力。

2. 法人信托的特点

法人信托业务的产生和发展建立在多种法人机构较大发展的基础之上，具备以下特点：其一，法人信托的受托人只能由具有法人资格的专业信托机构承担，任何个人都没有受理法人信托的资格。其二，法人信托与企业的生产或者企业职工的直接利益具有密切联系，并且，此类信托财产一般规模较大，信托机构在管理法人信托财产时一般会采取谨慎的风险管控措施。其三，法人信托与社会经济发展关系密切，具有较强的顺周期特征。在经济增长期，法人信托业务规模伴随着企业经营效益向好而上升；在经济衰退期，法人信托业务规模伴随着企业经营效益恶化而下降。其四，法人信托的业务范围具有多样性，涵盖公司债、公司创设、改组、合并、撤销、清算、公司理财和融资服务等多类业务。

3. 法人信托的类型

基于业务的涵盖范围，法人信托的类型包括：

(1) 公司创设信托。信托公司受公司发起人委托代为办理有关公司创设事项。例如，代理建立内部管理制度、代理建立财会核算体系、代理募集资金等。

(2) 公司改组合并信托。信托公司协调参与改组或合并的各家公司，办理法律手续推动改组合并的完成。

(3) 公司解散清算信托。信托公司收回待解散公司的债权，并清偿其债务，核算并分派剩余财产。

(4) 企业筹资信托。辅助证券发行公司发行推销，顺利募集资金。

(5) 雇员受益信托。雇主为调动员工的积极性，为了雇员的利益而设立信托。

四、依据受托人接受信托的目的的分类

《信托法》第一章第三条规定"委托人、受托人、受益人（以下简称"信托当事人"）在中华人民共和国境内进行民事、营业、公益信托活动，适用本法"。因此，按照受托人接受信托是否为营业目的，可将信托分为民事信托和营业信托。

（一）民事信托

1. 民事信托的概念

民事信托，又称为非营业信托，指由不以营利为目的的人担任受托人的信托。民事信托以完成一般的民事法律行为为内容，以个人财产为抚养、赡养、遗产继承等目的而设立的信托。除非信托行为中存在特别规定，民事信托的受托人不可以收取报酬。民事信托原则上适用《信托法》、《继承法》、《中华人民共和国民法》（以下简称《民法》）、《中华人民共和国婚姻法》（以下简称《婚姻法》）和《中华人民共和国劳动法》（以下简称《劳动法》）等法规的规定。

2. 民事信托的特点

（1）民事信托中委托人与受托人的关系紧密，民事信托注重委托人的意思表示，能够确保委托人信托意图的顺利实现。民事信托的委托人能在法律允许的框架下自主设定信托条款。

（2）由于信托的设立不以营利为目的，民事信托受托人在管理信托财产时存在消极管理、处分信托财产的倾向，不利于信托财产的保值。

（3）民事信托的受益人与委托人往往并不相同，受托人在帮助委托人实现信托意图时往往不收取报酬，管理信托财产所产生的费用从信托财产中进行偿付或列支。

（4）民事信托的受益人由委托人在设立信托时指定，信托文件中一般会对受益权的转让设定禁止条款。

（二）营业信托

1. 营业信托的概念

营业信托，又称商事信托，指由以营利为目的，将信托作为业务经营活动的机构担任受托人的信托。目前我国从事营业信托业务的受托人主要指信托公司，其从事营业信托业务，不仅要遵循《信托法》的规定，还要受到相关金融法规的约束和监管部门的监管。

2. 营业信托的特点

与民事信托相比，营业信托具有下述特点：

（1）营业信托的受托人均为从事信托业务的专业机构，自然人无法成为营业信托的受托人。

（2）营业信托的委托人和受益人存在一定程度的重合，甚至委托人就是受益人。受益人在取得收益权的同时，委托人获取信托报酬。

（3）营业信托中的受益权可以转让，受益权凭证具备流通性。

（4）营业信托的委托人和受益人的合法权益在现代信托业法治框架下，受到更为严格的保护。

（5）营业信托的成立并不以信托财产的现实存在为前提条件，而民事信托则要求信托财产已经存在。

五、依据信托利益归属的分类

《信托法》第四章第四十三条规定"受益人是在信托中享有信托受益权的人。受益人可以是自然人、法人或者依法成立的其他组织"。因此，依据委托人是否为受益人享有信托利益，可以将信托分为自益信托和他益信托。

（一）自益信托

1. 自益信托的概念

自益信托指由委托人本人享受信托利益的信托，受益人即为委托人本人。2009年2月4日，中国银行业监督管理委员会签发修订《信托公司集合资金信托计划管理办法》，其中第二章第五条明确规定了信托公司设立集合资金信托计划的要求，"参与信托计划的委托人为唯一受益人"为要求之一，即表明集合资金信托属于典型的自益信托的范畴。

从广义层面来看，自益信托又可基于委托人是否为唯一的受益人，进一步分为纯自益信托和混合自益信托两类。纯自益信托即委托人是唯一的受益人，混合自益信托的受益人是包括委托人在内，且并不唯一。但是，在其他受益人让渡或丧失受益权的情况下，混合自益信托也能转变为纯自益信托。从狭义层面来看，自益信托仅指委托人为唯一受益人的纯自益信托。

2. 自益信托与债务隔离

《信托法》第三章第十五条规定"委托人不是唯一受益人的，信托存续，信托财产不作为其遗产或者清算财产"，即混合自益信托在生效状态下，委托人的债权人无权要求以信托财产偿还其债权，但是作为受益人之一的委托人的信托受益权可作为遗产或清算财产。此外，《信托法》第十五条还规定"设立信托后，委托人死亡或者依法解散、被依法撤销、被宣告破产时，委托人是唯一受益人的，信托终止，信托财产作为其遗产或者清算财产"，以及第四十七条规定"受益人不能清偿到期债务的，其信托受益权可以用于清偿债务"，即自益信托并不存在绝对的债务隔离功能。

《信托法》第二章第十二条甚至保留了撤销已存续信托的窗口，"委托人设立信托损害其债权人利益的，债权人有权申请人民法院撤销该信托"。当委托人的债权人就信托的目的向法院提出质疑时，自益信托被判定为目的违法而撤销的可能性较高。此时，信托财产被归结为委托人（受益人）的一般责任财产，债务隔离功能无法实现。

3. 自益信托的撤销与解除

信托的解除指信托关系当事人基于法律或者信托文件的规定，在信托存续期间

行使解除权，从而使信托关系归于消灭的民事法律行为。纯自益信托的委托人为自己的利益而设立信托，委托人及其继承人在信托存续的任何时刻，都享有随时解除或撤销信托的权利，因为这并不会损害其他信托当事人的利益。因此，纯自益信托的委托人或者其继承人不需要有任何理由就可以解除信托，而且不必征得受托人的同意。

依据信托关系的特殊性，受托人没有解除信托的权利。当受托人由于各种原因不再承担对信托财产的管理、处分职责时，可以辞任以终止受托人职责。新的受托人可依照信托文件的规定选任，或者由委托人或者受益人选任。

（二）他益信托

1. 他益信托的概念

他益信托指由委托人以外的人作为受益人，享受信托利益的信托。他益信托较为重要的功能是财富传承，公益信托、慈善信托可将委托人的财富向社会所需领域配置，是典型的他益信托。在遗产税开征的背景下，国内的富裕群体可以将自身合法资产转变为信托财产，规定继承人为受益人，定期获得生活费，这也属于他益信托范畴。

但目前，他益信托在我国信托业务中的占比并不大。一方面，由于我国信托业相关法规、监管要求对他益信托的设定及运营存在模糊领域，相关业务的大量开展存在制度瓶颈。例如，我国公益信托业务的开展一直以来饱受监察人制度模糊的制约，伴随《慈善法》的颁布，虽然制约公益信托的这一法律瓶颈得到解决，但其他领域依然存在类似问题。另一方面，我国信托受托人开展信托业务的最终目的多为帮助委托人实现信托财产的增值，并不是财产转移或继承。因此，我国信托业务中他益信托占比较小。

2. 他益信托的变更与解除

他益信托的受益人与委托人不是同一人，因此不能像自益信托那样随意解除信托。他益信托的委托人变更受益人需要满足特定的条件：其一，受益人对委托人有重大侵权行为，故意（或过失）侵害其财产权、人身权等合法权益。根据社会公平、正义和道德的考量，委托人可以申请变更受益人，或者取消受益人的部分受益权。其二，某一受益人对其他受益人有重大侵权行为，违背了委托人在设立信托时使全部受益人都能从中受益的意图，委托人可以变更该受益人，或者取消其部分受益权。其三，受益人并未对其他信托当事人施加侵权行为，自愿放弃信托受益权。经信托受益人的同意，信托委托人能够变更受益人，或者处分该受益人的受益权。

此外，当信托受益人对委托人有重大侵权行为时，或者信托受益人基于自己真实意愿的表露同意放弃信托收益权时，委托人可依据规定解除信托，受益人的信托受益权也随之灭失。

六、依据委托人信托目的的分类

《信托法》第二章第六条规定"设立信托，必须有合法的信托目的"，并且第九条也指出设立信托的书面文件应载明包括信托目的在内的一系列事项。因此，依据委托人设立信托的目的的不同，可以将信托分为私益信托和公益信托。

（一）私益信托

1. 私益信托的概念

私益信托是委托人以实现本人或其他特定人利益为目的而设立的信托。私益信托设立时，享有信托利益的受益人是确定的或可以确定的。私益信托的利益仅归信托行为所制定的某一人或某些人所享受。在信托实务中，大部分信托都是私益信托，委托人一般是企业或者个人，信托目的是通过信托投资获取最大化的收益。

2. 私益信托的目的

委托人在创设私益信托时，往往基于税收规避、财富增值、财产管理等方面的要求。其一，委托人为有效规避财产分配给家庭成员或朋友而产生的赠与税或遗产税设立私益信托；其二，委托人可能基于专业化、规模化等诸多投资需求，不愿自己管理财富，通过创设以自己为受益人的信托，获取信托投资的纯收益以及信托本金；其三，委托人为保护受益人在将来可能发生不幸时获取帮助，或避免受益人挥霍遗产后遭受生活困境，设立私益信托对财产的分配进行管理。

（二）公益信托

1. 公益信托的概念

公益信托是指为了某种公共利益而设立的信托。公益信托的目的包括但不限于：救济贫困、救济灾民、扶助残疾人、发展教育事业、促进科技创新、保护传承优良文化、发展艺术体育事业、完善医疗卫生服务体系、环境保护、恢复生态多元化等。因此，公益信托的目的是促进社会公益事业的发展，促进社会的文明与进步。

基于公益信托的目的，公益信托的受益人并不是委托人特别指定的人，应该是社会公众中符合规定条件的人。而各个国家为了鼓励公益信托，大多对公益信托的设立给予不同程度的税收优惠。

2. 公益信托与私益信托的区别

根据《信托法》的有关规定，私益信托和公益信托在信托目的、设立的许可、是否设置信托监察人、受托人辞任条件、信托连续性、政策优惠等方面存在诸多区别。

其一，私益信托可以是自益信托也可以是他益信托。私益信托的委托人可以将受益人设定为自己，也可以将受益人设定为亲属、朋友或其他关联主体。私益信托的目的可以是任何不违反信托相关法规的确定性的私人目的。公益信托仅可能是他益信托，信托受益人不能是确定的主体，只能以社会公众或者一定范围内的社会公众作为受益人。公益信托的目的为一般的公益、慈善目的即可，并不要求过于具体明确。

其二，私益信托（除证券投资信托和资产证券化信托之外）的设立并不需要获得相关主管机构的事前批准。《信托法》第六十二条和六十四条规定"公益信托的设立和确定其受托人，应当经有关公益事业的管理机构批准"，并且"公益信托应当设置信托监察人"。

其三，《信托法》第六章第六十六条规定"公益信托的受托人未经公益事业管理机构批准，不得辞任"，即公益信托的受托人必须经公益事业管理机构批准方能辞任，而私益信托对受托人的辞任并无约束或限制条款。

其四，《信托法》第六章第七十二条规定"公益信托终止，没有信托财产权利归属人或者信托财产权利归属人是不特定的社会公众的，经公益事业管理机构批准，受托人应当将信托财产用于与原公益目的相近似的目的，或者将信托财产转移给具有近似目的的公益组织或者其他公益信托"，即公益信托可以永续存在。而私益信托的永续存在并不受到鼓励，英美信托法要求私益信托使用"反永续规则"，我国《信托法》虽没有明确表述，但为个人利益服务的信托永久存在与社会公序良俗相违背。

其五，私益信托通常没有税收优惠措施，但公益信托经备案后有可能获得优惠政策，以鼓励其发展。

七、依据受托人职责的分类

《信托法》第四章第二十五条规定"受托人应当遵守信托文件的规定，为受益人的最大利益处理信托事务"。依照受托人职责的不同，可以将信托分为主动管理信托和被动管理信托。

（一）主动管理信托

1. 主动管理信托的概念

主动管理信托又称为积极信托，指受托人在进行信托财产的管理和处分时，承担积极义务的信托。在当前信托资产扩张趋稳，行业竞争日趋加剧的时代，信托公司之间的竞争主要体现为主动管理能力的竞争，体现受托人管理信托财产能动作用的积极信托迎来了较大的发展契机。

在主动管理信托中，信托公司作为受托人在产品推介、项目筛选、投资决策和实施过程中承担主要管理职责，发挥主导性作用，并收取合理的信托报酬。因此，主动管理信托一般为营业性质的信托。但在现代信托实务中，信托公司也会将上述个别职责外包给其他金融机构，只要这一行为不影响受托人的主动管理地位，此信托项目依然是主动管理信托。同时，《信托法》第四章第三十条规定"受托人应当自己处理信托事务，但信托文件另有规定或者有不得已事由的，可以委托他人代为处理"，如果部分事务委托他人代理"应当对他人处理信托事务的行为承担责任"。

2. 主动管理信托的优势

信托公司关注并开展主动管理信托将从以下方面获益：

首先，有助于培育核心团队的主动管理能力。主动管理信托业务的开展使信托公司对信托财产的管理和处分具有较高的裁量权，信托公司的主要工作将从规避操作风险寻找合适的第三方金融机构，转变为关注资本市场的行情信息寻找投资机会，进行产品创新。

其次，提高在资产管理市场的主体地位。主动管理能力的提高有助于信托公司在与其他金融机构的业务合作中提高其不可替代性，并参与产品设计的核心环节、高附加值环节，提高市场主体地位。

最后，获取较高的信托报酬。信托公司通过主动管理能力的提高，一方面降低业务外包的规模，将因进行信托财产管理而获得的信托报酬尽可能留存下来；另一方面提高业务参与过程中的附加值也使信托公司在同业合作中具有较强的报价权，从而提高信托报酬，增加公司利润。

3. 主动管理信托的意义

监管机构鼓励信托公司大力开展主动管理信托业务，《信托公司净资本管理办法》以及相关的"信托公司风险资本计算表"均对此有所体现。代表主动管理能力的单一投资类信托业务的风险系数分布区间为 $0.3\% \sim 0.8\%$，整体低于单一融资类业务 $0.3\% \sim 1.0\%$ 的分布区间。同时，银保监会也明确鼓励信托公司以"受人之托、代人理财"为本，加强产品研发和投资管理团队建设，提高主动管理能力，开发适应市场发展需求的主动管理信托。信托公司强化主动管理能力，有助于将信托业务推向高端市场，实现内涵式增长。

（二）被动管理信托

1. 被动管理信托的概念

被动管理信托又称为消极信托，是指受托人虽在事实上占有信托财产，并且在法律上也对该财产享有所有权和负有管理义务，但受托人只是消极被动地接受委托人或受益人的指示，对信托财产进行管理和处分，不能积极主动地履行财产管理义务。在信托发展的初期阶段，信托公司为占领市场而利用自身的信托牌照所开展的一系列通道业务大多具有对信托财产消极管理的特点。

在被动管理信托中，信托公司作为受托人，在产品推介、项目筛选、投资决策和实施过程中不承担主要管理职责，仅承担一般性的辅助工作，收取较低的信托报酬。依据《信托公司监管评级与分类监管指引》的要求，未被判定为主动管理信托的项目均应被划为被动管理信托。

2. 被动管理信托的特点

2017 年 4 月中旬，银监会下发《信托业务监管分类试点工作实施方案》和《信托业务监管分类说明（试行）》，明确了主动管理信托和被动管理信托的业务划分标准。

其中，《信托业务监管分类说明（试行）》指出，被动管理型信托应当具有以下主要特征：

（1）信托设立之前的尽职调查由委托人或其指定的第三方自行负责。信托公司有权利对信托项目的合法性、合规性进行独立的尽职调查。

（2）信托的设立、信托财产的运用和处分等事项，均由委托人自主决定或信托文件事先明确约定。

（3）信托公司仅依法履行必须由信托公司或必须以信托公司名义履行的管理职责，包括账户管理、清算分配及提供或出具必要文件以配合委托人管理信托财产等事务。

（4）信托终止时，以信托财产实际存续状态转移给信托财产权利归属人，或信托公司根据委托人的指令对信托财产进行处置。

第二节　信托的实务分类

在实务中，信托业务一般以经营为基础进行分类，不同类型的信托业务，其经营模式不同。信托的实务分类应该遵循以下原则：其一，科学、规范性原则。信托业务的分类应该具有科学性、规范性、客观性，使用名称应该统一并能够在理论与实务研究中被广泛接受。其二，全面适用原则。信托业务的分类应具有广覆盖、多维度的特征，涵盖所有的信托业务。其三，多级分类原则。信托业务丰富多彩、灵活宽泛，基于这些特性应对信托业务设置多级分类，选择一个标准对信托业务进行初步划分，再下设第二层级标准进行分类。同时，为避免对信托业务分类的遗漏，选取另一个一级标准重复这一过程。其四，学用结合原则。信托业务的分类应具有学术性与实用性相结合的特点，在坚持学术原则的基础上，兼顾业界约定俗成的惯语和分类方法，有利于数据统计和研究的推进。

根据上述原则，可以对信托业务进行如下实务分类：

一、依据信托财产类型的分类 基于交付的信托财产的形态，可将信托业务划分为资金信托和财产信托。《信托公司管理办法》第三章第十六条，从业务财产形态和业务服务领域两方面列举了信托公司可以申请经营的本外币业务。其中，信托业务的财产形态具体包括：资金信托、动产信托、不动产信托、有价证券信托、其他财产或财产权信托等。与资金信托的概念相对，动产信托、不动产信托、有价证券信托等可统称为财产信托。

（一）资金信托

1. 资金信托的概念

资金信托是委托人基于对受托人的信任，将自己的资金委托给受托人，由受托人根据委托人的意愿，并以自己的名义管理运用资金，以实现受益人的利益或特定目的的行为。

资金信托在我国信托业务的发展中扮演非常重要的角色，规模占比在 2010 年超过 90%。随着业务结构的持续多样化，资金信托规模占比也在 80% 以上徘徊，资金信托成为我国信托业务开展的最为普遍形式。

2. 资金信托的特点

资金信托作为以金钱或者货币资金为初始信托财产，以资金增值为信托目的的信托业务，具有如下特点：

（1）信托财产为金钱或者资金，这是资金信托产品区别于其他信托产品的根本特征。

（2）资金信托的委托人，交付信托的目的几乎都与金钱的增值目的直接相关。而在其他信托中，信托目的可能是金钱的增值，也可能仅仅是财产的保管、控制，或者担保等其他与金钱增值非直接相关的事项。

（3）资金信托终止时，按照信托合同交付最终财产归属人的信托财产，一般都是金钱，而不是权利、实物或者其他状态、性质的财产。

在信托财产的管理和运用过程中，可以将货币转换为货币债权、国债、公司债、股票、股权和其他权益等财产形态，并在达到委托人信托目的或信托期满、信托终结时，将上述非现金形态的信托财产转换为增值后的货币，交付信托受益人。

3. 资金信托在委托人数量上的分类

依据委托人数量的不同，可以将资金信托进一步细分为单一资金信托和集合资金信托。

（1）单一资金信托。单一资金信托指信托公司接受单个委托人的资金委托，依据委托人确定的管理方式（指定用途），或由信托公司代为确定的管理方式（非指定用途），单独管理和运用货币资金的信托。截至 2018 年底，我国单一资金信托余额为 9.84 万亿元，占信托总资产规模的 43.33%。

此外，单一资金信托的形式使其具备多样化、私密性特征。一方面，单一资金信托的委托人具有不同的风险偏好、期限要求和预期收益率水平，而委托人在信托合同的设定上具有较强的话语权和主导性，这些个性化的问题通过信托当事人谈判并达成合意后，都会使单一资金信托合同条款具有较强的多样性。另一方面，在监管层面基于信托计划造成系统性风险的程度较低，监管部门对单一资金信托业务的信息披露要求较低，从而使单一资金信托更具私密性，更容易受到高净值人群的青睐。

（2）集合资金信托。集合资金信托指由信托公司担任受托人，按照委托人意愿，为受益人的利益，将两个以上（含两个）委托人交付的资金进行集中管理、运用或处分的资金信托业务活动。截至 2018 年底，我国集合资金信托余额为 9.11 万亿元，占信托总资产规模的 40.12%，略小于单一资金信托。

集合资金信托一般设计流程：信托公司根据信托资金的运用项目和实际融资人的特殊性设计交易结构和资金运用方式，初步拟定信托文件，向不特定委托人发出要约进行推介与发行，在委托人予以承诺后签署信托合同，委托人交付信托资金，信托生效。集合资金信托使信托机构准确评价资金使用人的特点和需求，体现了信托机构的创新意识和主动管理能力。

对集合资金信托业务的设立、财产保管、运营、清算与监管的相关要求及法律规范，主要依据 2007 年 3 月颁布并开始实施的《信托公司集合资金信托计划管理办法》进行。

其一，在信托业务设立方面，集合资金信托计划成立的条件主要包括：委托人为合格投资者，并且为唯一的受益人；信托具备明确的意思表示，资金有明确的投资方向和投资策略；单个信托计划的自然人人数不得超过 50 人，投资期限不少于一年。

其二，在信托财产保管方面，信托计划存续期间，信托公司应当选择经营稳健的商业银行对信托财产进行保管，信托财产的保管账户和信托财产专户应当为同一账户。信托公司依信托计划文件约定需要运用信托资金时，应当向保管人书面提供信托合同复印件及资金用途说明。

其三，在信托计划运营方面，信托公司管理信托计划，不得向他人提供担保，并且向他人提供贷款不得超过其管理的所有信托计划实收余额的 30%，不得将信托资金直接或间接运用于信托公司的股东及其关联人，不得以固有财产与信托财产进行交易，不得将不同信托财产进行相互交易，不得将同一公司管理的不同信托计划投资于同一项目。

其四，在信托财产清算方面，信托计划终止，信托公司应当于终止后十个工作日内做出处理信托事务的清算报告，清算后的剩余信托财产应当依照信托合同约定按受益人所持信托单位比例进行分配。

其五，在信息披露与监管方面，信托计划设立后，信托公司应当按季度报告信托财产专户的开立情况，信托资金管理、运用、处分和收益情况，信托经理变更情况，信托资金运用重大变动说明，涉及诉讼或者损害信托计划财产、受益人利益的情形，信托计划文件约定的其他内容。

(3) 单一资金信托与集合资金信托的差异。单一资金信托与集合资金信托的差异主要体现在三方面：

其一，委托人地位不同。单一资金信托的委托人具有信托业务的主导权，对合约的设定、条款的安排具有较大的影响，而集合资金信托的委托人接受信托公司根据项目的特点而设定的信托合约，一般不能改变信托合同既定条款。

其二，委托人的法律属性不同。单一资金信托的委托人一般为机构，具有法人属性，而集合资金信托的委托人普遍为自然人，不具有法人属性。

其三，受托人的管理主动性不同。单一资金信托的受托人可以接受委托人的指令进行投资，也可以自主选择投资策略进行投资，即受托人既可以进行主动管理也可以进行被动管理，而集合资金信托的受托人一般自主选择项目进行投资策略分析，对信托计划进行主动管理。

(二) 财产信托

1. 财产信托的概念

财产信托指委托人以非货币形式的财产、财产权为标的，委托受托人按照约定的条件和目的，进行管理、运用和处分的信托业务。

截至 2018 年底，我国财产信托在信托总资产规模中的占比为 16.55%，虽然较前几年有了一定的上升，但受限于信托登记制度在财产种类、范围和手续等方面缺乏明确的制度规定，我国财产信托总体规模依旧偏小。从信托形式来看，财产信托的发展更加符合信托发展的本源，更加能够彰显信托相对其他金融产品对社会发展的积极意义。

2. 信托财产的特征

《信托法》第二章第七条规定"设立信托，必须有确定的信托财产，并且该信托财产必须是委托人合法所有的财产"。基于此，可设立的信托财产具有三个特征：

其一，信托财产必须是合法财产。委托人应当提供必要的证明信托财产合法性的文件，证明文件的种类与形式取决于信托标的类型和国家相关规定。例如，不动产可以提供相应房管部门出具的权属证明；动产可提供行政部门出具的产权证。

其二，财产具有价值。财产信托设立后，信托标的物应具有相应的使用价值，信托公司确定信托财产使用价值后，依据信托合约对信托财产进行管理与处置。此外，信托财产还应该能被量化，具有一定市场价值。

其三，信托财产名义所有权存在流动性。信托财产名义所有权必须可让渡，能让渡到受托人名下，法律禁止流通的财产不能作为信托财产。

3. 财产信托的类别

按照信托财产的标的物可分为不动产信托、动产信托、有价证券信托和其他财产权信托。

其一，不动产信托是指以土地及地面固定物为信托财产的信托，是以管理和出卖土地、房屋为标的物的信托。在设立信托期间，委托人均应把上述标的物的产权转移给信托公司。

其二，动产信托是指接受的信托财产是动产，并管理和处分这些财产的信托。依据信托实务，受托财产主要包括：铁路车辆、汽车、飞机、电子计算机、设备器械等。

其三，有价证券信托是指委托人将持有股票、国债、公司债等有价证券委托给信托公司管理、运用的信托行为。随着信托公司创新能力的提高，家族财产信托的一种形式"保险金信托"逐步进入人们的视线。保险金信托是指投保人在签订保险合同后，将保单受益人变更为信托受托人，以其在保险合同项下的权益设立信托。保险金信托的出现降低了家族信托的门槛，促进了金融产品在金融机构间的多元化融合。

其四，其他财产权信托是指各种财产权持有人以自己拥有的各类财产权设立的信托，包括应收账款信托、专利权信托等无形资产信托。目前，信托的资产证券化创新业务也多集中于财产权资产证券化领域，比如以应收账款、租赁租金等为基础资产的信托受益权资产证券化层出不穷。

以动产、不动产和有价证券等有形财产作为信托财产的财产信托对社会物流的发展、基础设施的完善、企业效率的提高具有重要的意义；而以著作权、专利权、商标权为财产权的无形财产信托更是彰显了信托制度的灵活，以及信托支持领域的广泛。

二、依据信托财产运用方式的分类　　　基于信托财产的运用方式和所发挥的功能不同，可将信托分为融资类信托、投资类信托和事务信托。

（一）融资类信托

1. 融资类信托的概念

融资类信托业务是指以资金需求方的融资需求为驱动因素和业务起点，信托目的以寻求信托资产的固定回报为主，信托资产主要运用于信托设立前已事先指定的特定项目。信托公司在此类业务中主要承担向委托人、受益人推荐特定项目，向特定项目索取融资本金和利息的职责。

2. 融资类信托的发展现状

在信托发展之初，融资类信托凭借其灵活的制度优势，为相关实体企业提供了多元化的金融服务，尤其是满足了房地产和基础设施等产业的大规模融资需求，促进了实体经济发展。但随着经济结构的调整和金融市场的转型，融资类信托资产规模增速放缓。截至 2018 年底，融资类信托余额为 4.35 万亿元，占信托资产规模的 19.15%，虽然较 2017 年提高 2.28 个百分点，但是总体上融资类信托余额占比自 2013 年以来呈现快速下降趋势。

2018 年 4 月，中国人民银行、中国银行保险监督管理委员会、中国证券监督管理委员会、国家外汇管理局正式联合印发了《关于规范金融机构资产管理业务的指导意见》，明确提出要打破刚性兑付、限制非标债权资产投资、缩减通道业务。同时，在信托公司提高主动管理能力的浪潮推动下，曾占有较高业务比重的融资类信托业务将面临更加迫切的转型升级需求。

3. 融资类信托的类别

在信托实务中，融资类信托的模式主要包括：信托贷款，带有回购、回购选择权或担保安排的股权融资信托，信贷资产受让信托等。

其一，信托贷款是指受托人接受委托人的委托，将委托人存入的资金以确定的用途、期限、利率、金额，向特定对象发放，到期收回贷款本息的金融业务。

信托贷款按委托人是否提出特定要求为标准，可划分为：甲类信托贷款、乙类信托贷款。甲类信托贷款指由委托人指定贷款项目，项目风险由委托人承担；乙类贷款指由受托人选定项目，项目风险由受托人承担。融资类信托中的信托贷款一般指后者。

其二，股权融资信托又称为股权资产信托化，是一种以股权资产为担保的融资方式，即受托人基于资金需求方所持有的股权收益现金流为担保，设计信托产品募集资金。股权融资信托既可以满足股权持有者的融资需求，也为投资者开辟了一条新的投资渠道。

其三，信贷资产受让信托指银行将信贷资产转让给信托公司，信托公司以此为支撑发行信托计划募集资金，帮助银行调整其存贷比、避免资产期限错配等，转出行负责溢价回购。

（二）投资类信托

1. 投资类信托的概念

投资类信托业务是指以信托资产提供方的资产管理需求为驱动因素和业务起点，以实现信托财产的保值增值为主要目的，信托公司作为受托人主要发挥投资管理人功能，对信托财产进行投资运用的信托业务。此类信托包含受托人自主决定将投资管理职责外包的形式，但不包含法律规定、受益人（大会）决定将投资管理职责安排给其他当事人的情形。

2. 投资类信托的发展现状

投资类信托的发展规模与资本市场的发展趋势大体一致，具有同周期变动特征。截至 2018 年底，投资类信托余额为 5.11 万亿元，占信托资产规模的 22.49%，较 2017 年下降 1.02 个百分点，总体上投资类信托余额占比自 2013 年以来呈现先升后降的倒"U"型趋势。

虽然，目前投资类信托占比不高，但随着国家对房地产信托管控的趋严，以及融资类信托和被动管理类信托的转型，通过投贷联动进行过渡，投资类信托有望得到进一步发展，成为未来信托业务发展的重点领域。一些信托公司在此方面已经展开积极探索，形成了较好的市场环境。

3. 投资类信托的类别

在信托实务中，投资类信托的模式主要包括：私募股权投资信托（PE）和证券投资信托（含私募证券投资信托）等。

其一，私募股权投资信托指信托公司以非公开方式与委托人订立信托合同，由信托公司将委托人的资金投资于非上市公司股权，并适时退出实现增值，按照信托合同的约定将信托收益交付给受益人的资本运营方式。

私募股权投资信托有助于解决中小企业融资难的问题，并且有助于促进资本市场完善价值发现机制。对信托公司而言，私募股权投资信托既是一种产品创新，又是一种业务范围的拓展。在我国现有的投资体制框架中，以信托契约设立基金从事股权投资业务，相对公司型基金和合伙制基金，具有机构治理灵活、激励机制高效、避免双重征税等优势。

其二，证券投资信托指信托公司将集合信托计划或者单独管理的信托产品项下资金投资于依法公开发行并符合法律规定的交易场所公开交易的证券的经营行为。

目前证券投资信托的业务范围主要包括：国内证券交易所挂牌交易的 A 股股票、封闭式证券投资基金、开放式证券投资基金（含 ETF 和 LOF）、企业债、国债、可转换公司债券（含分离式可转债申购）、1 天和 7 天国债逆回购、银行存款以及中国证券业监督管理委员会核准发行的基金可以投资的其他投资品种。在此类业务的经营实务中，创新产品还包括：阳光私募信托产品、结构化证券投资信托产品、上市公司股权质押融资业务以及金融衍生品信托业务等。相对其他信托业务，证券投资信托业务具备标准化与规模化特点，是信托公司业务转型的重点领域。

（三）事务信托

1. 事务信托的概念

事务信托又称事务管理信托，主要是指委托人交付资金或财产给信托公司，指令信托公司为完成信托目的，从事事务性管理的信托业务。该类业务主要是利用信托权益重构、名实分离、风险隔离、信托财产独立性等制度优势，以及信托公司自身作为专业机构受托人的身份优势，为法人和个人委托人提供的融资或投资管理以外的信托事务管理服务，并获得收益。这类信托一般由委托人驱动，信托公司不对信托财产进行主动的管理，即被动管理信托业务。

2. 事务信托的发展现状

近年来，随着信托业务快速扩张，信托公司大力开展事务信托业务。2013～2017 年，事务信托规模占比从不到 20% 大幅升至 59.62%，考虑到同期信托资产的增速，事务信托规模扩张更为显著。虽然 2018 年监管政策逐步发挥效力，银信通道类事务信托规模得到有效控制，截至 2018 年底，事务信托规模占比小幅回落至 58.36%，但是事务信托规模依旧达到 13.25 万亿元，远远超过同期融资类信托业务规模和投资类信托业务规模。

3. 事务信托的被动管理特征

2017 年 4 月，银监会下发《信托业务监管分类试点工作实施方案》和《信托业务监管分类说明（试行）》，首次明确了信托主动、被动管理业务划分标准，并指出被动管理型信托应当具有以下主要特征：

（1）信托成立前由委托人或其指定的第三方负责尽职调查，信托公司有权对其合法合规进行独立尽职调查。

（2）信托的设立、信托财产的运用和处分等事项，均由委托人自主决定或信托文件事先明确约定。

（3）信托公司仅依法履行必须由信托公司或必须以信托公司名义履行的管理职责，包括账户管理、清算分配及提供或出具必要文件以配合委托人管理信托财产等事务。

（4）信托终止时，以信托财产实际存续状态转移给信托财产权利归属人

（即受益人），或信托公司根据委托人的指令对信托财产进行处置。

对于主动、被动信托业务判定标准的明确划分有利于信托公司进行有效的风险管理，也便于信托公司在开展被动管理型业务时筛选其主动管理责任，有利于信托公司与交易对手进行谈判。

4. 事务信托的类别

在传统信托实务中，除了财产权信托中的事务管理类信托，事务信托的类别还包括：股权代持信托、员工福利信托、股权激励信托、企业年金信托。

其一，股权代持信托指委托人将其持有的某公司股权移交给受托人，或指示受托人将自己的资金定向投资于某公司，受托人代为持有该股权，并将其收益按委托人意愿分配给信托受益人。

其二，员工福利信托指利用信托制度中的破产风险隔离制度规避债务风险，充分保障员工的福利与利益，增强企业员工的归属感和稳定性。

其三，股权激励信托指将员工买入的本公司股票委托给信托机构管理和运用，员工作为信托受益人获取信托收益。

其四，企业年金信托指由企业作为信托委托人，将企业年金交付专业的受托机构进行管理和处分，并向信托受益人分配信托收益。

最近，随着信托业务的不断创新，事务信托也衍生了新的业务种类，即消费信托。消费信托将消费与信托相结合，促进了国内需求的提升与释放，提高了消费规模并优化了消费结构。

消费信托业务的流程主要分为四步：首先，信托公司根据委托人的需求选择优质的产品供给方，同时设计并发行消费信托产品；其次，委托人（即消费者）向信托公司支付保证金购买消费信托产品；再次，信托公司执行委托人的消费指示采购优质的产品，并交付消费者使用；最后，信托公司用剩余保证金及其投资收益分担信托业务成本，扣除信托合同中约定的信托管理费用，并在信托期限结束后将保证金退还给消费者。

消费信托业务模式的优势在于，通过受托人对产品和服务的集中采购实现规模优势，最大限度地降低商品或服务的成本，增强消费者的消费体验，提升消费者的生活品质。

三、依据信托财产投向领域的分类

依据信托财产投向领域的不同进行分类，除了前文投资类信托中提到的私募股权投资信托和证券投资信托之外，还可将信托分大体为基础设施信托、房地产信托、金融机构信托、工商企业信托、绿色信托、另类投资信托六大类。

（一）基础设施信托

1. 基础设施信托的概念

基础设施信托是指委托人将其资金委托给受托人，由受托人按委托人意愿以自己的名义设立信托计划，投资于交通、通信、能源、市政、环境保护等基础设施项目，为受益人利益或者特定目的进行管理或者处分的行为。基础设施信托一般以政府财政陆续到位的后续资金、所投项目公司阶段性还款以及项目预期收益形成的分红作为偿还保证。基础设施信托是信托公司开展信托业务的传统领域、优势领域，具有广阔的市场空间和巨大的发展潜力。

2. 基础设施信托的发展现状

截至 2018 年底，投向基础产业的信托产品规模为 2.76 万亿元，占资金信托总规模的 14.59%，规模占比自 2013 达到顶峰以来呈现持续下降趋势。虽然规模占比较 2017 年上浮 0.1 个百分点，但整体规模缩减 4100 亿元。

总体上，基础设施信托经历了先扩张后收缩的趋势。2008 年我国政府为避免国际金融危机对国内经济发展的不良影响，施行"四万亿"经济刺激计划，将大量资金投入基础设施建设。此时，信托基于其灵活的制度优越性，完美对接各类基础设施投资项目，受到地方政府及融资平台的青睐，基础设施信托进入了快速扩张的阶段。2013 年，为规范地方政府融资，监控其显性和隐性债务，银监会发布《关于加强 2013 年地方政府融资平台贷款风险监管的指导意见》等监管文件约束信政合作业务，基础设施信托业务进入下行区间。

随着信托产品创新步伐的加快，全新的信政合作模式，即 PPP 模式，在 2015 年后如火如荼地开展。在传统的基础设施信托项目中，信托公司一般作为项目的债权人，而政府为项目的担保人。而在 PPP 项目中，一方面，信托所代表的社会资本可以通过股东的身份高度参与项目的运营；另一方面，政府不再作为项目担保人，缓解了债务负担。

3. 基础设施信托的特点

基础设施信托的主要特点包括：①信托规模较大，受基础设施行业性质的影响，基础设施信托的投资规模一般超过亿元；②基础设施信托投资期限较短，以 1~3 年为主；③信托收益较大，预期收益率在 5% 左右，实际收益可能更高；④基础设施信托具有完善的风险防控安排，政府信用担保、项目的回购、政府的补贴，尽可能地降低了信托风险。

4. 基础设施信托的投资领域与模式

基础设施信托涉及领域广泛，包括发电、防洪、道路交通、市政工程、供水、供暖、天然气、桥梁、污水处理、水务设施、城市改造、管网工程等。

投资方式多样，包括信托贷款、股权投资、财产收益权、产业基金等。

（1）信托贷款模式。信托公司以贷款形式将从委托人手中募集的资金投资于信托合约中约定的基础设施项目，并负责项目的运营和信息披露，到期收回信托贷款本金和利息，扣除适当管理费后返还信托受益人。

（2）股权投资信托模式。信托公司从委托人手中募集信托资金，用其股权投资的方式为项目公司融资，项目公司在资本金得到充实的同时吸引其他债权资金的流入，以扩大资产规模。信托公司在项目运营过程中派驻股东代表参与项目公司的经营，帮其防控投资风险，并在项目到期后要求主办方回购信托计划所持股权，实现信托收益并安全退出。

（3）财产收益权信托模式。信托公司从委托人手中募集信托资金，用其购买经营性或准经营性项目债权、收费权、特许经营权等各类权益，并以权益未来现金流作为信托收益的保障，一般信托公司还会要求项目方到期回购，或要求政府进行适当补贴以规避风险提高项目收益。

（4）产业基金模式。由信托公司、政府共同成立产业基金管理公司进行基础设施项目的建设和供给公共产品，信托公司成立信托计划并作为优先级合伙人吸引社会资金进入，设立产业基金，并以多种方式（股权、债权等）投资于项目公司共同建设项目，最后通过债权本息的获取、股权的分红或股权债权回购实现收益并安全退出。

（二）房地产信托

1. 房地产信托的概念

房地产信托业务是指信托公司按照委托人的意愿以自己的名义，为受益人的利益或者特定目的，以房地产或其经营企业为主要运用标的，对信托财产进行管理、运用和处分的行为。

2. 房地产信托的发展现状

截至 2018 年底，投向房地产领域的资金信托规模为 2.69 万亿元，在信托资产规模整体收缩的背景下，2018 年房地产信托规模较 2017 年同期增长超过 4000亿元；此外，2018 年房地产信托占资金信托规模比重为 14.18%，较 2017 年大幅增加 3.76 个百分点。

总的来说，房地产信托业务呈现先降后升的"U"型趋势。2010 年，房地产行业进入调控期，信贷融资渠道逐步收缩，传统资本市场融资功能的大幅缩紧给房地产信托的发行提供了机遇，出现爆发式增长，自 2011 年以来，随着监管部门要求的提高，不少信托公司开始缩减房地产信托业务，房地产信托规模占比呈现下降趋势，房地产信托规模占比于 2016 年达到谷底（8.19%），此后随着缩减银信通道业务压力的激增以及相对较高的房地产信托收益，信托公司倾向于转向传统的房地产信托业务，房地产信托规模占比逐步上升。

3. 房地产信托的业务模式

房地产信托业务的传统模式包括：贷款融资模式、股权投资信托模式、财产受益权信托融资模式。

其一，贷款融资模式指信托公司将从委托人手中募集的资金以信托贷款的方式向开发商发放，开发商提供资产抵押、股权质押、第三方担保等，信托公司按合同约定获取本金和利息，并向投资者分配信托收益和本金。

其二，股权投资信托模式指信托公司将募集的资金用于持有开发商的股权，成为其股东，在期满时，按约定由开发商或其他第三方根据约定价款收购信托公司的持股部分，信托公司获取收益并实现退出。

其三，财产受益权信托融资模式指信托公司通过委托人募集资金，并与房地产企业签订财产受益权转让合同，房地产企业后续回购信托公司早期受让的权益并提供担保，房地产企业通过转让权益获取信托资金。

近年来，除了上述传统模式外，房地产信托的创新模式主要体现为基金化房地产信托和房地产投资信托基金（REITs）等。

其中，基金化房地产信托是产业基金模式在房地产信托中的应用，主要指信托公司、房地产开发商共同成立合伙企业，并以股权、债权等多种方式投资于选定项目，最后通过债权本息的获取、股权的分红或股权债权回购实现收益并安全退出。

房地产投资信托基金（REITs）是一种以发行收益凭证的方式汇集特定多数投资者的资金，由专门投资机构进行房地产投资经营管理，并将其带来的现金流作为投资综合收益，按比例分配给投资者。REITs目前拓展了房地产信托支持领域，扩大了对房地产行业链条的覆盖。

（三）金融机构信托

1. 金融机构信托的概念

金融机构信托指信托公司将从委托人手中募集的资金投资于金融机构（通常包括银行、证券公司、保险公司、基金公司等），用于增加注册资本、并购和机构运营。信托公司通常采用股权投资或股东贷款形式进入，以金融机构的盈利以及股东回购作为获取信托收益的资金来源，并安全退出。

严格来讲，金融机构信托与同业信托并非同一概念，同业信托包含同业在资金来源和运用多领域的合作，而金融机构信托的概念相对较窄，同业信托的相关内容将在本章第三节着重介绍。

2. 金融机构信托的发展现状

截至 2018 年底，投向金融机构的资金信托规模为 3.03 万亿元，较 2017 年大幅减少 1.08 万亿元；金融机构信托规模占比为 15.99%，较 2017 年降低 2.77 个百分点，金融机构信托业务规模收缩明显。

总体上，自 2011 年以来，金融机构信托规模占比呈现先升后降的倒 "U" 型趋势。一方面，金融机构信托与房地产信托的变动趋势呈现高度的反向相关，并于 2016 年分别达到波峰和波谷，表明金融机构信托极有可能作为房地产信托业务的替代，成为信托公司在房地产信托业务低迷时拓展信托业务的主要领域。另一方面，自 2018 年以来，信托回归本源，支持实体经济发展的内涵式增长模式逐步成为行业发展主流，信托资金投入金融机构的比例被进一步压缩。

（四）工商企业信托

1. 工商企业信托的概念

工商企业信托指信托公司将从委托人手中募集的资金投资于生产、服务和贸易等类型的工商企业，用于为其提供并购资金、流动资金以及项目资金。

与基础设施信托的细分类别相似，工商企业信托可采用股权类、债券类以及夹层融资等多种方式。其中，股权类指信托公司从委托人手中募集信托资金，并将其以股权投资的方式为项目公司融资，信托公司在项目运营过程中派驻股东代表参与项目公司的经营，并在项目到期后要求主办方回购信托计划所持股权，实现信托收益并安全退出。债券类指信托公司以购买企业债的形式将从委托人手中募集的资金投资于信托合约中约定的项目，并负责项目的运营和信息披露，到期收回投资本息并退出。夹层融资指介于股权融资与债券融资之间的融资形式，一般可采取次级贷款的形式，但也可以采用可转换票据或优先股的形式。

2. 工商企业信托的发展现状

截至 2018 年底，投向工商企业的资金信托规模为 5.66 万亿元，受信托资产规模整体收缩的影响，较 2017 年减少 4300 亿元；但是工商企业信托规模占比达到 29.90%，较 2017 年提高 2.06 个百分点，资金信托对工商企业的扶持比例有所提高。

总体来看，自 2011 年以来，工商企业信托规模占比呈现上升、下降、再上升的周期性波动趋势。工商企业信托的两次增长分别体现为房地产信托的降温和监管部门对信托服务实体经济的政策导向。2011 年房地产市场监管趋严给工商企业信托的发展创造了机遇，2017 年 11 月《关于规范金融机构资产管理业务的指导意见（征求意见稿）》的出台给工商企业信托发展注入了又一推动剂。从长期来看，虽然工商企业信托伴有顺周期特征，在经济增速放缓时将积累风险因素，但是工商企业信托体现了信托的内涵式发展方向之一，结合产品的创新，依然具有较强的发展前景。

3. 工商企业信托的特点

工商企业信托具有如下特点：

其一，工商企业信托的发展具有明显的顺周期特征，当宏观经济向好时，工商企业订单增加，企业投资需求旺盛，同时企业利润的增加也会提高工商企业信托的收益，并在一定程度上降低兑付风险；当宏观经济不景气时，工商企业订单减少，企业利润下滑，在投资需求减缓的同时增加兑付风险。

其二，工商企业信托的收益通常居中，工商企业的产品价格与市场需求相对稳定，因此工商企业的成本敏感性较强，这也导致其融资成本被严格控制。除了少数以政府平台为后盾或由政府平台为其提供担保的工商企业，一般工商企业的信托产品信托收益普遍不高。

其三，工商企业信托的展业方式多样化，工商企业信托设计的范围较广，不同行业之间差异较大，信托产品的设计往往包含股权、债权、投贷联动、定增、并购等多种方式，并且信托公司更加关注专业化人才的储备，提高主动管理能力，深层次参与行业发展。

（五）绿色信托

1. 绿色信托的概念

绿色信托指委托人将其资金委托给受托人，由受托人按委托人意愿以自己的名义设立信托计划，投资于节能减排、生态保护、环境污染治理、清洁能源以及循环经济等绿色产业。绿色信托归属于绿色金融体系，一般以资金信托形式支持绿色产业的发展。

绿色金融体系的概念源自中国人民银行于2016年8月联合财政部、发展改革委、环境保护部、银监会、证监会、保监会七部委下发的《关于构建绿色金融体系的指导意见》。绿色金融体系即为支持环境改善、应对气候变化和资源节约高效利用的经济活动，对环保、节能、清洁能源、绿色交通、绿色建筑等领域的项目投融资、项目运营、风险管理等所提供的金融服务。

2. 绿色信托业务的发展现状

2018年10月，在中国人民银行研究局和银保监会产业金融政策处的指导下，中国信托业协会成立了绿色信托标准制定工作组，主要职责为确立绿色信托标准，编制绿色信托指引的制定要点和统计报表，规范绿色信托的发展方向和模式。

《中国信托业 2017 年度社会责任报告》于 2018 年发布，其中披露了绿色信托业务的发展现状。截至 2017 年底，尚在运营期的绿色信托项目共有 564 个，其中在 2017 年成立的项目占比将近 50%；绿色信托资金规模达到 1693.19 亿元，较 2016 年增加约 650 亿元；此外，绿色信托规模占信托资产总规模的比重也较 2016 年明显提高，达到 0.65%。绿色信托存续项目涵盖了蓝天计划、污水管网工程、河道整治、新能源汽车、生物能源等业务类型。

（六）另类投资信托

伴随传统信托理财产品市场的不断扩张，以艺术品、高端酒类和茶类、贵金属等为投资标的的另类信托理财产品由于其收益较高也开始受到投资者的青睐。另类信托是信托公司在推动业务转型过程中的积极尝试与主动创新，体现了信托灵活度高、适应性强的制度优势。

目前，我国经济结构不断优化，伴随消费升级加速和富裕人群投资风险偏好的结构性调整，另类投资信托业务拥有广阔的市场空间。以艺术品信托为主要代表，主要模式是委托人将其持有的资金委托给受托人，由受托人以自己的名义，按照委托人的意愿将该资金投资于艺术品市场，并由受托人具体负责艺术品投资事务，通过艺术品投资组合，在尽可能地控制风险的前提下为投资者提供分享艺术品价值增长的收益。

另类投资信托也具有如下特点：一方面，这类产品极为稀缺、认购门槛较高，投资收益较高；另一方面，这类产品流动性较差、投资期限长、不能提前赎回，也具有较高的投资风险。此外，投资像艺术品信托这样的另类信托理财产品需要有相关专业知识储备，也要承担艺术品鉴定、艺术品保管等特定风险。

四、信托实务中的其他分类

在信托经营实务中，信托公司在传统业务的基础上，纷纷进行转型创新，试水开放式信托、结构化信托、国际信托和公募信托等业务。信托业务的创新使信托分类标准不断丰富，衍生了依据信托受益权追加或赎回的分类、依据受益权分层的分类、依据业务国际性的分类、依据信托产品发行对象范围的分类。

（一）依据信托受益权追加或赎回的分类

以信托受益权是否可追加或赎回为分类标准，可将信托分为封闭式信托、开放式信托、半开放式信托。

目前绝大多数信托产品在结束之前不能通过赎回的方式收回投资，流动性较差，若想收回投资只能采取质押或转让信托受益权方式实现，类似于封闭式基金的运作模式，属于封闭式信托。

开放式信托产品指能像开放式基金一样，可以方便地实现购买、追加投资、全部赎回、部分赎回等安排的信托产品。其最大的特点是产品具有高流动性，以长安信托的"宝鼎稳健增利基金集合资金信托计划"、平安信托的"睿丰系列集合资金信托计划"和重庆信托的"恒立财富系列集合资金信托计划"为例，产品采用了分期发行募集方式，单个投资周期仅有 3~6 个月。

半开放式信托兼具封闭式信托与开放式信托的特点，主要有两种形式：其一，设定开放期和封闭期，开放期内可以自由申购赎回；其二，信托设立一定期限后开放申购和赎回，开始的期限属于封闭期。

（二）依据受益权分层的分类

依据受益权是否分层，可将信托分为结构化信托和非结构化信托。

传统信托产品并未设计受益人的分层结构，即非结构化信托。而结构化信托指信托公司根据投资者不同的风险偏好对信托受益权进行分层配置，按照分层配置中的优先与劣后安排进行收益分配，使具有不同风险承担能力和意愿的投资者通过投资不同层级的受益权来获取不同的收益并承担相应风险的集合资金信托业务。

结构化信托产品通过止损条款的设置，使其在风险管控、安全退出等方面具有独特优势，体现了信托制度的优越性和信托产品设计的灵活性，广泛运用于包括房地产信托、证券投资信托在内的多领域。

由于结构化信托的结构复杂，信托公司开展结构化信托业务受到监管部门的严格约束。银监会于 2010 年发布《关于加强信托公司结构化信托业务监管有关问题的通知》，明确要求信托公司开展结构化证券投资信托业务时应该明确证券投资的品种范围和投资比例。

（三）依据业务国际性的分类

依据信托业务是否具有国际性，可将信托分为国内信托和国际信托。

国际信托指在国际范围内接受他人信任与委托，代为经管财物或代办事务，为信托受益人谋利益的经济行为。国际信托业务主要包括：短期资金信托、投资信托和筹资信托。其一，短期资金信托指接受国内外客户的委托，吸收其外汇存款，然后以贷款形式代为经营。其二，投资信托指接受国际委托人的委托，将其信托资金投资于国内外企业或项目。其三，筹资信托指受托在国内外金融市场上代为发行或承销证券，为融资需求人筹资。

国际信托具有国际性和复杂性的双重特征。一方面，国际信托业务超越了一国范围，与多个国家具有不同程度的联系，这种国际性的存在使国际信托突破了一国法律的界限，涉及多个国家法律的调控。另一方面，各国对信托制度的认识和规定有所不同，在信托定义、信托设立、信托财产范畴等方面都存在着明显的差异，不同的国家对同一信托法律关系会持有不同的态度。在不认可信托制度的国家中，甚至采用民事法律关系调控国际信托法律关系。

我国信托公司在开展国际信托业务时，受到资质判定和额度调整两方面监管。首先，信托公司要取得开展国际信托业务的资质；其次，要具有开展国际信托业务的额度。基于我国资本管制政策，信托公司在开展国际信托业务时主要依托于 QDII 项目。国家外汇局披露的 2018 年 4 月合格境内机构投资者（QDII）投资额度审批情况表显示，QDII 额度较 2015 年 3 月新增 83.4 亿美元，增幅为 9.26%。

（四）依据信托产品发行对象范围的分类

依据产品发行对象范围是否特定，可将信托分为私募信托和公募信托。

私募信托指信托产品向特定对象发行，一般具有较高的准入门槛，并不要求信托产品具有较高的证券化程度。而公募信托指信托产品向不特定社会公众发行，认购起点较低，但具有较高的证券化程度。

2018 年 4 月 27 日，中国人民银行、中国银行保险监督管理委员会、中国证券监督管理委员会、国家外汇管理局联合印发了《关于规范金融机构资产管理业务的指导意见》，作为其配套文件的新版《信托公司资金信托管理办法》正在酝酿当中，有可能首次规范地提出"公募信托"的概念。

以往，资金信托均属私募性质，即面向特定对象发行，而酝酿中的《信托公司资金信托管理办法》的出台使资金投向符合规定的资金信托可采用公募方式发行，信托公司在产品的设计、运营方面将与银行、券商、基金、期货、保险公司等资产管理机构在同一监管标准下展开竞争。

第三节　信托的监管分类

一、按照市场准入要求的分类

作为金融机构，信托公司必须取得国家银保监会等金融监管机构颁发的金融许可证后方能进入市场开展经营活动。因此，可将信托业务类型分为特殊监管业务和特别许可业务。

（一）特殊监管业务

在信托业发展过程中，特殊监管业务在资产规模、项目数额、利润来源等方面均占有较大比重。金融监管部门因此对此类业务给予高度重视，专门制定管理办法规范其发展，监管内容既涉及业务的种类，也涉及业务监管的方式，例如金融监管部门常以业务指引、通知文件、窗口指导等方式明确或约束信托公司的业务种类。

一般而言，此类业务只要按照相关办法和通知要求开展，不超越相关规模、比例限制，就不必再申报取得该业务的行政许可。例如，集合资金信托计划、房地产信托业务、证券投资信托业务、银信理财合作业务。

1. 集合资金信托计划

作为构建信托业基本法律框架"一法三规"之一的《信托公司集合资金信托计划管理办法》，对集合资金信托计划的设立、信托财产的保管、信托计划的运营与风险管理、信托计划的变更、信托计划的终止与清算、信息披露与监管、受益人大会、违规处罚等内容进行阐述与规定。

截至 2018 年底，全国信托资产总规模 22.70 万亿元，集合资金信托余额 9.11 万亿元，占比为 40.12%，较 2011 年大幅提高。集合资金信托计划大多由信托公司进行项目调研、项目设计、信托文件制作、要约发起成立等多方面，最能体现信托发展的金融化趋势以及信托公司项目管理主动化趋势。此类业务手续费率较高，是信托公司内部提高利润增长点的重要业务品种，也是信托公司社会外部性特征体现最为广泛的业务。

2. 房地产信托业务

随着城市化进程的加快，房地产行业成为我国国民经济的支柱产业，在发展过程中存在较强的外部性，带动土地开发、建筑建材行业、地产租赁与销售等多个衍生行业的发展，房地产市场的发展拉动投资与消费需求，关乎国民经济的发展全局。

近年来，部分地区房地产市场发展过热，催生地区经济结构扭曲的风险，政府部门逐步加大对房地产市场的调控力度，促进房地产行业优化融资结构、推动行业间的协调发展。目前，信托对房地产行业的融资支持应满足"四三二"条件，即房地产公司四证（《国有土地使用证》《建设用地规划许可证》《建设工程规划许可证》和《建设工程开工许可证》）齐全；项目中房地产公司至少要有 30% 的自有资金；融资方至少有 2 级或以上的资质。

2019 年 5 月，银保监会发布《关于开展"巩固治乱象成果促进合规建设"工作的通知》，进一步明确严格防控违规向房地产市场融资的情况。主要包括：

禁止表内外资金直接或变相用于土地出让金融资；禁止未严格审查房地产开发企业资质，违规向"四证"不全的房地产开发项目提供融资；禁止将个人综合消费贷款、经营性贷款、信用卡透支等资金挪用于购房；禁止资金通过影子银行渠道违规流入房地产市场；禁止并购贷款、经营性物业贷款等贷款管理不审慎，资金被挪用于房地产开发。

在严监管的背景下，信托公司纷纷向房地产信托业务转型，从单纯为房地产企业融资转变为兼顾全领域、多市场。一方面，信托公司通过设立房地产投资基金，收购商场、办公楼、长租公寓等商业地产的物业，通过对其进行升级、改造、运营，在提升其价值后进行整体转让或发起 REITs 实现退出。另一方面，信托公司通过发行房地产 ABS 或者 ABN 开发标准化融资产品，降低融资成本，为房企提供"后市场"服务。

3. 证券投资信托业务

信托公司开展证券投资信托业务是其参与资本市场运作的重要体现，也是信托公司经营利润的重要来源。截至 2018 年底，证券投资信托余额为 2.19 万亿元，占资金信托比重为 11.59%。

证券投资信托由于其标准化特征而快速发展，同时也受到监管部门的重点关注。2009 年银监会发布《信托公司证券投资信托业务操作指引》，从组织结构、业务流程、财务状况、风险管理制度、产品推介、信息披露等多方面，对信托公司证券投资信托业务的经营行为进行规范。

4. 银信理财合作业务

进行银信合作业务时商业银行与信托公司两类金融机构共同为客户提供综合性金融产品和金融服务的业务，包括银信理财合作业务和银信其他合作两类。其中，银信理财合作业务指银行将理财计划项下的资金交付信托公司，由信托公司担任受托人并按照信托文件的约定进行管理、运用和处分的行为；银信其他合作业务包括信贷资产证券化合作、银行代理信托公司推介信托计划、银行代理收付信托资金、信托资金保管、信托财产投资于金融机构股权等。特殊监管业务主要指银信理财合作业务。

银信理财合作业务自 2006 年以来迅猛发展，成为信托公司提高业务规模的重要领域。截至 2018 年底，银信合作业务余额 5.25 万亿元，占资金信托总体规模的 23.14%。其快速发展的原因主要体现在三方面：其一，商业银行借助银信理财合作业务能够灵活调节信贷规模、业务结构和收入结构，满足监管部门对中间指标的考核要求；其二，信托公司在行业发展初期缺乏高端客户资源，并且创新及营销能力明显不足，为了快速占领市场做大业务规模，银信理财合作受到信托公司的青睐；其三，银信理财合作业务综合了银行的信用以及信托产品的多样性，满足投资者多样化资产配置需求，也促使此类业务快速增长。

但随着此类业务的扩张，银行通过银信理财合作绕开监管调整信贷规模，既隐藏了风险，又制约了货币政策执行的效率；信托公司通过银信理财合作将风险管理的职责完全交给银行，不利于创新能力和核心竞争力的提高。因此，监管部门在 2008 年出台《银行与信托公司业务合作指引》，对银信理财合作的条件、制度、模式等诸多方面加以规范；2010 年 8 月，银监会发布《关于规范银信理财合作业务有关事项的通知》，明确信托公司在开展银信理财合作业务过程中，应坚持自主管理原则，不得开展通道类业务，并进一步对产品的期限（不得低于一年）、类别（信托产品均不得设计为开放式）、投资领域（新能源、新材料、节能环保、生物医药、信息网络、高端制造产业等新兴产业）加以说明。

2017 年以来，银信理财业务受到监管部门更多的关注。2017 年 3 月，银监会连续发布"三违反""三套利""四不当"等文件，多项内容涉及银信合作业务。2017 年 11 月 22 日，银监会发布《关于规范银信类业务的通知》，明确指出"商业银行对于银信通道业务，应还原其业务实质进行风险管控，不得利用信托通道掩盖风险实质，规避资金投向、资产分类、准备计提和资本占用等监管规定，不得通过信托通道将表内资产虚假出表"。2018 年 4 月，多部门联合印发《关于规范金融机构资产管理业务的指导意见》，去通道、去杠杆、去嵌套、限制非标投资逐渐成为银信合作领域监管重点。

（二）特别许可业务

特别许可业务指信托公司必须在取得国家相关部委的行政许可后方能开展的业务。特别许可信托业务具有以下特点：其一，产品结构较为复杂，涉及多机构合作，需要多个政府部门协调并共同监管；其二，此类业务理论性强，创新性强，项目运行涉及诸多环节，需要信托机构具有较为完善的公司治理结构和风险管理体系；其三，此类业务一般要经历从理论到实务，从试验到推广逐步成熟的演化过程。

特别许可业务具有广阔的发展前景，政府部门在监管过程中也较为谨慎，仅有少数满足条件的信托公司作为试点开展业务。典型的特别许可信托业务包括：股指期货投资信托业务、信贷资产证券化业务、企业年金业务、受托境外理财业务、铁路专项信托业务等。

1. 股指期货投资信托业务

信托公司作为专业的理财机构不断尝试新的投资工具，我国股指期货的平稳运行丰富了信托公司的产品线，提高了信托公司的主动管理能力和资产管理水平。2011 年 6 月，银监会发布《信托公司参与股指期货交易业务指引》，规定信托公司直接或间接参与股指期货交易应当经中国银监会批准，并取得股指期货交易业务资格，并且进一步对信托公司申请股指期货交易业务资格、IT 系统的条件、集合信托计划参与股指期货交易的规则、合作保管银行具备的条件、合作期货公司具备的条件等内容进行明确说明，制定了严格的准入标准。

2. 信贷资产证券化业务

信贷资产证券化指将缺乏流动性但能够产生未来本息还款现金流的资产，通过结构性重组转变为可以在市场上销售和流通的证券，并以此融资的过程。具体而言，项目发起人将缺乏流动性但可以产生稳定现金流的资产，出售给特殊目的载体（SPV），SPV 通过结构安排和信用增级分立或重组项目的风险与收益，将其转化为以未来应收现金流为担保的证券，进而出售给投资者。SPV 以证券发售收入作为价款支付给发起人，以管理的结构性资产所产生的现金流为支付证券收益的保障。

2005 年 6 月，中国人民银行与银监会联合发布《信贷资产证券化试点管理办法》，对信贷资产证券化发起机构、受托机构、贷款服务机构、资金保管机构、证券登记托管机构和资产支持证券投资机构以及其他为证券化交易提供服务的机构的权利和义务进行约定。其中，受托机构应履行的主要职责包括：发行资产支持证券；管理信托财产；持续披露信托财产和资产支持证券信息；依照信托合同约定分配信托利益；信托合同约定的其他职责。

2005 年 11 月，银监会发布《金融机构信贷资产证券化试点监督管理办法》，对信贷资产证券化发起机构和担任特定目的信托受托机构应具备的条件加以说明。其中，信托投资公司担任特定目的信托受托机构，应当具备以下条件：完成重新登记 3 年以上；注册资本不低于 5 亿元人民币，并且最近 3 年年末的净资产不低于 5 亿元人民币；自营业务资产状况和流动性良好，符合有关监管要求；原有存款性负债业务全部清理完毕，没有发生新的存款性负债或者以信托等业务名义办理的变相负债业务；具有良好的社会信誉和经营业绩，到期信托项目全部按合同约定顺利完成，没有挪用信托财产的不良记录，并且最近 3 年内没有重大违法、违规行为；具有良好的公司治理、信托业务操作流程、风险管理体系和内部控制；具有履行特定目的信托受托机构职责所需要的专业人员、业务处理系统、会计核算系统、管理信息系统以及风险管理和内部控制制度；已按照规定披露公司年度报告；银监会规定的其他审慎性条件。

信贷资产证券化一方面能够满足商业银行的流动性需求，另一方面还能拓展信托公司的业务领域。据中国信托业协会数据披露，截至 2018 年 9 月末，已有近半数的信托公司满足监管文件的准入条件并开展信贷资产证券化业务，累计发行产品超过 500 个，规模超过 2 万亿元。

3. 企业年金业务

2004 年 1 月，劳动和社会保障部发布《企业年金试行办法》，对受托人职责进行说明：一方面，受托人可以委托具有资格的企业年金账户管理机构作为账户管理人，负责管理企业年金账户；另一方面，受托人可以委托具有资格的投资运营机构作为投资管理人，负责企业年金基金的投资运营。同时，受托人应当选择具有资格的商业银行或专业托管机构作为托管人，负责托管企业年金基金。受托人与账户管理人、投资管理人和托管人确定委托关系，应当签订书面合同，并且企业年金基金必须与受托人、账户管理人、投资管理人和托管人的自有资产或其他资产分开管理，不得挪作其他用途。

2011 年 5 月，人力资源和社会保障部、银监会、证监会和保监会联合发布《企业年金基金管理办法》，明确一个企业年金计划只能有一个受托人、一个账户管理人、一个托管人和适量的投资管理人，并且托管人只能是商业银行，受托人、托管人和投资管理人不能兼任。企业年金管理的主体遵从两层法律关系，即委托人与受托人之间构成信托关系，受托人与账户管理人、托管人、投资管理人之间构成委托代理关系。

此后，银监会于 2012 年 10 月发布《非银行金融机构行政许可事项实施办法》，其中第五章第一节规定了信托公司申请开办企业年金基金管理业务应具备的条件，包括：具有良好的公司治理和组织架构，并有效发挥作用；有与开办企业年金基金业务相适应的内部控制制度及风险管理制度；无挪用信托财产、发生存款性负债、以信托等业务名义变相负债以及违反信托业务分别管理、分别记账的规定等行为，且最近 3 年内无其他重大违法违规经营记录；有与开办企业年金基金管理业务相适应的合格的专业人员；有开办企业年金基金管理业务所需的管理信息系统和其他设施；银监会规定的其他审慎性条件。

年金管理以信托型为基本模式，信托公司具备信托财产独立性和破产隔离功能为企业年金管理提供了充足的安全性。此外，信托业务投资运用贯穿货币市场、资本市场、实体产业，保障了企业年金灵活的收益结构。但目前，信托公司参与企业年金业务并不普遍，截至 2018 年底，拥有年金受托管理人资格的信托公司数量依然是个位数。

4. 受托境外理财业务

信托公司受托境外理财业务指境内机构或居民将合法所有的资金委托给信托公司设立信托，信托公司以自己的名义按照信托文件约定的方式在境外进行规定的金融产品投资和资产管理的经营活动。下面主要介绍信托公司开展此类业务的准入条件以及监管要求。

2007 年 3 月，银监会和国家外汇管理局联合印发《信托公司受托境外理财业务管理暂行办法》，2012 年 10 月，银监会发布《非银行金融机构行政许可事项实施办法》，两个监管文件均明确信托公司开办受托境外理财业务的准入条件，主要包括：注册资本不低于 10 亿元人民币或等值的可自由兑换货币；经批准具备经营外汇业务资格，且具有良好的开展外汇业务的经历；连续 2 年监管评级为良好以上；最近 2 个会计年度连续盈利，且提足各项损失准备金后的年末净资产不低于其注册资本；最近 2 年没有受到监管部门的行政处罚；具有健全的公司治理结构、内控制度和风险管理机制，且执行良好；配备能够满足受托境外理财业务需要且具有境外投资管理能力和经验的专业人才；设有独立开展受托境外理财业务的部门，对受托境外理财业务集中受理、统一运作、分账管理；具备满足受托境外理财业务需要的风险分析技术和风险控制系统；具有满足受托境外理财业务需要的营业场所、计算机系统、安全防范设施和其他相关设施；在信托业务与固有业务之间建立了有效的隔离机制；中国银监会规定的其他审慎性条件。

5. 铁路专项信托业务

铁路专项信托业务指信托公司将信托资金专项用于投资铁路发展基金。为鼓励信托公司按照市场化原则设计开发专项信托产品投资铁路发展基金，实现铁路发展基金投资主体多元化，拓宽铁路建设资金来源，银监会于 2015 年 9 月发布《关于信托公司开展铁路发展基金专项信托业务有关事项的通知》，明确信托公司开展铁路专项信托业务的条件，即信托公司经营稳健、风控能力较强。符合条件的信托公司设立铁路专项信托，委托人可突破合格投资者限制，委托资金最低为人民币 1 万元，且参与人数不受限制。

《关于信托公司开展铁路发展基金专项信托业务有关事项的通知》进一步指出，现阶段拟开展铁路专项信托业务的信托公司，应向监管部门提出申请，由监管部门依据其公司资本实力、管理水平和风控能力等因素逐一核准该项业务资格。2016 年，重庆信托、中航信托首批获得铁路专项信托业务资格。

二、按照业务风险特征的分类

在 2016 年的信托业年会上，监管部门首次将信托业务按照所承担风险特征以及相应监管要求的不同，提出八大业务分类，即债权信托、股权信托、标品信托、同业信托、财产权信托、资产证券化信托、公益（慈善）信托和事务信托。

2017 年 4 月，银监会下发了《信托业务监管分类试点工作实施方案》以及《信托业务监管分类说明》（试行），启动八大业务分类试点改革。监管部门将遵循风险为本的原则，强调对信托业务的监管实质重于形式，要真实、准确、充分、完整地识别、计量信托业务风险，防止监管套利，提高监管有效性。《信托业务监管分类说明》（试行）首次明确归纳了八类业务的风险特征，具体如下：

（一）债权信托

债权信托指信托公司依据信托文件的约定，将信托资金直接或间接投资运用于非公开市场交易的债权性资产的信托业务。例如，信托贷款、买入返售、股权附回购、应收账款附回购等。

债权信托的主要特征：其一，债权信托属于资金信托、主动管理型信托。信托公司开展此类业务需要对债务人进行尽职调查，对项目进行有效的风险控制，回收本息。其二，信托公司与资金使用方约定期限和收益，将信托资金转换为债权性资产。信托合同明确约定期限、收益等条款，信托公司定期收取固定收益。其三，表外的信用风险可转换为表内的受托管理责任风险和声誉风险。此类业务的主要风险是资金使用方的信用风险，但也会使信托公司在极端风险发生时为维护声誉接手风险资产，将表外风险表内化。

（二）股权信托

股权信托指信托公司依据信托文件的约定，将信托资金直接或间接投资于非公开市场交易的股权性资产等的主动管理类信托业务。例如，投资于非上市公司股权、私募股权投资基金、房地产、机器设备、交通工具、艺术品、知识产权、不附回购性质条款的各类资产收益权等信托产品。

股权信托的主要特征：其一，股权信托属于资金信托、主动管理型信托。信托公司开展此类业务需具备专业的人才储备，掌握资金支持企业的产品及市场。其二，信托收益主要来源于买卖差价、增值收益。股权信托投资期限较长，受经济周期和宏观政策的影响较大。其三，表外的信用风险可转换为表内的受托管理责任风险和声誉风险。此类业务受诸多因素影响风险较大，主要体现为承担市场风险，对受托人的主动管理能力要求较高。

（三）标品信托

标品信托指信托公司根据信托文件的约定，将信托资金直接或间接投资于公开市场发行交易的金融产品的信托业务。例如，标品信托产品可投资于股票、债券、证券投资基金、房地产投资信托基金、期货、金融衍生品等金融产品。

标品信托的主要特征：其一，标品信托属于资金信托，投资于金融市场中的标准化产品；其二，受益人预期收益没有约定，期限灵活，投资收益直接或间接由公开市场价格决定；其三，主要承担的风险为受托管理责任风险和声誉风险。具体风险来源包括市场风险和系统性风险两类，通过组合分散风险的效果又依赖于组合中单个品种收益的相关性。

（四）同业信托

同业信托指依据信托文件的约定，信托资金来源可运用于同业持牌金融机构的信托业务。例如，金融机构被动管理类业务可投资于信托产品、银行理财、证券公司资产管理计划、保险产品、融资融券受益权、协议存款、大额存单等的信托产品。

同业信托的主要特征：其一，同业信托属于资金信托。此类业务以被动管理的单一资金信托为主要模式，信托产品报酬率较低。其二，表外的交易对手风险、市场风险可转换为受托管理责任风险和声誉风险。其三，此类业务结构复杂，有可能存在层层嵌套情况，监管难度较大。

（五）财产权信托

财产权信托指信托公司依据信托文件的约定，以依法可以流转的非资金形式的财产或财产权设立信托，对信托财产进行管理和处分的信托业务。例如，证券代持、股权代持、私募资产证券化、房屋代租、土地流转信托、以债权设立信托等信托产品。

财产权信托的主要特征：其一，财产权信托属于非资金信托。虽然信托财产不一定是现金，但是信托财产的财产权必须是可以用货币进行衡量的。其二，表外的交易对手风险、信用风险可转换为受托管理责任风险和声誉风险。作为信托财产的财产权是否存在且被委托人合法拥有，需要受托人依据或构建完善的信息共享系统加以识别，有效规避风险。

（六）资产证券化信托

资产证券化信托指信托公司作为受托人按照信托文件等的约定，以资产支持证券的形式发行受益权凭证，以进行结构性融资活动为特定目的的信托业务。例如，信贷资产证券化信托业务、应收账款证券化信托业务等。

资产证券化信托的主要特征：其一，特殊目的载体（SPV）采用特殊目的信托（SPT）方式，信托公司一般作为底层资产的管理者。其二，资产支持证券在公开市场交易流通。资产证券化信托增强了底层资产原始所有者的资产流动性，有利于优化资产负债结构，并降低融资成本。其三，受托人承担受托管理责任风险和声誉风险。资产证券化信托涉及多主体，结构相对复杂，信息不对称是引发业务风险的主要原因，信托公司在业务参与过程中要充分了解底层资产的结构与渊源。

（七）公益（慈善）信托

公益（慈善）信托指信托公司根据《信托法》《慈善法》的规定，以公益（慈善）为目的开展的信托业务。

公益（慈善）信托的主要特征：其一，信托财产及其收益应当全部用于公益（慈善）目的。信托目的不能夹杂自益或私益的部分，信托受益人不特定。其二，公益（慈善）信托受多部门较严格的监管，承担合规操作风险。公益信托应当经公益事业管理部门审批，慈善信托应当向民政部门备案。

（八）事务信托

事务信托指信托公司依据委托人的指令，对来源于非金融机构的信托资金进行管理和处分的信托业务。例如，家庭财富管理类信托、离婚信托、遗嘱信托等。

事务信托的主要特征：其一，事务信托属于资金信托、被动管理型信托。此类业务由委托人驱动，信托公司一般利用信托灵活的交易结构安排提供个性化服务，不对信托财产进行主动的管理。其二，受托人承担受托管理责任风险和声誉风险。受托人必须保证委托人资金来源的合法性，以及信托资金的用途合乎法律规范。

三、信托业务监管分类的进一步调整

2018 年以来，监管部门酝酿对试点实施的信托八大业务分类进行调整。为完善信托业务分类体系，监管部门预计按照信托活动形式、法规适用范围、具体业务属性将信托业务划分为三大板块，即资金信托、服务信托、公益信托。其中，资金信托可分为资金融通信托、资金配置信托两类；服务信托可分为证券投资运营服务信托、资产证券化信托、家族信托、其他服务信托四类。三大业务板块共包含七种业务类型。

（一）资金信托

2018 年底，资金信托业务规模占比为 83.45%，成为信托公司展业的重点领域，也是监管部门重点关注的业务板块。在 2019 年最新的信托业务监管分类中，资金信托被进一步分为资金融通信托和资金配置信托。

1. 资金融通信托

资金融通信托是信托公司的传统业务，信托公司通过此类业务为房地产企业、政府融资平台、工商企业等资金需求方设计融资产品，并通过自有渠道或第

三方渠道销售信托产品。因此，从业务起点和驱动因素视角来看，资金融通信托与前文介绍的融资类信托较为相似。

资金融通信托业务大多属于投行业务，信托公司开展此类业务的主要收入来源为依据融资规模收取承销费用。信托公司主要承担的风险是处置融资人信用违约风险所带来的不确定性。因此，信托公司在开展此类业务时，一方面要通过扩大业务规模对冲个别融资人的非系统性风险，并提高业务收入；另一方面也要充分进行尽职调查，加强对融资人及其基础资产的管理能力，熟悉融资人所处行业的发展现状及周期，帮助其设计合适的融资产品并协助融资人进行投资风险管理。

以往的大部分资金融通信托都是债权型融资，信托公司与融资企业间的关系是债权债务关系，信托公司很少参与项目的管理，由于信息不对称很难对风险因素进行识别和预警，只能在风险发生时进行被动的处置。2017年4月银监会发布的《信托业务监管分类说明》以及2018年4月多部门联合印发的《关于规范金融机构资产管理业务的指导意见》均阐述了提高信托公司主动管理能力的政策导向。因此，预计未来资金融通信托的转型方向是加大股权型融资业务比重，将附带回购要求的股权作为基础资产，通过主动参与企业的投资运营将信用风险从被动处置转化为主动干预。此外，通过资产证券化的设计有效解决资金融通信托缺乏流动性的问题，也将成为信托公司业务创新的主要模式。

2. 资金配置信托

资金配置信托是信托公司募集机构和个人投资者的资金，根据客户需求制定投资策略，并进行资产配置或组合管理，提高投资收益。因此，从业务起点和驱动因素视角来看，资金配置信托与前文介绍的投资类信托较为相似。

相对资金融通信托，资金配置信托更注重对信托财产的主动管理，信托公司开展此类业务的收入来源为按照管理资产规模收取管理费，以及基于超额收益按比例提取业绩报酬。信托公司主要承担的风险是市场风险和运用风险，一方面，资本市场的价格波动影响资金配置所构建资产组合的收益率，在极端风险事件出现后甚至使投资人遭受巨大亏损，破除刚性兑付有可能将市场风险转化为声誉风险；另一方面，资金配置信托的投资领域还包括非标资产，例如房地产投资基金信托收购商场、办公楼、长租公寓等商业地产的物业，并对其进行升级、改造、运营，对此类资产进行管理需要较高的专业化程度，信托公司将会承担较大的运营风险。

我国信托公司在开展信托业务的过程中积累了大量的高净值客户，随着财富管理能力的提升，在资产管理领域的竞争力逐步提高。2019年，随着《信托公司资金信托管理办法》的出台，信托试水公募模式以及资金信托新的监管分类方式逐步确定，信托在资管领域的监管瓶颈逐步消除，集中体现信托公司主动管理能力的资金配置信托迎来了广阔的发展前景。

具体而言，资金配置信托主要分为标准化和非标准化两种类型。

（1）标准化资金配置信托。标准化资金配置信托包括现金管理信托、债券配置信托、股票配置信托。

其一，现金管理信托。现金管理类信托是指主要投向低风险投资领域，信托计划存续期限较短（一般短于6个月）、服务于客户现金管理的信托产品。信托计划主要投资于货币市场标准化的金融工具，采用净值化管理设置开放期，面向个人和机构投资者发行。现金管理信托的主要职能是作为投资者的流动性管理工具，满足客户的投资需求，提高客户粘性。例如，上海信托的现金丰利产品、中信信托的信惠现金管理产品、中航信托的天玑聚富产品等。

当前，与互联网技术的融合是现金管理信托的主要发展方向。借助互联网技术，现金管理信托能够实现网上认购与赎回、电子签约等流程，提高信托公司资金募集和到期清算的效率。投资便利性的提高将迅速增加客户规模，使信托公司获得稳定资金来源。

其二，债券配置信托。债券配置信托指受托人接受委托人的委托，将信托资金按照双方的约定，投资于标准化的债券市场的信托。信托计划主要投资于银行间及交易所债券、资产支持证券、债券基金、流动性管理工具和其他标准化的固定收益资产。债券配置信托是现金管理信托的重要补充，在灵活配置投资期限的条件下能够获取更高的收益。

其三，股票配置信托。股票配置信托指受托人接受委托人的委托，将信托资金按照双方的约定，投资于多种股票以分散投资风险，到期将股票投资的收益分配给信托受益人。股票配置信托的投资行为属于间接投资，投资的目的是管控风险并获取投资收益，并非干预股票发行企业的经营活动，在信托目的上与资金融通信托中的股权型融资信托存在区别。

此外，需要注意的是，当前信托业务涉及的大量股票投资信托并非都是股票配置信托。股票配置信托的主要特点是信托公司自主管理股票配置，例如建立自己的投资研究团队，开发投资策略（市场中性策略、套利策略等），进行量化投资。因此，证券公司在股票投资信托中仅承担证券投资运营服务职责的信托业务不属于股票配置信托，而是后文提到的新的监管分类中的服务信托。

（2）非标准化资金配置信托。非标准化资金配置信托包括FOF/MOM投资信托、其他基金化资金配置信托。

其一，FOF/MOM投资信托。FOF/MOM是基金中的基金和管理人中的管理人的简称。FOF/MOM投资信托指信托计划并不直接投资于股票、债券等基础资产，而是通过筛选基金或基金管理人间接投资于基础资产。信托公司在项目开始之前要进行充分的尽职调查，挑选合适的基金产品和投资能力较强的基金经理。在项目开始后，信托公司要通过动态跟踪及时进行业绩评价，调整资产配置方案，为投资者带来稳定的超额投资收益。

为避免多层嵌套拉长融资链条，增加融资成本，监管部门联合印发《关于规范金融机构资产管理业务的指导意见》，明确提出消除多重嵌套，但基于基金中的基金（FOF）与管理人中的管理人（MOM）业务存在的合理性，允许两类业务进行单层嵌套，在为底层资产提供流动性的同时丰富投资产品结构，吸引潜在投资者，带动资本市场繁荣与发展。

其二，其他基金化资金配置信托。非标资金配置信托还包括一些基金化信托业务，例如前文提到的投资于私募股权的私募股权投资基金信托、投资于房地产领域的房地产投资基金信托、投资于境外资产的境外投资基金信托和投资于另类资产（贵金属、艺术品、文化产业等）的另类投资基金信托。

（二）服务信托

监管部门在 2018 年的信托业年会上明确要发展以受托管理为特点的服务信托。服务信托在投资领域的管理和配置方面存在被动管理的特征，但这也并不意味着服务信托不存在受托人的主动管理成分，在底层资产的管理、尽职调查、信息披露等环节依然要积极承担受托人职责。

新的监管分类将服务信托分为证券投资运营服务信托、资产证券化信托、家族信托、其他服务信托四大类。在证券投资运营服务信托业务中，受托人依照委托人的投资指示进行证券多样化配置服务，证券投资收益与风险由委托人承担，受托人仅适当收取所提供投资运营服务的佣金；在资产证券化信托业务中，信托公司主要提供基础资产的选取、SPV 的构建、证券化产品的结构设计、各机构关系的协调等金融服务；在家族信托业务中，信托公司主要提供家族财富管理与传承、资产隔离、税务筹划、法律支持等服务。除此之外，服务信托还可向委托人提供账户管理、权益管理、经营管理等多种服务。

（三）公益信托

在 2018 年信托业年会上，信托监管机构强调要发展体现社会责任的公益（慈善）信托。与此同时，公益信托在新的监管分类中单独成为一大板块，与资金信托、服务信托并列。这一分类方式体现了监管部门对公益信托的重视，以及对公益信托进一步发展的信心。

2016 年 9 月，《慈善法》正式实施，信托公司开展公益（慈善）信托的法律制度逐步完善。未来公益信托将成为信托公司业务转型的又一着力点，随着高净值人群对社会责任关注度的提升，家族信托与公益信托的融合将助力社会公益事业的发展。此外，公益信托业务的基金化转型模式也能使公益事业"更接地气"，充分聚集社会资金发展公益事业。

总的来说，在最新的监管分类中，资金信托、服务信托、公益信托将成为信托公司开展业务的主要方向，但各有侧重。公益信托虽然具备了较完善的制度体系，但由于起步晚、监管严，业务规模依旧存在较大的增长空间，公益资金通过信托的方式助力公益事业仍存在不足。

服务信托是最典型的信托本源业务，也是信托制度比较优势的集中体现，开展服务信托有助于提升信托公司的行业竞争力。随着去通道的逐步深化，服务信托要转型升级就要在"被动管理"的表层特征下积极寻找"主动管理"的领域，提高自身的不可替代性。

资金信托自始至终是信托公司业务发展的重中之重，业务规模占比远高于服务信托和公益信托。信托公司增加信托收益，扩张信托业务规模，离不开资金信托的转型升级。预计未来信托公司在开展资金信托业务时，将通过互联网技术和大数据平台为客户提供一站式投资服务，通过现金管理信托填补长期投资空档将极大增加客户粘性，提高信托业务规模。另外，主动管理能力的提升是信托公司开展资金信托业务的保障，大数据平台建设、专业化投顾团队的建立、金融科技的嫁接与运用将成为信托公司展现竞争优势的重点领域。

>> **第二章**

资金信托的沿革与发展

第一节 资金信托业务的起源与发展

一、资金信托的起源与发展

财产的私有化是信托产生的基础，出现私有财产制度以后，就有了信托行为的发生。信托源于英国的用益制，英国中世纪的社会经济制度以及当时人们对于自由转移财产的渴望，促使用益制产生。用益制出现以后，经过漫长曲折的发展，信托制度开始逐步确立。

（一）用益制的产生与发展

用益制又称尤斯制（Use），是指委托人将自己所持有的财物（一般是不动产）转移给受托人，以受托人的名义进行管理，之后受托人按照约定将所得财物及所得收益交给委托人指定的受益人。实质上是通过受托人来进行财产的转移。

最初，用益制在英国被用作为圣方济各教派修士提供生活物质捐赠。13世纪初，圣方济各教派传入英国，但是教规规定，修士严禁拥有任何财产。为了使修士可以获得基本的生活物资，同时又不违背教规，信徒们将房屋等财产转让给市政当局或其他公共团体管理经营，并将管理产生的利益转移给修士。

后来，用益制又成为了教徒向教会捐赠土地的主要方式。当时许多英国人都信奉宗教，是虔诚的宗教信徒，他们愿意捐土地给教会。而根据当时英国的法律，教会的土地是免税收的，因此，这一行为对当时的封建制度造成了巨大的冲击。随着教会土地的增加，国家税收逐渐减少，触犯了国王和领主等封建贵族的利益。与此同时，教会的土地不断增加，其经济政治地位大大提升，威胁到了封建领主的权威。此外，由于教会的永续性，剥夺了领主们在分封土地时所有者如果没有继承人可收回土地的权利。因此，英国颁布了《没收法》，规定凡是未经国王许可而将土地捐赠给教会的，一律没收归国王所有。为了躲避这一规定，教徒们便利用用益制，先将土地转让给委托人，委托人对土地进行经营管理，并且必须将土地收益交付给教会。实际上委托人就是为了教会的利益而对土地进行管理。

于是，用益制开始在英国流行起来，并在很多领域得以广泛应用。中世纪英国禁止遗赠土地，并且实行长子继承制。为了规避这一规定，人们纷纷利用用益制，将土地转移到他人名下进行经营管理，刚开始转让人享有产生的利益，待转让人死后，该权利转移给其他继承人。用益制就这样帮助人们实现了遗产安排，巧妙地规避了长子继承的僵化规定，为其他子女及亲属争取了财产。

此外，中世纪英国的土地法规定，领主在土地上对下一级分封对象享有很多附属权利。以继承金为例，按规定，长子在继承土地时须向领主缴纳继承金，如未在法定期限内完成缴纳，土地就会被领主没收。为此，人们运用用益制，在生前将土地交由他人经营管理，只给长子留下获取土地所产生利益的权利，这样就可避免缴纳继承金。

而且，在十字军东征期间，一些参加东征的人为了给家人提供生活保障，将土地转交给亲戚进行管理，并要求其把经营土地的收益交给转让者家人。15 世纪中期玫瑰战争的爆发，也使得用益制更加流行起来。由于战争中战败方的土地总被胜利方没收，参战者为避免因斗争失败而失去土地，纷纷利用用益制，把土地委托给没有参战的庶民代为管理。

可见，用益制在英国的产生与发展深受当时其国家政治、经济、战争、宗教等方面因素的影响。

（二）用益制的完善

13 世纪中叶，用益制已经开始在英国普遍使用。由于最初的受托人大多是社会上信誉较好、地位较高的人，在一般情况下不收取报酬，他们会信守承诺，忠于所托。但是随着用益制的普遍使用，大量欺诈行为开始出现，常使委托人财产蒙受损失。因此，用益制度便需要法律来进行干预。当时英国的普通法认为，用益制度下土地的所有权不归委托人或受益人所有，而归受托人所有，相应的土地收益也归受托人所有，因此无法对受益人的权利提供保护。受益人和受托人之间不是法律关系，只是一种道德关系，受托人是否正直、道德直接决定了受益人能否从受托人那里得到相关的土地收益。于是，得不到普通法保护的人们纷纷向国王请愿，请求国王保护他们不受到侵害的权利。国王授权英国的大法官出面来处理类似案件，但是大法官并不关心自己是否严格遵守了法律程序，他更关心的是人们是否履行了自己的道德义务，并据此发展出英国特有的衡平法体系。

从 15 世纪初开始，大法官开始干预用益制，并逐渐在衡平法的基础上设立了完整的用益制规定，强制受托人按照委托人的指示行事，以保护受益人的权益。用益制下受托人与受益人之间的关系正式确认为衡平法上的法律关系，衡平法一方面承认和尊重普通法，受托人仍然享有普通法所有权，另一方面确认受益人享有衡平法所有权，受益人可通过法律的强制手段来保护这一权利。制定衡平法的主要目的是弥补普通法的欠缺，该法的许多重要部分都是与信托制度有关的，因此，可以说衡平法是信托的培育人。

从此以后，用益制在英国成为了一种合法储蓄、经营个人财产的方式，被广泛应用于处置各种动产、不动产、资金等。在此基础上，经历了 700 年风雨后，信托制度逐步确立起来，英国现代信托业逐渐发展起来。

二、英国资金信托：初现资金信托业务雏形

信托起源于英国，但由于经济环境的变化，近现代以来，英国的信托业发生了许多新变化，主要体现在以下方面：

（一）信托的内容逐渐丰富

最初，信托在英国的产生和流行与中世纪时期的土地制度有密切关系。土地在当时是最主要的信托财产。那时的土地既是人们赖以生存的基础、最重要的财富，也是人们社会地位的象征。但是土地上所附着的封建权利，使人们无法对土地自由转移与传承。因此，人们运用信托来逃脱封建制度的约束，实现自己的意愿。这一时期，受托人虽然在名义上拥有信托财产所有权，但却对信托财产不负有任何积极管理的义务；而受益人不仅可以获取信托财产的收益，还拥有实际的财产管理权。随着英国工业化时代的到来，废除了对土地等财产转移的一系列限制，人们不需要再围绕土地设计大量的信托。财富的形态更加多样，标的物也从土地延伸到货币、股票、债券等。人们越来越多地运用信托来追求财富的增值，管理其持有的金融资产，资金信托的雏形开始显现。

（二）有偿信托的出现

1896 年的《官选受托人条例》与 1897 年的《官选受托人条例实施细则》的颁布，使得官选受托人可以征收一定比例的报酬。这样，英国开始出现信托的有偿服务，这是信托史上一次重大的制度变革。

（三）法人信托的出现

在工业革命以后，英国出现了大批富人，他们对财产的管理和运用有了更多的要求。随着信托制度的不断完善，英国开始出现信托机构，这标志着英国的信托由个人信托发展到了法人信托。1908 年英国成立公共受托人办公室，开始出现了纯粹的团体法人。在此之前，英国的信托业务主要用来处理私人财产事务以及公益事务。

从英国的信托史来观察现代信托业的形成过程，其形成是有规律的。英国信托业在发展过程中，由以个人受托为主逐渐过渡到以法人受托为主，由无偿信托逐渐转变为有偿信托。英国信托制度的确立和信托业的发展并不是偶然，而是社会经济发展的必然趋势。

英国的信托业起源于民事信托，至今仍带有浓厚的民事色彩，其主营业务依然是传统的个人信托和公益信托。但同时，金融信托在英国也开始逐渐流行起来。在当时，人们把信托视为储蓄、增值个人财产的手段，使拥有较少资金的投资者有可能把零星的资金投放到选择余地较大的证券市场上去，以获取更大的利益。英国开展的信托业务较多的是养老基金信托、投资信托以及单位信托。建立养老基金信托时，先由委托人出资建立基金，再由受托人以受益人的利益为目的进行管理和运用。这正是资金信托业务的最初形态。

现代英国的金融信托业务可分为一般信托业务和证券投资信托业务。

1. 一般信托业务

一般信托业务包括个人信托业务和法人信托业务。个人信托业务主要包括财产的管理、遗嘱的执行、遗产的管理及财务咨询等。法人信托业务主要包括股份注册和过户、年金基金管理、公司筹设、企业合并、公司债券的受托，如公司债券的证明、偿债基金的收付及本利的支付、抵押品的保管等。

2. 证券投资信托业务

证券投资信托业务包括投资信托和单位信托两大类。

投资信托业务已经成为了英国中长期资金的重要来源之一。投资信托是指经验丰富的信托机构将从公司股东那里获得的资金分别投资于有价证券、房地产等，以实现帮助委托人获利、降低风险的目的。其资金主要来自公开发行且可以在证交所上市交易的债券、股票等以及养老院等工商企业。该业务为小额投资者参与证券市场进行投资提供了可能性。

单位信托是在投资信托的基础上衍生发展出来的，但其又区别于投资信托。单位信托公司的主要职能是将公司资本划分成许多小额"单位"后再公开出售，由投资者按规定认购，并保证投资者可以像兑换其他有价证券一样随时将手中持有的"单位"兑换成现金。它不同于投资信托那样出售股份，而是出售信托"单位"。因此，单位信托的发行数量是可以视情况增加或减少的，不是固定不变的，投资者可以随时按照现行市场价格买进或卖出单位。

可以发现，在英国信托业务的种类中虽然并没有资金信托业务的概念，但是实际上英国的投资信托业务便是资金信托业务的雏形。资金信托业务已经在英国开始萌芽。

**三、美国资金
信托：多元化创新**

由英国兴起的信托业传入美国后，得到了长足的发展。在法人信托、信托业务创新等方面均强于英国，它最早完成了从个人受托向法人受托的转变，以及从民事信托向金融信托的过渡，是当今世界上信托业最发达的国家。美国资金信托业的发展可划分为以下三个阶段，其发展趋势即代表了现代信托业发展的潮流。

（一）形成阶段

独立战争以后，美国的资本主义经济飞速发展，社会财富急剧增加，产生了代理买卖产业证券、转换股票以及遗嘱执行、财产继承等诸多新型业务，极大地推动了信托业的发展。1822年，美国政府特许设立"农民火灾保险及借款公司"，并允许其从事以不动产为担保的放款业务以及经营以遗嘱或契约为目的的动产和不动产信托业务，并于1836年更名为"农民放款信托公司"。美国的信托业务由此诞生并得以不断发展。南北战争结束后到20世纪20年代末，由于社会财富不断积累、股份制公司的发展使股票等有价证券的发行量不断增加以及政府对信托业监管不断放开，美国信托业迎来了第一个飞速发展时期，经营信托的金融机构和信托资产总额不断增加。这一时期，美国的信托产品主要有两个发展方向：一是有价证券逐渐取代原有的土地和实物资产成为了新的信托对象；二是以吸收存款和发放贷款为核心的信托产品也获得了快速发展。

在美国，证券投资信托是一种非常重要的金融工具，也是当今美国金融体系不断发展和完善的重要标志。1921年设立的美国国际投资信托公司是美国最早的证券投资信托公司，1924年以后随着经济不断发展，美国在各地开设了越来越多的证券投资信托公司，投行、商行、券商、信托银行也逐渐开始经营证券投资信托，同业竞争十分激烈，与此同时，产生的投机乱象也十分严重。1929年经济危机，也使证券投资信托行业大受打击，至此，为保护投资者的利益，美国政府制定了一系列法律规定。

（二）高涨阶段

"二战"后，美国信托业进入了一个新的发展时期，金融创新步伐明显加快。美国政府为了刺激经济，采取通货膨胀政策，由于股价上涨速度要较通货膨胀率快，所以，人们为了财产保值，纷纷参与证券投资信托计划。因此，美国资本市场飞速发展，有价证券发行量不断上升，美国的证券投资信托规模得以不断扩大。此外，在美国，投资信托公司的股票主要由证券公司通过其销售网点向投资者出售，销售网点遍布全美各地，使得所有股票市场连成一体，这也促使美国的证券投资信托在很短的时间里得以飞速发展。

1960~1980 年，美国的证券公司、信托投资公司、银行信托都创造了大量迎合个人和企业需求的信托产品。如设立货币市场互助基金、以信托方式吸收小额资金并投资于货币市场工具、短期国债等金融工具的信托业务；开办现金管理账户、开办融资租赁业务等。这些新的品种能有效规避利率管制，提高投资者收益，因此颇受欢迎。

（三）扩展深化阶段

20 世纪 80 年代以后，随着美国利率管制的取消、金融业走向混业经营以及新技术革命的到来，为了能紧跟市场变化的步伐，满足人们多样的投资需求，美国信托业的创新还在不断深化和扩展中。20 世纪 90 年代以后，信托凭借其灵活的制度优势在财产管理方面发挥着不可替代的重要作用。以投资基金和养老基金为代表的各种商业信托制度的迅速发展，拓宽了人们对于信托应用领域的认识。美国现代信托的运用主要体现在以下两个方面：

一是信托在退休养老金管理中的应用。在美国，人们为了财富的增值保值，愿意把退休养老金用作长期投资。美国的养老金多采用基金信托的组织形式，使养老金以基金法人的形式存在，也就是所谓的养老基金。信托在美国的养老金市场上获得了长足发展。

二是信托在投资基金中的应用。投资基金诞生于英国，盛行于美国，并在全球得以迅速发展。目前已成为各国金融市场上一种重要的集合投资信托制度。投资基金是一种间接的金融工具和证券信托投资方式。它是指通过把具有相同投资目标的众多投资者资金聚集起来，通过专门的投资管理机构，将基金分别投资于股票、债券等各种金融工具中，以实现资产的增值保值，投资者按出资比例分红并承担风险。在美国，投资基金专指共同基金和单位投资信托。自 1924 年美国第一家共同基金在波士顿设立以来，其共同基金业已取得万众瞩目的成功。共同基金是由专业的证券投资公司以发行公司股份或受益凭证的方式，募集多数人的基金交由专家去投资运用。而单位投资信托则是以信托形式设立的，单位持有人委托专业的信托机构，与基金经理签订信托合同，监督以确保单位持有人的利益得以被保护。该基金资产为信托财产。据统计，美国共同基金规模在当时已经超过了美国民间养老基金、保险业以及储蓄机构的资产规模，成为了美国财富的新风尚。

美国的信托业务如果按会计处理方式划分，可分为受托业务和代理业务两大类，其区别在于受托人是否对信托财产拥有法律上的所有权。受托业务中的受托人有此项权利，而代理业务中的受托人仅仅只是代理人，并不享有财产所有权。

如果在经营管理上按委托对象划分，美国的金融信托业务还可分为个人信托、法人信托、个人和法人兼有信托三种。个人信托是指信托机构承办为个人管理财产、执行遗嘱、管理遗产及代理账户等信托业务。美国的受托人一般将个人信托业务分为三个部分，并分别设计了不同的产品和服务。具体说来，针对累计金融资产在 25 万~200 万美元的顾客，受托人提供共同基金的投资咨询服务；针对可投资资产在 200 万~5000 万美元的客户，受托人则提供分别管理账目以及专业化投资管理服务；可投资资产超过 5000 万美元，并且其财务管理要求特别复杂的客户，则受托人除了投资管理服务外，还提供专业化的信托服务、财务计划、托管以及慈善行为等咨询服务。法人信托是指信托机构接受法人团体的委托，以法人团体的受托人或代理身份为其提供服务。服务对象主要是企业或非营利机构，如教堂、工会、公益团体、学校等。最主要的业务是发行公司债信托和商务管理信托。个人和法人兼有的信托主要包括公益信托、年金信托和职工持股信托。

在美国，信托产品的创新几乎没有尽头，为进一步适应社会经济需求，美国又创造出许多新的信托投资工具。比如货币市场互助基金、现金管理账户、共同信托基金、商业汇票等，其信托业务领域还在不断扩展，创新还在不断深化。

四、日本资金信托：金钱信托曾为主角

19 世纪末，日本处于近代产业蓬勃发展的时期，由于工业化的需要，要向欧美国家引进先进的制度和技术，其中就包括美国的信托制度。因此，1902 年，日本兴业银行成立后首次开办了信托业务，并为这一时期的工业发展提供了丰富的资金。日本的信托制度虽然是从美国引进的，但在其发展的过程中，结合本国的具体情况，在原有的业务模式上不断创新，形成了具有日本特色的信托业。

日本信托发展分为以下三个阶段。

（一）金钱信托开创期

1920 年以后，欧美各个国家经济一片萧条，日本也受到了影响，许多信托公司纷纷倒闭。因此，1922 年，日本政府制订了《信托法》和《信托业法》，实现了信托业与银行业的分离，力促日本信托业发展步入正轨。《信托业法》还规定，资本金不到 100 万日元的公司不得经营信托业务，这样一来，就对信托公司进行了整顿。经过整顿后的信托公司由于资本规模庞大，所以业务量迅速增加。与此同时，各信托公司结合日本的经济发展情况，开创了金钱信托等业务品种，信托公司开始执行长期的金融职能。金钱信托吸收的资金七成用于企业贷款，三成用于经营公司债等有价证券。此后，资本家或机构投资者较大金额的信托（最低为 500 日元）便成为了当时信托的主流业务。信托公司以单独或集合的形式将这些资金运用于贷款或公债上，以实现财富的增值，但该业务无法吸收中小投资者的资金。直到 1937 年日军侵华，实行金融统制，并将金钱信托起点由 500 日元降到 50 日元，用以吸收大众的资金。而且以"本金补充契约"来增强其安全性，致力于信托的普及与发展。

（二）金钱信托鼎盛期

20 世纪 50 年代以来，分业经营促使信托银行积极开发新业务以提升竞争力，各种新型信托产品陆续出现。1952 年颁布了《贷款信托法》，创立了贷款信托业务，使金钱信托成为了定型化商品，拓宽了客户市场，而且贷款信托有免税的可能，因此在全国得以普及，成为了长期金融的主要推动者和信托业发展的原动力，由此带来了"信托大众化"时代。20 世纪 50~70 年代，是日本经济高速增长时期，长期投资是经济建设的前提。1962 年和 1965 年又分别根据《法人税法》和《福利养老金保险法》建立起年金信托，为长期建设筹集了稳定资金。此后，日本还结合自身国情，将信托银行将金融功能和财务管理功能结合，不断开发各种新型信托产品，出现了住宅贷款债权信托、特定赠与信托、财产给付金信托、公益信托、财产基金信托、新型贷款信托等。

（三）多元化创新发展期

从 20 世纪 70 年代后半期开始，信托的金融功能和财务管理功能得以充分发挥，以往在日本被认为难以发展的信托种类，由于相关法律监管的放松以及个人和法人资产的形成，在此时期获得了急速的发展，日本称这一阶段为"信托时代"。这一时期，日本的信托业具有以下特点：

一是信托银行的贷款业务比重下降，开始出现土地信托和有价证券信托。信托银行开始侧重于财务管理型业务的开展。

二是委托人开始变得多样化。过去，委托人主要是个人、非营利法人，而现在委托人扩大到政府机构、事业单位等。

三是信托财产运用形式的变化。以前的信托财产大多被用来发放贷款，进入信托时代后，信托财产逐渐被用来进行有价证券投资。土地信托、证券信托（基金信托、特定金钱信托）以及资产证券化信托是这一阶段信托业务的典型代表，它们与传统的贷款信托、年金信托等共同成为了信托银行的主要支柱。

日本产生的这些新业务，来源于希望将多样化的财产委托给具有专业财产管理能力的信托机构的需求，其信托制度发展至今达到了与美国不相上下的水平，各种各样的信托产品在不同的领域得到了广泛应用，取得了很大成功。

与英国、美国不同，日本只存在商业信托和公益信托，民事信托所占比例极小。日本的信托业务以金钱信托为主，可以说，日本的信托业是以金钱信托为中心发展起来的，至今金钱信托在整个信托业务中的地位仍然举足轻重，而日本的金钱信托，也是形式和内容上最接近我国资金信托业务的。概括起来，日本的信托业务主要可分为：①金钱信托；②年金信托；③财产形成信托、财产形成拨付金信托和财产形成基金信托；④证券投资信托；⑤有价证券信托；⑥金钱债权信托；⑦动产信托；⑧不动产信托；⑨附担保公司债信托；⑩特定赠与信托；⑪公益信托；⑫遗嘱信托。而金融信托业务下的信托财产约占全日本信托财产总额的90%，因此比起英美等国家，日本更重视信托的金融职能。金钱信托业务也在推动日本经济快速发展中发挥了重要作用。

第二节 "一法两规" 时期我国资金信托的发展

一、"一法两规"颁布的历史背景

1979年10月，中国国际信托投资公司宣告成立，标志着中国信托业的正式恢复。从改革开放初期到"一法两规"的相继颁布，我国信托公司在其发展历程中，一直把资金信托业务作为发展的主要业务。1981~1982年，信托投资公司在短期内迅速膨胀。由于当时金融市场还比较落后，金融产品种类单一，银行的存贷业务具有一定的局限性，因此，这些信托投资公司便借机纷纷与银行抢资金、争业务。在此期间，资金信托业务便凭借其灵活的制度优势得以迅速发展。但由于缺乏完善的立法，信托投资公司所从事的都是变相的银行业务，即通过吸收存款、同业拆借资金用以发放贷款或直接投资实业项目，已经脱离了信托的本质，对当时的经济发展造成了一定的负面影响。资金信托业务也一度成为金融领域被重点清理整顿的对象。回顾信托业的发展历程，"一法两规"颁布之前信托机构一再偏离本源业务，虽有信托之名，却无信托之实。"一法两规"颁布的原因主要有以下三方面：

（一）功能定位偏离信托本源业务

从1979年我国信托业恢复，到2000年之间的二十多年，属于我国信托业的探索时期。这一时期，中央部委、银行以及地方政府纷纷设立信托投资公司，信托机构最多时达到600多家，信托业成为仅次于银行的第二大金融行业，与银行业、证券业、保险业一并成为我国的四大金融支柱之一。在探索时期，虽然信托业经过多次清理整顿，但其功能定位仍不明确，实行的仍是高度同质化的银行业务，本源的信托业务几乎没有开展，在主体功能发挥上显得相当薄弱。

1. 信托业务与银行业务高度同质化

大多数信托投资公司经营的业务都名为"信托"，实为"信贷"，其主要的经营所得不是"受人之托，代人理财"的代理费，而是银行信贷业务的存放利差。

首先，在资金来源方面，主要是存款性负债。信托机构主要以1年期（含1年）以上的单位信托存款为资金来源，而所谓的"信托存款"，与一般银行存款并无实质区别。它所体现的依然是存款人与信托机构之间的债权债务关系，并非真正的"信托关系"。

其次，在资金运用方面，主要是自营贷款业务。这一时期，信托机构的业务分为委托和信托两类："委托投资或贷款"是信托机构所从事的最接近真正的"信托业务"的一类业务，但即使是这类业务，也明确规定了属于"代理业务"而非"信托业务"，委托人与信托机构之间的关系属于代理关系而非信托关系。该业务是指由委托人提供资金，指明投资项目，同时承担经济责任而开展的业务。并且由于"委托投资或贷款"需要由委托人自己承担经济责任，所以信托机构开办的真正委托贷款并不多。信托公司实际开展的主要还是所谓的"信托贷款"业务。"信托投资或贷款"是指信托机构承担经济责任，通过发行债券、股票和同业拆借等方式自行筹措资金或以自有资金进行的投资或贷款。该类业务虽以"信托"冠名，但并不是真正意义上的信托业务，其资金来源是负债资金而不是信托资金，其收益也属于信托公司，而非受益人。因此，所谓的"信托贷款"实际上与银行贷款并无区别。

最后，在监管方式方面，也与银行管制类似。信托机构也需要像银行一样缴纳存款准备金、提留呆账准备、纳入利率管制，在会计处理方面，按照银行的模式进行管理。

可见，当时无论是从理念、思想还是从操作实务上，信托机构与银行都很类似，无实质性区别，信托业务具有强烈的银行业务色彩。

2. 信托机构作为改革试验田，实行混业经营

自1979年银行开办信托机构后，混业经营的金融制度开始实施。1983年1月，中国人民银行工作会议召开，形成的文件《中国人民银行关于人民银行办理信托业务的若干规定》指出："金融信托主要办理委托、代理、租赁、资讯等业务，并可办理信贷一时不办或不便办理的票据贴现、补偿贸易等业务。"这是人民银行首次较明确地划分信托业的经营范围，但其并没有明确强调信托业主要以信托业务为主业。1984年，随着我国经济改革重心的转移，国家为刺激经济发

展，提出了一系列方针政策，伴随着经济增长速度的加快，信托业的新一轮扩张再次展开。1984 年 6~7 月，中国人民银行连续召开了全国支持技术改造信贷信托业务会议和全国银行改革座谈会，会议第一次充分肯定了信托公司的混业经营模式，实际上是确认了信托业以经营银行业务为主的混业经营模式。后来证明，这是在政策引导方面的一项重大失误。20 世纪 80 年代以后，上海的几家银行先后设立了证券部，之后，各银行和信托投资公司也都成立了证券经营机构。在此期间，银行主要从事企业证券的发行、代理买卖以及自营业务，此外，银行还投资开办了房地产、商业、酒店等方面的各种实体企业，信托机构也广泛涉足了这些领域。1990~1991 年，上交所和深交所先后成立，才出现了独立于银行与信托机构以外的证券公司，证券发行市场与流通市场开始在国内建立起来。因此，这一阶段的信托公司呈现出显著的混业经营特征，既经营信贷业务，又经营证券业务；既经营金融业务，又直接投资实业，是名副其实的"金融百货公司"。

（二）政策体系严重滞后缺失

首先，政策层面不明朗，缺乏促进信托本源业务开展的制度供给，使得信托业的功能定位不明确。当时，我国没有任何对信托关系和行为的法律界定，信托制度在法律上处于真空状态，而健全的法律体系是实现一国金融发展的重要保障。信托是一种法律关系，信托当事人之间存在的复杂的权利和义务关系必须由法律来加以规范和调整，委托人和受益人的权利和利益，必须由法律加以保护。因此，制度建设特别是法制建设是信托业健康发展的根本保障。但是，从 1979~2000 年，我国的信托业基本处于无法可依的状态，制度供给严重不足，从而导致信托业无法真正成长起来。此外，恢复信托业的动机不是为了引入信托制度，而是为了突破集中的计划经济体制，利用信托业务来绕开信贷计划的管控，在计划渠道以外建立自主控制的资金融通渠道，其并没有对信托行业进行很好的引导和培育，这也间接导致信托功能的错位。而且，当时也缺乏对信托产业化的认识。社会对信托制度的陌生以及信托观念的缺失，再加上国家对信托业的发展没有一个明确的目标和思路，导致许多制度的制定并不规范，比较模糊。

其次，从行业层面来看，信托业与其他行业相比，没有一个明确的划分标准。在业务定位方面，更多地把信托机构作为融资型金融机构而不是财产管理机构。在业务范围的区分方面，没有正确地区分主业务和兼营业务，更多地引入了非信托业务，使信托机构没有致力于发展体现信托优势的财产管理业务，而是强化了信托机构的银行化色彩，在行业扩张中慢慢偏离了本源业务。此外，由于国家把信托业作为"改革的试验田"，许多新的金融业务交由信托机构先开办，慢慢使得信托机构成为了一个"金融百货公司"，信托业"耕了别人的田，荒了自家的地"。

最后，我国信托业的创立和发展，所依托的社会环境也不够完善。经济发展水平不高、人均收入较低、经济关系单一、经济生活多元化程度不高等，成为了阻碍信托本源业务发展的客观条件。改革开放初期，经济长期停滞，我国居民收入增长很慢；改革开放以后，虽然居民收入有所提高，财富有所积累，但大部分都被用于满足压抑许久的消费需求，因此，人们更多的是选择把钱存入银行这种简单的储蓄方式，并没有过多地产生投资需求。在这种条件下，信托的本源业务——财产管理，便无从开展。此外，中国的产权制度还不够完善，严重阻碍了资源的流动和整合，也在一定程度上影响到了信托本源业务的需求。

（三）行业清理整顿影响巨大

1982~1999 年，管理部门先后五次对全行业开展清理整顿工作。其中以从1999 年开始的第五次清理整顿工作最为彻底和有效。

第一次清理整顿是 1982 年，重点是行业清理。当时的信托业基本上处于自由发展阶段，出现了一定的盲目性，严重冲击了国家对金融业务的计划管理和调控。因此，国务院于 1982 年 4 月 1 日发出《关于整顿信托投资机构和加强更新改造资金管理的通知》，决定对信托业进行整顿。这次整顿的要点是将计划外的信托投资业务纳入到计划管理中去，要求信托投资业务一律由银行来办，地方信托公司一律停办，限定信托业只能办理委托、代理、租赁、咨询业务。

第二次清理整顿是 1985 年，重点是业务清理。伴随着 1984 年我国经济发展过热，信托业务的发展再一次进入了高潮。与此同时，信托业通过各类名义上的贷款和投资，加剧了固定资产规模的膨胀，使物资供应计划更加失去了平衡调节能力。1984 年底，我国信托业开始了全国性大整顿，规定停止发放新的信托贷款，暂停办理新的信托投资，对存贷款业务加以清理。

第三次清理整顿，重点是行业和业务清理。1986 年以后，我国经济发展过快，资金需求较大，于是信托业抓住这次机会，迅速进行扩张，但与此同时，信托公司管理不到位的问题逐渐暴露，影响了经济发展的正常秩序。因此，1988年下半年发布的《中共中央、国务院关于清理整顿公司的决定》指出：1986 年下半年以来成立的公司是此次清理整顿的重点对象，并强调要坚决纠正公司政企不分的问题，取消公司的行政职能，此次整顿远比前两次严厉、彻底。1989 年 9月，国务院发布《关于进一步清理整顿金融性公司的通知》，决定由中国人民银行负责统一组织检查、监督和验收。其主要措施要求各信托公司一律停止发放信托贷款、停止投资和停止拆出资金，严禁扩大范围吸收信托存款，禁止同业拆入的资金用于扩大信托规模，也不得用于固定资产投资、贷款和租赁，企图切断银行与信托机构之间的同业拆借渠道，大量撤并信托机构，重新核发信托机构的金融业务许可证。经过一年多的清理整顿，到 1990 年 8 月，信托投资公司从最多时的 600 多家锐减到 339 家。

然而，20 世纪 90 年代初，信托机构的数量开始猛增，到 1993 年，全国的信托投资公司达到创纪录的 700 多家（不含各地越权审批的机构）。与此同时，由于监管滞后，大批信托公司开始进行违规操作，盲目拆借资金、绕路发放贷款以及炒房等现象频频发生。为处理这一混乱的局面，1993 年开始全面清理各级人民银行越权批设的信托投资公司。

因此，第四次清理整顿，切断了银行与信托公司之间的资金联系，开始实行"分业经营，分业管理"。主要措施是要求银行与其所属的信托投资公司合并或通过转让、改制与其脱钩，经过清理，银行不再拥有信托投资公司，全国信托投资公司的数量在 1996 年末下降至 244 家。

第五次清理整顿是以 1999 年 3 月下发的《国务院办公厅转发中国人民银行整顿信托投资公司方案的通知》（国办发〔1999〕12 号）为标志的，信托业恢复发展以来最为彻底的一次整顿。《国务院办公厅转发中国人民银行整顿信托投资公司方案的通知》明确规定了这次整顿的目的，即本着"信托为本、分业经营、规模经营、分类处置"的原则，逐步清理了一些规模较小、濒临破产的信托机构。通过整顿，实现金融行业严格的"分业经营、分业管理"，只留下了极少数资金雄厚、管理有序、真正从事信托本源业务的信托投资公司，进一步完善了金融服务体系。具体措施主要包括：一是化解原有信托业风险。对问题严重、地方政府不愿救助或无力救助的信托投资公司一律实行停业整顿、关闭、撤销；少数经营状况良好或者经营状况尚可、地方政府又有意救助扶持的信托投资公司，采取政府注入资金、债权转股权、引入新的战略投资者、合并重组等方法化解债务、增加资本金，并全面清理债权债务，解决各类历史遗留问题，然后经人民银行验收和重新登记。二是实现信托业与银行业、证券业的"分业经营、分业管理"。禁止信托业从事负债业务，对信托投资公司所属的证券资产限期以自组控股证券公司、以评估后的证券资产参股其他证券公司、转让等方式全部剥离。三是引导信托公司真正走上以信托业务为主营业务的发展道路，开展真正的受托理财业务。这次整顿于 2001 年基本结束。通过整顿只保留了 70 多家信托公司（实际完成重新登记的为 59 家），我国信托业步入了规范发展时期。

二、"一法两规"框架下我国资金信托业务的发展

改革开放以后，我国信托业虽然经过 20 余年发展，但其仍面临市场定位不清、主业不明、经营混乱等问题。一个重要原因是，长期以来我国的信托制度在法律上处于真空状态。2001 年 4 月 28 日《中华人民共和国

信托法》（以下简称《信托法》）的颁布，是信托发展史上具有里程碑意义的大事，是建立我国信托制度的基石，为我国信托业回归信托本源业务提供了根本的制度保障，极大地促进了信托功能在我国的发挥和应用。

2002年，中国人民银行又相继发布实施《信托投资公司管理办法》和《信托公司资金信托管理暂行办法》，从制度上将信托投资公司定位成了主营信托业的金融机构，可以经营资金信托、动产信托、不动产信托和其他财产信托四大类信托业务，以及代理财产管理与处分、企业重组与购并、项目融资、公司理财、财务顾问、代保管等中介业务。《信托法》与2002年中国人民银行颁布的《信托投资公司管理办法》《信托投资公司资金信托管理暂行办法》一起，被称为信托的"一法两规"。"一法两规"中的《信托法》对信托的基本关系进行了规范，这是信托制度的基础；此外，《信托投资公司管理办法》还对信托投资公司的经营活动进行了规范；《信托投资公司资金信托管理暂行办法》则对资金信托这项信托投资公司的核心业务进行了规范。

2002年"一法两规"的相继颁布，标志着我国信托业由原来的探索时期逐渐过渡到了规范发展时期，这三个制度对信托业的发展起到了至关重要的引导作用，开始引导信托公司走上以真正的信托业务为主营业务的发展道路，也为信托的大力创新奠定了制度基础。

在"一法两规"中，为了规范信托投资公司资金信托业务的经营行为，保障资金信托业务各方当事人的合法权益，2002年6月中国人民银行颁布《信托公司资金信托管理暂行办法》对我国资金信托业务的发展做出了具体规定，主要内容如下：[①]

第一条　为了规范信托投资公司资金信托业务的经营行为，保障资金信托业务各方当事人的合法权益，根据《中华人民共和国信托法》《中华人民共和国中国人民银行法》和中国人民银行《信托投资公司管理办法》的有关规定，制定本办法。

第二条　本办法所称资金信托业务是指委托人基于对信托投资公司的信任，将自己合法拥有的资金委托给信托投资公司，由信托投资公司按委托人的意愿以自己的名义，为受益人的利益或者特定目的管理、运用和处分的行为。

除经中国人民银行批准设立的信托投资公司外，任何单位和个人不得经营资金信托业务，但法律、行政法规另有规定的除外。

第三条　信托投资公司办理资金信托业务取得的资金不属于信托投资公司的

---

① 法规内容摘自2002年6月中国人民银行颁布的《信托公司资金信托管理暂行办法》。

负债；信托投资公司因管理、运用和处分信托资金而形成的资产不属于信托投资公司的资产。

第四条　信托投资公司办理资金信托业务时应遵守下列规定：

（一）不得以任何形式吸收或变相吸收存款。

（二）不得发行债券，不得以发行委托投资凭证、代理投资凭证、受益凭证、有价证券代保管单和其他方式筹集资金，办理负债业务。

（三）不得举借外债。

（四）不得承诺信托资金不受损失，也不得承诺信托资金的最低收益。

（五）不得通过报刊、电视、广播和其他公共媒体进行营销宣传。

信托投资公司违反上述规定，按非法集资处理，造成的资金损失由投资者承担。

第五条　信托投资公司办理资金信托业务可以依据信托文件的约定，按照委托人的意愿，单独或者集合管理、运用、处分信托资金。

单独管理、运用、处分信托资金是指信托投资公司接受单个委托人委托、依据委托人确定的管理方式单独管理和运用信托资金的行为。

集合管理、运用、处分信托资金指信托投资公司接受二个或二个以上委托人委托、依据委托人确定的管理方式或由信托投资公司代为确定的管理方式管理和运用信托资金的行为。

第六条　信托投资公司集合管理、运用、处分信托资金时，接受委托人的资金信托合同不得超过200份（含200份），每份合同金额不得低于人民币5万元（含5万元）。

第七条　信托投资公司办理资金信托业务，应与委托人签订信托合同。采取其他书面形式设立信托的，按照法律、行政法规的规定设立。

信托合同应当载明以下事项：

（一）信托目的。

（二）委托人、受托人的姓名（或者名称）、住所。

（三）受益人姓名（或者名称）、住所，或者受益人的范围。

（四）信托资金的币种和金额。

（五）信托期限。

（六）信托资金的管理方式和受托人的管理、运用和处分的权限。

（七）信托资金管理、运用和处分的具体方法或者安排。

（八）信托利益的计算、向受益人交付信托利益的时间和方法。

（九）信托财产税费的承担、其他费用的核算及支付方法。

（十）受托人报酬计算方法、支付期间及方法。

（十一）信托终止时信托财产的归属及分配方式。

（十二）信托事务的报告。

（十三）信托当事人的权利、义务。

（十四）风险的揭示。

（十五）信托资金损失后的承担主体及承担方式。

（十六）信托当事人的违约责任及纠纷解决方式。

（十七）信托当事人认为需要载明的其他事项。

第八条　信托投资公司办理资金信托业务时，应当于签订信托合同的同时，与委托人签订信托资金管理、运用风险申明书。

风险申明书应当载明下列内容：

（一）信托投资公司依据信托文件的约定管理、运用信托资金导致信托资金受到损失的，其损失部分由信托财产承担。

（二）信托投资公司违背信托文件的约定管理、运用、处分信托资金导致信托资金受到损失的，其损失部分由信托投资公司负责赔偿。不足赔偿时，由信托财产承担。

第九条　受托人制定信托合同或者其他信托文件，应当在首页右上方用醒目字体载明下列文字：

"受托人管理信托财产应恪尽职守，履行诚实、信用、谨慎、有效管理的义务。依据本信托合同规定管理信托资金所产生的风险，由信托财产承担，即由委托人交付的资金以及由受托人对该资金运用后形成的财产承担；受托人违背信托合同、处理信托事务不当使信托资金受到损失，由受托人赔偿。"

第十条　信托文件有效期限内，受益人可以根据信托文件的规定转让其享有的信托受益权。

信托投资公司应为受益人办理信托受益权转让的有关手续。

第十一条　信托投资公司办理资金信托业务，应设立专门为资金信托业务服务的信托资金运用、信息处理等部门。

信托投资公司固有资金运用部门和信托资金运用部门应当由不同的高级管理人员负责管理。

第十二条　信托投资公司办理资金信托业务，应指定信托执行经理及其相关的工作人员。

担任信托执行经理的人员，应具有中国人民银行颁发的《信托经理资格证书》。

第十三条　信托投资公司违背信托文件的约定管理、运用、处分信托资金导致信托资金受到损失的，其损失部分由信托投资公司负责赔偿。信托投资公司由此而导致的损失，可按《中华人民共和国公司法》的有关规定，要求其董事、监事、高级管理人员承担赔偿责任。

第十四条　信托投资公司对不同的资金信托，应建立单独的会计账户分别核算；对不同的信托，应在银行分别开设单独的银行账户，在证券交易机构分别开设独立的证券账户与资金账户。

第十五条　资金信托终止的，信托财产归属于信托文件规定的人。信托投资公司应当按照信托文件的规定书面通知信托财产归属人取回信托财产。

未被取回的信托财产，由信托投资公司负责保管。保管期间，保管人不得运用该财产。保管期间的收益归属于信托财产的归属人。发生的保管费用由被保管的信托财产承担。

第十六条　信托财产的归属依据信托合同规定，可采取现金方式、维持信托终止时财产原状方式或者两者的混合方式。

采取现金方式的，信托投资公司应当于信托合同规定的分配日前或者信托期满日前（如遇法定节假日顺延）变现信托财产，并将现金存入信托文件指定的账户。

采取维持信托终止时财产原状方式的，信托投资公司应于信托期满后的约定时间内，完成与归属人的财产转移手续。

第十七条　资金信托终止，信托投资公司应当于信托终止后十个工作日内做出处理信托事务的清算报告，并送达信托财产归属人。

第十八条　信托投资公司办理资金信托业务，应当按季或者按照信托合同的规定，将信托资金管理的报告和信托资金运用及收益情况表书面告知信托文件规定的人。信托期限超过一年的，每年最少报告一次。

信托投资公司应当按照《信托投资公司管理办法》向中国人民银行报送资金信托业务经营的有关资料。

第十九条　信托资金管理的报告书应当载明如下内容：

（一）信托资金管理、运用、处分和收益情况。

（二）信托资金运用组合比例情况。

（三）信托资金运用中金额列前十位的项目情况。

（四）信托执行经理变更说明。

（五）信托资金运用重大变动说明。

（六）涉及诉讼或者损害信托财产、委托人或者受益人利益的情形。

（七）信托合同规定的其他事项。

第二十条　信托投资公司应当妥善保存资金信托业务的全部资料，保存期自信托终止之日起不得少于十五年。

第二十一条　信托投资公司违反本办法规定的，由中国人民银行按照《金融违法行为处罚办法》及有关规定进行处罚；情节严重的，暂停或者直至取消其办理资金信托业务的资格。对有关的高级管理人员，中国人民银行可以取消其一定期限直至终身的任职资格；对直接责任人员，取消其信托从业资格。

第二十二条　本办法由中国人民银行负责解释。

第二十三条　本办法自 2002 年 7 月 18 日起施行。

"一法两规"的颁布，尤其是《信托公司资金信托管理暂行办法》的颁布实施，对我国的资金信托业务进行了重新定位。在之前的体制下，信托公司实行混业经营模式，其业务具有很强烈的银行化色彩；而新的信托制度则在促使信托回归本源业务的前提下，突出了信托公司区别于其他金融机构的"受人之托，代人理财"的功能，将信托公司定位为以受托人的身份接受信托财产，并对其进行管理运营，以收取手续费及佣金为目的，主营信托业务的非银行金融机构。信托公司以受托管理资产为主业，是专业化的财产管理机构、贷款市场上灵活的融资机构、资本市场上的机构投资者和投资银行。

"一法两规"对我国信托业，尤其是资金信托业务的重新定位，具体表现如下：

第一，信托公司的业务性质得以明确。在"一法两规"颁布之前，信托公司的业务范围界定十分模糊，尤其是对于信托业务与商业银行业务的区分。而《信托投资公司管理办法》和《信托投资公司资金信托暂行管理办法》将信托公司的性质清楚地界定为以收取手续费和佣金为主要利润来源，以财产管理为主要业务的非银行金融机构。信托公司的业务范围覆盖多种信托业务，包括资金信托、动产信托、不动产信托以及其他财产信托等。信托资金的用途也包括贷款、股权投资、证券投资、融资租赁以及同业拆借等多种形式。但是严格禁止信托公司通过居民储蓄存款或法人机构存款等吸收存款的方式获取资金。明确了信托公司主要通过开展单一资金信托和集合资金信托等方式获取资金。因此，"两规"通过对于信托公司资金来源的规范，将信托公司与商业银行之间的业务明确区分开来。信托公司基于"受人之托、代人理财"的经营理念，成为主要通过开展财产管理业务，以收取手续费和佣金为主要利润来源的非银行金融机构。信托业务性质的明确，从宏观上有利于发展多层次资本市场，加强不同类型金融机构之间的区分与协作；也有助于信托公司认清自身的行业定位，从而有针对性地制定发展战略。

第二，信托公司的客户对象得以扩展。"两规"颁布以前，信托公司的客户对象受到了比较大的限制。信托公司不能吸收个人资金，也不能开展与个人相关的信托业务。随着经济发展水平的提高，我国居民个人的可支配收入大幅度增加，居民个人财富无论是在存量还是在流量上都实现了较大的增长。与此同时，中国金融市场的不断发展也使居民的理财意识得以不断增强，居民为实现自身财富的保值增值，也产生了大量的财产管理需求。此时不断增长的个人信托需求与信托行业原有信托产品供给不足的矛盾开始显现。"两规"颁布以后，信托公司的客户范围得以扩展，具有完全民事行为能力的自然人、法人与其他组织都可以成为信托委托人。由此，自然人成为了信托委托人之一。信托客户范围的扩展，使得信托公司业务规模不断扩大，充分调动了信托公司发展个人财富管理业务的积极性，一定程度上促进了信托业财产管理本源业务的回归。

第三，集合资金信托业务的私募性质更加明确。从理论上讲，集合资金信托业务按照接受委托的方式可以区分为两种类型：第一种是公募信托，其委托人为社会公众或者社会不特定人群，委托人通过购买标准的、可流通的证券化合同作为委托方式，由受托人统一集合管理信托资金的业务；第二种是私募信托，即由具有风险识别能力、能自我保护并有一定的风险承受能力的特定人群或机构为委托人，以签订信托合同的方式，由受托人集合管理信托资金的业务。从两种集合资金信托业务的特征来看，第二种信托业务的潜在委托人，往往具有一定的风险管理能力，对于委托业务的风险与收益有着一定的了解。同时，由于其准入门槛较高，委托人往往具备一定的资金实力和风险承受能力。而第一种信托业务由于是向社会公众发放，一方面委托人的风险管理能力差异较大，另一方面也不便于对委托人进行甄别与管理。此外，由于此类集合资金信托业务的潜在受众面较广，一旦出现问题，会产生较大的市场风险和不利的社会影响。因此，"两规"明确规定，不允许信托投资公司开展第一类业务即公募信托业务，而只能开展第二类具有私募性质的资金信托业务。同时，"两规"规定，一个信托计划接受委托人的资金信托合同不得超过 200 份，每份合同金额不得低于人民币 5 万元，并要求信托投资公司在办理资金信托业务时，不得以各种形式通过或者配合报刊、电视、广播和其他公共媒体进行公开营销宣传。集合资金信托业务私募性质的确定可以在一定程度上降低信托业发展的潜在系统性风险。

第三节　"新两规"时期资金信托的发展

"一法两规"相继颁布实施后，我国信托业进入了规范发展阶段，在不断取得成功的同时，经营过程中的许多问题也逐渐暴露出来，信托回归本源业务的进程相对缓慢。为使这些问题更好地得到解决，中国银监会重新修订了《信托公司管理办法》和《信托公司集合资金信托计划管理办法》（以下简称"新两规"），于 2007 年 3 月 1 日起正式实施，取代了原有的《信托投资公司管理办法》和《信托投资公司资金信托管理暂行办法》（以下简称"旧两规"）。"新两规"的实施标志着中国信托业进入了转型发展阶段。

一、"新两规"出台的背景

在"旧两规"体制下，一些遗留的问题成为了信托业进一步发展的绊脚石，由此，催生了"新两规"的出台。"旧两规"体制下信托业的主要问题体现在以下几个方面：

（一）制度建设速度滞后于实务发展速度

"旧两规"实施后，我国信托业发展速度明显加快，但信托公司开展的一些业务却缺乏相应的监管和规范，制度建设速度明显落后于实务发展的速度，导致有些信托业务无规可循。同时，信托公司尚未完全摆脱传统惯性所引发的违规事件，少数信托公司甚至被监管部门责令停业整顿，行业因此也受到较大的冲击。

中国银监会成立后，为了解决信托公司经营过程中出现的具体问题，陆续出台了一系列针对性的临时性通知和规范性文件，作为"一法两规"的补充完善，但这些政策基本都属于打补丁性质。而且，随着文件数量的日益增多，不同文件出现内容重复甚至相互矛盾的问题，导致政策的系统性、连续性以及监管效率有所降低，不仅没有起到防范风险的作用，还在一定程度上降低了监管效率，制约了信托业的发展。

（二）财产管理功能并未充分发挥

"一法两规"虽然明确了信托公司"受人之托，代人理财"的财产管理功能的定位，但实际情况是，大多数信托公司在开展集合资金信托业务时，仍习惯将信托资金运用到贷款中去，并存在对信托收益变相进行承诺的现象，不仅使其业务带有很强烈的银行化色彩，而且将本应由受益人承担的投资风险转嫁到了信托公司自己身上。此时的信托业务几乎变成了单一的"融资信托业务"，财产管理能力简单化为融资能力，不仅不利于信托公司专业理财能力以及风险防范能力的提高，也难以满足投资者多样化的理财需求，使信托公司难以真正在我国金融体系中真正确立起财产管理机构的地位，真正实现其多样化的财产管理的功能。

（三）信托主业发展相对落后

首先，"旧两规"对信托公司经营的固有业务限制和约束较少，政策较为宽松，而且固有业务涉及的范围较广，因此不少信托公司把经营重心放在了固有业务上，而忽略了对信托主业的拓展。其次，监管政策对信托业务限制较大，管理较为严格，一定程度上也影响信托业务的开展。以集合资金业务为例，"旧两规"规定，一个集合资金信托计划不得超过 200 份信托合同，这一规定就严重削弱了信托公司募集资金的能力，阻碍了信托业务规模扩大。因此，一些信托公司的信托业务收入远远低于其固有业务收入，信托主业相对薄弱，在一定程度上也阻碍了信托业回归本源业务。

（四）投资门槛过低

"旧两规"规定，投资者在参与集合资金信托计划进行投资时，每份合同金额不得低于 5 万元人民币。显然，这一投资门槛设置得过低，使一些并不具备投资条件的投资者纷纷参与进来，由于他们并不具备承担风险的能力，因此，如果他们投资了有一定风险的信托产品，一旦出现问题，就会带来不好的社会影响，不利于社会经济的稳定。

（五）关联交易频繁

由于"旧两规"并没有明令禁止关联交易，因此导致部分信托公司固有财产与信托财产之间的交易时有发生，在其固有业务和信托业务中，与其股东或其他关系人之间的交易也十分频繁。而不当的关联交易很可能被信托公司的股东或其他关系人拿来为自身牟取利益，从而损害信托公司或者受益人的利益，进而阻碍信托业的进一步发展。

（六）异地展业受限

"旧两规"的这一政策相当于把信托市场分割成了多个相互独立的区域，将信托公司的经营范围局限在注册地，难以开展大规模的异地业务。区域市场内往往形成了垄断，因此，信托公司之间无法充分展开竞争。这不仅不利于信托公司创新能力的提高，也加大了发达地区和不发达地区信托公司之间的差距，不利于信托公司服务水平的提高，不利于信托行业的整体发展。

以上问题的存在，使得"一法两规"颁布实施后的中国信托业发展进入瓶颈期，要想突破这一瓶颈，必须对原有的法规和制度体系进行完善和补充，促使信托公司加快完成业务转型，从而推动信托主业的发展，积极鼓励创新，实现信托本源业务的全面回归。在此背景下，中国银监会发布了"新两规"。

二、"新两规"框架
下资金信托的主要内容为解决"旧两规"实施过程中暴露出来的各种问题，推动信托本源业务的回归，中国银监会重新修订了《信托公司管理办法》和《信托公司集合资金信托计划管理办法》（以下简称"新两规"），其中，于 2007 年 3 月 1 日正式施行的《信托公司集合资金信托计划管理办法》对推动资金信托业务健康发展发挥了重要作用。《信托公司集合资金信托计划管理办法》的主要内容如下：①

（一）在资金信托计划的设立方面

《信托公司集合资金信托计划管理办法》第二章（第五条至第十八条）对信托计划的设立提出了如下要求：

第五条　信托公司设立信托计划，应当符合以下要求：

（1）委托人为合格投资者。

（2）参与信托计划的委托人为唯一受益人。

（3）单个信托计划的自然人人数不得超过 50 人，合格的机构投资者数量不受限制。

（4）信托期限不少于一年。

（5）信托资金有明确的投资方向和投资策略，且符合国家产业政策以及其他有关规定。

（6）信托受益权划分为等额份额的信托单位。

（7）信托合同应约定受托人报酬，除合理报酬外，信托公司不得以任何名义直接或间接以信托财产为自己或他人牟利。

（8）中国银行业监督管理委员会规定的其他要求。

第六条　前条所称合格投资者，是指符合下列条件之一，能够识别、判断和承担信托计划相应风险的人。

（1）投资一个信托计划的最低金额不少于 100 万元人民币的自然人、法人或者依法成立的其他组织。

（2）个人或家庭金融资产总计在其认购时超过 100 万元人民币，且能提供相关财产证明的自然人。

---

① 法规内容摘自 2007 年 3 月 1 日正式施行的《信托公司集合资金信托计划管理办法》。

（3）个人收入在最近三年内每年收入超过 20 万元人民币或者夫妻双方合计收入在最近三年内每年收入超过 30 万元人民币，且能提供相关收入证明的自然人。

第七条 信托公司推介信托计划，应有规范和详尽的信息披露材料，明示信托计划的风险收益特征，充分揭示参与信托计划的风险及风险承担原则，如实披露专业团队的履历、专业培训及从业经历，不得使用任何可能影响投资者进行独立风险判断的误导性陈述。信托公司异地推介信托计划的，应当在推介前向注册地、推介地的中国银行业监督管理委员会省级派出机构报告。

第八条 信托公司推介信托计划时，不得有以下行为：

（1）以任何方式承诺信托资金不受损失，或者以任何方式承诺信托资金的最低收益。

（2）进行公开营销宣传。

（3）委托非金融机构进行推介。

（4）推介材料含有与信托文件不符的内容，或者存在虚假记载、误导性陈述或重大遗漏等情况。

（5）对公司过去的经营业绩作夸大介绍，或者恶意贬低同行。

（6）中国银行业监督管理委员会禁止的其他行为。

第九条 信托公司设立信托计划，事前应进行尽职调查，就可行性分析、合法性、风险评估、有无关联方交易等事项出具尽职调查报告。

第十条 信托计划文件应当包含以下内容：

（1）认购风险申明书。

（2）信托计划说明书。

（3）信托合同。

（4）中国银行业监督管理委员会规定的其他内容。

第十一条 认购风险申明书至少应当包含以下内容：

（1）信托计划不承诺保本和最低收益，具有一定的投资风险，适合风险识别、评估、承受能力较强的合格投资者。

（2）委托人应当以自己合法所有的资金认购信托单位，不得非法汇集他人资金参与信托计划。

（3）信托公司依据信托计划文件管理信托财产所产生的风险，由信托财产承担。信托公司因违背信托计划文件、处理信托事务不当而造成信托财产损失的，由信托公司以固有财产赔偿；不足赔偿时，由投资者自担。

（4）委托人在认购风险申明书上签字，即表明已认真阅读并理解所有的信托计划文件，并愿意依法承担相应的信托投资风险。认购风险申明书一式二份，注明委托人认购信托单位的数量，分别由信托公司和受益人持有。

第十二条　信托计划说明书至少应当包括以下内容：

（1）信托公司的基本情况。

（2）信托计划的名称及主要内容。

（3）信托合同的内容摘要。

（4）信托计划的推介日期、期限和信托单位价格。

（5）信托计划的推介机构名称。

（6）信托经理人员名单、履历。

（7）律师事务所出具的法律意见书。

（8）风险警示内容。

（9）中国银行业监督管理委员会规定的其他内容。

第十三条　信托合同应当载明以下事项：

（1）信托目的。

（2）受托人、保管人的姓名（或者名称）、住所。

（3）信托资金的币种和金额。

（4）信托计划的规模与期限。

（5）信托资金管理、运用和处分的具体方法或安排。

（6）信托利益的计算、向受益人交付信托利益的时间和方法。

（7）信托财产税费的承担、其他费用的核算及支付方法。

（8）受托人报酬计算方法、支付期间及方法。

（9）信托终止时信托财产的归属及分配方式。

（10）信托当事人的权利、义务。

（11）受益人大会召集、议事及表决的程序和规则。

（12）新受托人的选任方式。

（13）风险揭示。

（14）信托当事人的违约责任及纠纷解决方式。

（15）信托当事人约定的其他事项。

第十四条　信托合同应当在首页右上方用醒目字体载明下列文字：信托公司管理信托财产应恪尽职守，履行诚实、信用、谨慎、有效管理的义务。信托公司依据本信托合同约定管理信托财产所产生的风险，由信托财产承担。信托公司因违背本信托合同、处理信托事务不当而造成信托财产损失的，由信托公司以固有财产赔偿；不足赔偿时，由投资者自担。

第十五条　委托人认购信托单位前，应当仔细阅读信托计划文件的全部内容，并在认购风险申明书中签字，申明愿意承担信托计划的投资风险。信托公司应当提供便利，保证委托人能够查阅或者复制所有的信托计划文件，并向委托人提供信托合同文本原件。

第十六条　信托公司推介信托计划时，可与商业银行签订信托资金代理收付协议。委托人以现金方式认购信托单位，可由商业银行代理收付。信托公司委托商业银行办理信托计划收付业务时，应明确界定双方的权利义务关系，商业银行只承担代理资金收付责任，不承担信托计划的投资风险。

信托公司可委托商业银行代为向合格投资者推介信托计划。

第十七条　信托计划推介期限届满，未能满足信托文件约定的成立条件的，信托公司应当在推介期限届满后三十日内返还委托人已缴付的款项，并加计银行同期存款利息。由此产生的相关债务和费用，由信托公司以固有财产承担。

第十八条　信托计划成立后，信托公司应当将信托计划财产存入信托财产专户，并在五个工作日内向委托人披露信托计划的推介、设立情况。

（二）在资金信托计划的财产保管方面

《信托公司集合资金信托计划管理办法》第三章（第十九条至第二十二条）对信托计划的财产保管提出了如下要求：

第十九条　信托计划的资金实行保管制。对非现金类的信托财产，信托当事人可约定实行第三方保管，但中国银行业监督管理委员会另有规定的，从其规定。在信托计划存续期间，信托公司应当选择经营稳健的商业银行担任保管人。信托财产的保管账户和信托财产专户应当为同一账户。信托公司依信托计划文件约定需要运用信托资金时，应当向保管人书面提供信托合同复印件及资金用途说明。

第二十条　保管协议至少应包括以下内容：
（1）受托人、保管人的名称、住所。
（2）受托人、保管人的权利义务。
（3）信托计划财产保管的场所、内容、方法、标准。
（4）保管报告内容与格式。
（5）保管费用。
（6）保管人对信托公司的业务监督与核查。
（7）当事人约定的其他内容。
第二十一条　保管人应当履行以下职责。
（1）安全保管信托财产。
（2）对所保管的不同信托计划分别设置账户，确保信托财产的独立性。

（3）确认与执行信托公司管理运用信托财产的指令，核对信托财产交易记录、资金和财产账目。

（4）记录信托资金划拨情况，保存信托公司的资金用途说明。

（5）定期向信托公司出具保管报告。

（6）当事人约定的其他职责。

第二十二条　遇有信托公司违反法律法规和信托合同、保管协议操作时，保管人应当立即以书面形式通知信托公司纠正；当出现重大违法违规或者发生严重影响信托财产安全的事件时，保管人应及时报告中国银行业监督管理委员会。

（三）在资金信托计划的运营和风险管理方面

《信托公司集合资金信托计划管理办法》第四章（第二十三条至第二十八条）对信托计划的财产保管提出了如下要求：

第二十三条　信托公司管理信托计划，应设立为信托计划服务的信托资金运用、信息处理等部门，并指定信托经理及其相关的工作人员。每个信托计划至少配备一名信托经理。担任信托经理的人员，应当符合中国银行业监督管理委员会规定的条件。

第二十四条　信托公司对不同的信托计划，应当建立单独的会计账户分别核算、分别管理。

第二十五条　信托资金可以进行组合运用，组合运用应有明确的运用范围和投资比例。信托公司运用信托资金进行证券投资，应当采用资产组合的方式，事先制定投资比例和投资策略，采取有效措施防范风险。

第二十六条　信托公司可以运用债权、股权、物权及其他可行方式运用信托资金。信托公司运用信托资金，应当与信托计划文件约定的投资方向和投资策略相一致。

第二十七条　信托公司管理信托计划，应当遵守以下规定：

（1）不得向他人提供担保；

（2）向他人提供贷款不得超过其管理的所有信托计划实收余额的30%；

（3）不得将信托资金直接或间接运用于信托公司的股东及其关联人，但信托资金全部来源于股东或其关联人的除外；

（4）不得以固有财产与信托财产进行交易；

（5）不得将不同信托财产进行相互交易；

（6）不得将同一公司管理的不同信托计划投资于同一项目。

第二十八条　信托公司管理信托计划而取得的信托收益，如果信托计划文件没有约定其他运用方式的，应当将该信托收益交由保管人保管，任何人不得挪用。

（四）在资金信托计划的信息披露与监督管理方面

《信托公司集合资金信托计划管理办法》第六章（第三十四条至第四十条）对信托计划的信息披露与监督管理提出了如下要求：

第三十四条　信托公司应当依照法律法规的规定和信托计划文件的约定按时披露信息，并保证所披露信息的真实性、准确性和完整性。

第三十五条　受益人有权向信托公司查询与其信托财产相关的信息，信托公司应在不损害其他受益人合法权益的前提下，准确、及时、完整地提供相关信息，不得拒绝、推诿。

第三十六条　信托计划设立后，信托公司应当依信托计划的不同，按季制作信托资金管理报告、信托资金运用及收益情况表。

第三十七条　信托资金管理报告至少应包含以下内容：

（1）信托财产专户的开立情况。

（2）信托资金管理、运用、处分和收益情况。

（3）信托经理变更情况。

（4）信托资金运用重大变动说明。

（5）涉及诉讼或者损害信托计划财产、受益人利益的情形。

（6）信托计划文件约定的其他内容。

第三十八条　信托计划发生下列情形之一的，信托公司应当在获知有关情况后三个工作日内向受益人披露，并自披露之日起七个工作日内向受益人书面提出信托公司采取的应对措施：

（1）信托财产可能遭受重大损失。

（2）信托资金使用方的财务状况严重恶化。

（3）信托计划的担保方不能继续提供有效的担保。

第三十九条　信托公司应当妥善保存管理信托计划的全部资料，保存期自信托计划结束之日起不得少于十五年。

第四十条　中国银行业监督管理委员会依法对信托公司管理信托计划的情况实施现场检查和非现场监管，并要求信托公司提供管理信托计划的相关资料。中国银行业监督管理委员会在现场检查或非现场监管中发现信托公司存在违法违规行为的，应当根据《中华人民共和国银行业监督管理法》等法律法规的规定，采取暂停业务、限制股东权利等监管措施。

（五）在受益人的保护方面

《信托公司集合资金信托计划管理办法》第六章（第四十一条至第四十六条）成立受益人大会制度对受益人的权益进行保护：

第四十一条　受益人大会由信托计划的全体受益人组成，依照本办法规定行使职权。

第四十二条　出现以下事项而信托计划文件未有事先约定的，应当召开受益人大会审议决定：

（1）提前终止信托合同或者延长信托期限。

（2）改变信托财产运用方式。

（3）更换受托人。

（4）提高受托人的报酬标准。

（5）信托计划文件约定需要召开受益人大会的其他事项。

第四十三条　受益人大会由受托人负责召集，受托人未按规定召集或不能召集时，代表信托单位百分之十以上的受益人有权自行召集。

第四十四条　召集受益人大会，召集人应当至少提前十个工作日公告受益人大会的召开时间、会议形式、审议事项、议事程序和表决方式等事项。受益人大会不得就未经公告的事项进行表决。

第四十五条　受益人大会可以采取现场方式召开，也可以采取通讯等方式召开。每一信托单位具有一票表决权，受益人可以委托代理人出席受益人大会并行使表决权。

第四十六条　受益人大会应当有代表百分之五十以上信托单位的受益人参加，方可召开；大会就审议事项作出决定，应当经参加大会的受益人所持表决权的三分之二以上通过；但更换受托人、改变信托财产运用方式、提前终止信托合同，应当经参加大会的受益人全体通过。受益人大会决定的事项，应当及时通知相关当事人，并向中国银行业监督管理委员会报告。

三、"新两规"与"旧两规"资金信托的比较

对比"旧两规"中实施的《信托公司资金信托管理暂行办法》，"新两规"中实行的《信托公司集合资金信托计划管理办法》在集合资金信托合同和信托财产的管理与运用方面都进行了大幅度的调整，有利于信

托本源业务的回归，有利于信托公司业务模式的转型及调整，同时也促进了信托公司"投资导向"模式的确立，对我国资金信托业务的发展具有重要意义。主要变化如下：

（一）信托公司功能的转变

1. 由"融资平台"向"专业理财机构"转变

首先，"新两规"将"旧两规"中的"信托投资公司"一律更名为"信托公司"，强化了信托公司"信托"的职能，弱化了其"融资"的功能。投、融资是一个问题的两个方面，弱化信托公司固有业务项下的投资功能，其融资功能也必将受到限制。其次，针对信托资金债权性运用较多的情况以及和银行业务高度同质化的情况，"新两规"规定"信托公司向他人提供贷款不得超过其管理的所有信托计划实收余额的30%"。旨在鼓励信托公司积极探索创新，构建以财产管理能力为支撑，以中介管理费收入和投资利润收入为主的新型盈利模式，尽快实现由原来的"融资平台"向专业理财机构转变。

2. 由"大众化理财"转向为机构和富人理财

"新两规"取消了"旧两规"关于集合资金信托合同不得超过200份、每份合同的金额不低于人民币5万元的限制，同时，引入委托人应为"合格投资者"的概念，并要求单个信托计划的自然人人数不得超过50人，同时合格的机构投资者数量不受限制。新《信托公司集合资金信托计划管理办法》在提高理财门槛的同时，除限制自然人人数以外，对机构投资者不设限的做法，保障了信托公司在从事资金信托计划时对信托资金的需求，并增加了"参与信托计划的委托人必须为唯一受益人；信托受益权进行拆分转让的，受让人不得为自然人；机构所持有的信托受益权，不得向自然人转让或拆分转让"等条款。

合格投资者，是指能够识别、判断和承担信托计划相应风险的人，包括自然人、法人或者依法成立的其他组织。具体包括：投资一个信托计划的最低金额不少于100万元的自然人、法人或者依法成立的其他组织；个人或家庭金融资产总计在其认购时超过100万元，且能提供相关财产证明的自然人；个人收入在最近三年内每年收入超过20万元或者夫妻双方合计收入在最近三年内每年收入超过30万元，且能提供相关收入证明的自然人。

上述规定，旨在树立信托专为高净值人士理财的意识，强调其高端私募的定位，提高了投资门槛，避免因委托人风险承受能力过低而引发信托行业危机。

（二）信托公司业务的转型

1. 压缩信托公司的固有业务

"新两规"规定，除中国银监会另有规定外，明确禁止信托公司使用固有财产进行实业投资；与此同时，其他非实业投资也只能投资于金融类公司股权、金融产品和自用固定资产；除同业拆入外，信托公司不得开展其他负债业务，且信托公司同业拆入的资金余额不得超过其净资产的20%；取消融资租赁业务改为租赁业务；信托公司可以开展对外担保业务，但对外担保余额不得超过其净资产的50%。"新两规"中上述压缩限制信托公司固有业务的修改，目的就是强调并要求信托公司要以信托业务为主，尽量不做或少做固有业务，逐步回归本源业务。

2. 规范并发展信托业务

"新两规"在规定信托公司管理、运用或处分信托财产时，将"同业拆放"改为"同业存放"，允许"买入回购"方式，否定"卖出回购"方式，并增加了"向他人提供贷款不得超过其管理的所有信托计划实收余额的30%"的条款。修订后的《信托公司管理办法》还取消了信托公司可以代理财产的管理、运用和处分的业务。增加信托公司可以采取买入返售的方式对信托财产进行管理、运用的规定；把原规定中的债券承销业务拓展成为证券承销业务，信托公司的业务范围得以扩大；增加了信托公司可以进行有价证券信托业务的规定。信托业务得以规范和发展。

（三）取消对异地展业的限制

"新两规"取消了原先对信托公司异地展业的限制，改为规定信托公司异地推介信托计划时，应当在推介前向注册地、推介地的中国银监会省级派出机构报告。这一规定打破了原有市场区域封闭的格局，将各信托公司放在全国性的统一市场中进行竞争，鼓励信托公司全国化发展，不仅消除了区域垄断，也提高了信托公司自身的竞争能力。

（四）对信息透明度要求更高

首先，"新两规"要求信托计划文件必须由认购风险申明书、信托计划说明书和信托合同三项文件组成，同时规定了各项文件必须包含的具体内容，制定了完整的信托计划成立前信息披露格式；其次，在信托计划存续期间，信托公司必须按时披露信息，并保证信息的真实性、准确性和完整性；最后，当发生紧急事项时，要求信托公司必须及时披露信息。这些对信息透明度的规定，降低了投资者因信息不对称而面临的不确定风险，切实保障了投资者的利益。同时，还有利于信托公司提高社会知名度，降低交易成本。

（五）增强了对受益人利益的保护

首先，建立了信托计划财产保管制度。其次，增设了"受益人大会"制度，对受益人大会的组成、召开事由、召集规则、表决规则等都进行了明确规定，并要求信托公司对受益人大会决定的事项，应及时通知相关当事人，并向中国银监会报告。这些新增的规定，使投资者能够更好地监督信托财产的运用情况，更好地行使自身权利，从而更好地保障自身利益。

第三章

新时期资金信托的创新

第一节 资金信托创新的背景与发展趋势

一、资金信托创新的背景

（一）政策背景

2001年10月，随着《信托法》的实施以及《信托投资公司管理办法》和《信托投资公司资金信托管理暂行办法》的相继出台，信托业基本的制度框架已初见雏形。此外，社会财富的不断积累以及产权关系、产权规则的不断丰富，使信托可以充分发挥其优势，凭借其投资领域的多元化及信托制度的优势，成为了资产管理中的最优选择。信托财产在法律上的独立性、信托特有的破产隔离机制以及经营方式灵活、适应性强等优势，更加刺激了信托业务需求，从此，信托业开始走上规范发展的道路，面临发展的大好环境。

从2002年开始，信托业走上了快速发展的道路，其中，资金信托作为一类重要的信托业务也日益走上规范发展的道路。信托公司不断创新资金信托的品种，它们灵活运用新的金融工具，参考市场导向及客户需求，开发出大量创新型资金信托产品。例如房地产信托、外汇信托、法人股投资信托、产业投资信托、创业投资信托、年金信托、公益信托等。创新型的资金信托产品凭借其新颖、稳定的特点成为我国金融市场的一大亮点，信托业也开始具备成为金融支柱的条件。

2003年，经国务院决定，将信托公司的监管机构由原来的中国人民银行转变为刚设立不久的中国银行业监督管理委员会（以下简称"银监会"），信托业地位得以提升，其业务范围也不断扩大，集合资金信托的投资领域得到了放宽。监管环境相对宽松，信托行业的政策约束整体趋于弱化，信托公司的业务发展及拓宽基本从外部约束逐渐转变为以内部约束为主。首先，信托产品的审批环节相对简化，例如，集合资金信托的审批环节就简化很多，一般无须监管部门审核批准，大多属于程序性的报告备案制度，企业有较大的自主权。其次，政策环境放宽，也给予了信托业务更广阔的创新空间，实现了超常的突破。2003 年各公司的信托产品，都在制度、架构、设计、使用方式、投资方向、业务范围、推介宣传、销售流通等诸多方面进行了突破性创新。最后，监管部门和地方政府均对信托业采取了以扶持为主的政策导向，2003 年信托业打开了发展的新大门。

2007 年银监会下发了《信托公司管理办法》和《信托公司集合资金信托计划管理办法》（以下简称"新两规"），进一步重构了信托业基本法律法规体系，明确把信托公司定位为向社会合格投资者提供资产管理、理财服务的金融机构，极大地规范了资金信托业务的发展。在此期间，资金信托业务凭借其规模大、范围广、种类多的特点几乎已经成为了大多数信托公司开展的主要业务。但当时大部分公司开展的资金信托业务还并不成熟，都存在模式单一、科技含量较低的问题。其业务主要还是开发成本较高、运营风险较大的融资型集合资金信托业务，并且属于私募性质，还有 200 份合同的限制，所以单纯依靠资金信托业务，并不利于公司核心竞争力的培养，也无法成为信托公司的核心盈利模式。但是针对这一问题，一些信托公司并没有潜心研究信托公司的核心竞争力、核心盈利手段以及集合资金信托的业务的增值模式，仅仅只是追求规模扩张，一味地扩展集合资金信托的数量，这种粗放式的发展模式并不利于信托公司健康、稳定地发展。有的公司甚至为了缓解自身的资金压力，推出大量用途不定、方式模糊的集合资金信托产品，导致集合资金信托业务运营风险快速积聚，使信托财产遭受巨额损失。

2010 年 7 月 12 日，银监会正式下发《信托公司净资本管理办法（草案）》（以下简称《办法》）。《办法》旨在通过限制信托机构开展被动管理型业务，鼓励发展主动管理型业务，鼓励信托公司回归本源。加快引导信托公司从单纯的重规模、粗放型经营模式，向不断提高产品附加值的科技型、创新型的内涵式发展经营模式转型。《办法》的实施，将会对信托公司的盈利模式进行彻底的变革，推动信托公司成为真正具有核心能力的特殊资产管理机构。

2012 年，资金信托业务相比前两年翻倍增长，在信托行业中的占比逐年上升。此时，随着国内宏观经济环境和金融市场监管环境的不断变化，我国信托行业也面临着新的发展前景。从宏观经济环境来看，从 2012 年开始，我国经济增长速度"破八"且持续放缓，经济发展进入新常态，经济增长速度由过去的高速向中高速逐渐切换，发展方式也开始由重速度、轻质量的粗放型增长模式向重质量、追求效率的集约型增长模式转变。同时，受产能过剩、成本上升以及淘汰落后产能等的影响，社会融资规模大幅度收缩。另外，宽松的货币政策以及改革开放以来居民财富大量累积，又大大刺激了投资需求，不少金融机构意识到满足投资需求是进一步开拓市场的正确道路。从监管环境来看：从 2012 年开始，证监会、保监会发布了一系列资产管理（以下简称"资管"）业务监管规定，资管业务进一步拓展至银证、信证、银基等多种模式，我国大资管时代正式来临。此番规定在给资管市场注入活力的同时也对信托公司产生了沉重的打击。借助制度红利和隐性刚兑，"资管新政"前信托业在经营领域并没有这么多业务同质化的竞争对手，但是在"资管新政"后金融机构纷纷进入资管行业与信托公司同业竞争，信托公司粗放式发展的遗留问题便逐渐暴露：首先，其没有独特的经营主业，缺乏核心竞争力。其次，缺乏创新力。信托公司拥有灵活的信托制度，资金流向广阔，投融夹层无一不可，但是其营业收入却严重依赖于被动管理的通道业务，从而也使得信托公司面临着在"资管新政"前丧失了与其他金融机构进行资管合作的自主权，"资管新政"后则丧失了在日益激烈的同业竞争中的定价权。最后，值得注意的是，信托行业的黄金发展十年可以说主要是得益于宏观经济高速发展，受经济周期的影响较大，而信托机构主动管理的贡献度相对较弱。2012 年以后，信托行业规模与营业收入增速同步下滑，正是这些因素导致的。

2018 年 4 月 27 日，中国人民银行、银保监会、证监会、外汇局联合发布了《关于规范金融机构资产管理业务的指导意见》（以下简称"资管新规"），资管新规中的内容几乎覆盖了所有从事资产管理的机构。当前资管行业各个金融机构的监管规则和标准并不统一，还存在部分业务发展不规范、监管套利、产品多层嵌套、刚性兑付、规避金融监管等问题，资管新规的目的主要是规范各个机构的资管业务形态、统一同类产品的监管标准、有效防控金融风险、引导社会资金与实体经济完美对接，更好地支持经济结构优化和转型升级。简单来说，本次新规集中发力在降杠杆、提门槛、破刚兑、禁资金池、控分级、除嵌套、去通道七大方面，推动市场向更规范的方向发展。资管新规的实施，为我国资产管理行业的发展打开了新大门，分块管理的模式已经过去，今后将严格按照统一标准对所有金融机构的资管业务进行监管。此外，资管新规还明确区分了公募产品和私募产品的性质，并对其重新定义，对相应的资金投向作了细致规定。这些规定将对信托公司以后的业务发展产生较大影响。

为更好地贯彻落实"资管新规"的监管要求，加强对信托业务的监管，有序推进过渡期内的整改工作，切实防范风险，维护金融体系以及社会的稳定，继银行理财、证券期货经营机构私募资管业务的资管新规配套实施细则公开征求意见后，2018 年 8 月银保监会下发了《信托部关于加强规范资产管理业务过渡期内信托监管工作的通知》（以下简称《通知》）。这一《通知》也可被看作信托资管新规实施细则，但其并不是对资管新规在信托业务领域的细化，而是对重点工作的部署。意味着信托行业进入落实资管新规要求的新阶段，将促进信托公司的转型，引领行业高质量发展。《通知》为信托业发展解决了三大问题：

1. 明确了资管新规对信托业务的管辖范围

从资管新规全文表述来看，主要是针对资金类资管业务提出了新的合规要求。《通知》明确了资管新规主要适用于资金信托，这与市场预期基本相同。公益信托、家族信托都是信托的本源业务，依照规定，公益信托、家族信托和服务信托都不属于资管新规的管辖范围。以上规定显示出监管部门鼓励信托业务回归本源，明确在对业务类型的判别上，要遵循"实质重于形式"的原则，加强对各类信托业务及创新产品的监管且业务特点明显。公益信托是促进我国公益事业发展的重要金融工具，家族信托又具有极高的保密性、灵活性以及传承性，监管部门积极鼓励信托行业朝这些方向发展。《通知》还首次给出了家族信托的明确定义，规定了家族信托的业务门槛。以往，监管部门很少对家族信托提出明确的门槛要求，起始规模都是由市场参与者自主确定的。此次《通知》明确家族信托的起始规模，也是为了降低风险，防止将部分低门槛资金信托包装成为家族信托，规避资管新规的合规要求，提高信托业务的安全性。此外，目前开展的财产权信托多为以融资为目的的资金信托业务，真正意义上的专业财产权管理信托非常少。根据《通知》要求，信托公司开展的绝大部分财产权信托都应当适用《指导意见》的规定。

2. 使过渡期内新老产品的发行要求更加明了

为接续存量产品所投资的未到期资产，维持信托行业必要的流动性，促进信托市场稳定，《通知》规定：公司可发行存量老产品对接未到期资产，也可以发行老产品投资到期日不晚于 2020 年底的新资产[①]。《通知》延续了央行对于资产产品过渡期的政策安排，以实现平稳过渡。通过发行老产品对接未到期资产，有利于解决非标资金池期限错配问题，避免流动性风险。而允许发行老产品投资新资产，则有利于继续发挥信托业务服务实体经济的积极作用，避免影响实体经济的融资来源，减轻对市场的冲击。不过，针对过渡期内老产品存量规模的限制，也使得老产品的扩张空间有限。过渡期内信托公司仍然需要注意"双管齐下"，在发行新产品的同时兼顾老产品的发行，老产品的作用主要是稳定短期业绩，新产品才能驱动未来业绩的增长。

3. 对过渡期内不合规信托产品的整改问题进行了解释

从目前情况来看，2020 年底之前到期的存量不合规信托产品的整改压力较小，整改困难主要集中于 2020 年底前无法到期的或者难以处置的信托产品。到期日晚于 2020 年底的信托产品，信托公司可以进行协调，安排信托项目提前到

---

① 摘自 2018 年银保监会下发的《信托部关于加强规范资产管理业务过渡期内信托监管工作的通知》。

期，但部分事务管理类项目协调难度较大；非标资金池项目整改压力较大，因为该类业务结构复杂；部分存量或新增的风险项目处置进度无法确定，部分项目可能难以按时处置完毕。总之，部分存量信托项目更改处置难度较大，需要引起信托公司的高度重视，及时制定整改方案。《通知》要求有效防范整改过程中可能产生的各类风险，审慎进行风险监管，制定风险防控策略。对过渡期内存量不合规的信托产品整改作出了明确要求，要求信托公司按照产品类别分别建立台账，分门别类进行整改，并按时汇报进度情况。

虽然《通知》解决了信托公司在落实资管新规过程中遇到的重点难题，但仍有部分问题还没有得到很好的解决，需要监管部门给予更多指导。并且通过《通知》可以注意到，资管新规主要对资金信托进行了规范，而资金信托一直是我国信托行业的重要组成部分。截至 2018 年第三季度，资金信托的规模大约是 19.5 万亿元，占信托行业的总体规模比例达到 84.24%。因此，对资金信托进行规范创新将对我国信托业的发展产生重要影响。

因此，在这一背景下，为对标资管新规对资管行业的相关要求，监管部门正抓紧制定、修订信托行业相关监管制度。2019 年 2 月，《信托公司股权管理办法》《信托公司资金信托管理办法》《信托公司流动性监管办法》《信托公司资本管理办法》，都是当前监管部门重点考虑、安排的重要政策，并已经进入了起草阶段。

其中，由银保监会信托部制定的《信托公司资金信托管理办法》进一步梳理并明确了信托行业资金信托相关业务的监管规则，各省级银监局的征求意见阶段已经结束。但由于正式稿还未正式推出，一切还未尘埃落定，但资金信托的未来却逐渐明朗。

（二）资金信托业务发展的优势

近年来，资金信托业务能够不断发展，除了依靠信托业务普遍拥有的制度优势以外，还离不开其自身特有的优势。一般而言，预期收益率的高低会直接影响客户是否购买资金信托计划的决策，资金信托业务在收益方面就占据了很大的优势。首先，资金信托业务的绝对收益率要比同期限的其他金融产品高；其次，资金信托业务收益的支付形式也较一般金融产品到期偿付的方式灵活，其可以采用多元化的支付方式，按年度、季度来灵活支付信托收益；最后，资金信托业务还有许多风险控制措施，比如：政府信用、资产抵（质）押、第三者担保、贷款保险等，这些在一定程度上降低了风险发生的可能性，提高了产品的流动性、安全性。

此外，资金信托的制度体系、监管环境不断完善，也为其发展奠定了基础。

"一法两规"的颁布使信托所具有的制度优势被法律认可，信托投资公司的发展有了制度保证。2003年，国务院机构改革方案规定信托机构由银监会直接监管，信托业监管主体更加具体明确。此后，银监会制定、完善了各类信托业务管理办法，出台了一系列相关政策，监管体系日渐成熟。在资金信托产品的开发备案方面，银监会也放松了监管，降低了资金信托产品研发创新的成本，使资金信托产品的审批环节相对简化，调动了信托公司开发资金信托品种的积极性。

另外，宏观经济环境也助资金信托发展一臂之力。央行发布的一系列提高存款准备金、限制贷款规模等措施，造成一些企业、项目融资难的问题。而信托公司可以通过资金信托计划参与到项目中去，在一定程度上帮助企业弥补资金缺口，解决其融资难的问题。此外，在经济环境下行、股市低迷、投资受限的情况下，由于资金信托收益率远高于同期银行存款，所以房地产项目的资金信托计划被推出，也加速了资金信托业务的快速发展等。然而，在当前的泛资管产品背景下，信托公司资金信托也将面临巨大的竞争压力，因此，为保持其资金信托优势，需要对资金信托业务进行不断创新。

（三）传统资金信托现存的困境

1. 信托业务和产品存在单一性

我国资管市场一直是以银行为主的金融市场，当企业出现资金周转困难或居民个人及企业需要进行投资理财时，即使是在当前资管行业非常发达的时代，各大商业银行仍然是其投资或融资的首选，而信托作为舶来品，在我国的起步较晚，当前信托市场发展仍不成熟，其灵活性也意味着其可以设计各种复杂的委托关系，然而，企业还并不习惯较为复杂的委托关系，这也使得信托公司的信托业务一直沿袭传统的贷款形式，主要将信托资金应用于资金业务，对其他信托产品的创新意识不强，从而也使其融资规模受到一定程度的制约。

2. 信托资金来源途径较窄

信托资金的来源是决定信托公司能否健康稳定发展的关键性因素。从当前我国资金信托业务的资金来源来看，政策明确规定信托公司不得办理存款、资金拆入、发行债券、资产回购等任何形式的负债业务。虽然，当前监管层也不断通过政策调整，逐渐增加信托公司的融资途径，但不可否认，同商业银行的吸收存款和发行债券等融资途径相比，信托公司的资金来源渠道仍具有较大的限制，途径较窄。就信托公司的主要业务——资金信托而言，信托公司的竞争能力相比于其他资管机构仍处于劣势，同质性和可替代性等问题使信托公司面临相对不利的处境。首先，其高度同质化的代客理财业务中的资金很可能会被其他机构如券商等获得，可替代性较强；其次，信托公司在风险控制、成本控制及收益方面和其他同业机构相比，还缺乏一定的优势。

3. 信托资金运用同质化严重

信托资金的运用能力是衡量信托机构经营能力强弱的重要指标。从当前我国信托行业资金信托业务的资金运用来看，主要存在两方面的问题：一是信托资金的运用领域同质化，当前我国信托行业的信托资金主要应用于基础产业、房地产产业、工商企业以及证券投资等传统领域，资金运用途径较为单一，并高度集中在房地产和政府融资平台，导致行业风险集中。二是信托资金的运用方式同质化，当前，几乎80%的信托资金都是贷款运用，通过变相保底吸引投资者，把表外资产业务异化为变相负债业务，从而使信托行业面临着严峻的刚性兑付风险。另外，高度集中的信托贷款运用模式又和商业银行贷款业务发生同质性竞争，而信托公司在贷款业务领域，无论是项目资源、专业能力还是资金规模和监管政策都无任何优势可言。

另外，信托资金的业务形式也与其他资管机构开展的业务具有同质性，其业务的同质化主要体现在两个方面，即"外同"和"内同"。

"外同"是指信托公司的主流业务与商业银行等其他资管机构开展的信托业务具有很大程度的同质性，缺乏核心竞争优势。在激烈的行业竞争中，竞争对手在政策、时间上的"先入优势"，严重冲击了信托市场。当信托行业还处于成长期时，其市场空间已经开始逐渐被券商、银行、基金公司等占领，这也是导致整个信托行业盈利模式难以真正形成的根本原因。以资金信托业务为例，竞争对手集中，竞争最激烈。从理论上来说，信托公司不仅可以对有价证券进行投资，还可以对项目进行投资，也可以运用信贷等多种方式进行组合管理，但是，由于市场的非专属性，信托公司面临着各方金融机构的激烈竞争。"内同"是指信托机构之间在产品设置、业务操作、期限安排、受众人群确定等方面都极其类似，业务结构大同小异。由于上述同质性问题，导致传统的资金信托业务展业之路越走越窄，难以为继。

4. 资金信托产品风险揭示不完全

当前，我国一些信托公司在发行的资金信托产品文件中，对项目本身的风险和风险结构往往一笔带过，只千篇一律地罗列法律风险、政策风险以及市场风险等不可分散风险，却没有对预期收益率的计算过程及依据进行详细阐述，缺乏对项目本身价值以及风险的针对性分析，个别产品甚至反复提示其风险防范措施的可靠性，存在明显的对投资者的误导，这些都导致了潜在的风险。这种信息揭示方式往往导致对市场并不熟悉的委托人忽视或者轻视信息风险的存在，从而使得其在进行信托委托和投资决策时对信托产品产生错误的判断。此外，有些产品虽然在信托业务文件中对风险的揭示较为充足，但对于信托公司所采取的防范措施却描述不详。

虽然，这些描述模糊、避重就轻的资金信托业务文件能够在短期内为信托公司顺利发行资金信托产品提供支持和帮助，但从长远来看，这样的风险揭示会严重误导委托人的决策，使委托人对资金信托产品中存在的风险缺乏足够的认识和心理准备，在委托人的信托财产遭受损失后会引起一系列的投诉、诉讼和不信任等问题的产生，不利于信托行业"卖者尽责、买者自负"的市场建设。此外，这种误导还可能会吸引对资金信托产品的风险没有足够心理承受能力的群体加入到委托人的行列中来，而一旦出现与预期收益严重背离的结果，则将可能导致一系列的社会问题。这些问题的加剧，有可能使我国信托业再次陷入危机。

5. 我国信托业制度方面存在的问题

从我国信托业几十年的发展历程来看，制度建设对我国信托业的发展具有重要影响。从当前的经济环境和政策环境来看，现代化信托业的生存以及发展应该具备以下条件：第一，信托制度相对健全；第二，信托公司定位明确；第三，信托业务要能满足实际需求。过去十年，信托业通过对信托制度及监管体系不断优化和升级，健康度过了其黄金发展的十年，然而，随着"资管新规"的出台，"大信托"时代来临，信托行业的主体更加多元，仅仅依托"一法两规"对信托行业进行监管已经无法适应"大信托"时代的混业监管要求。此外，在"大信托"背景下，信托公司也需进行相应的再定位。当前，信托公司在行业竞争中倍感压力的一个主要原因是信托业务的同质化。不仅信托公司的主流业务与商业银行等其他资管机构开展的信托业务具有很大程度的同质性，而且信托机构之间的业务结构也极其雷同。这种同质性使得信托公司业务模式定位模糊，多元化的"金融超市"模式弊端逐渐突出①。

资金信托业务的创新发展不仅是信托公司经营领域的新亮点，更重要的是，其对信托制度、金融政策的建设提出了不少新课题。由于资金信托产品的投向较广，回报途径丰富，可以满足不同的投资需求，所以，在产品设计上具有很大的创新空间。况且，资金信托产品与我国居民可选择的其他投资金融工具相比，又具有独特的比较优势，在我国当前经济体制日益健全，居民财富不断增加，对金融工具的个性化需求越来越大的条件下，信托公司应该依托自身的比较优势，精确定位自身的业务模式和投资领域，不断创新、发展资金信托业务。

---

① 邢成. "大信托"时代信托公司再定位 [N]. 金融时报，2019-02-18.

二、资金信托的创新发展趋势

（一）资金信托创新

2018年4月，资管新规出台，力图将所有资管产品纳入统一监管的口径，在信托领域，资管新规将家族信托、公益信托和服务信托排除在监管之外，而仅仅将资金信托纳入监管范畴，因此综合当前我国金融市场需求和信托行业的转型创新方向，新时期资金信托以当前最新的监管政策为导向，将主要从以下几个方面进行转型创新：

1. 信托产品募集方式创新

为对标资管新规对资金募集方式的分类，新时期信托产品募集将采取公募与私募并举的方式，也就是说，信托公司将打破现有的仅允许发行私募性质的信托产品的限制，未来可以面向不特定社会公众发行公募信托产品。除此之外，公募产品的认购起点大幅降低，万元起点基本与银行理财产品持平，负债端资金获取能力将大幅提升。资金信托与银行理财、基金和券商、期货、保险在资管统一监管标准下进行竞争的格局将快速到来。

2. 资金信托产品分类方式创新

当前我国资金信托产品按功能分为投资类信托、融资类信托和事务管理类信托三种类型，其中事务管理类信托主要包括当前去通道背景下，监管政策大力限制的通道类业务，然而并非所有事务管理类信托均属于通道类业务，因此为鼓励事务管理类信托中利于经济发展、投向实体经济的信托业务，资金信托可按其功能重新划分为资金融通型信托和资产配置型信托。

3. 私募信托产品认购创新

2016年7月颁布的《私募投资基金募集行为管理办法》和2018年4月出台的资管新规中均提到投资者认购私募信托产品有24个小时的冷静期要求，因此为对标资管新规，达到资管产品统一监管的要求，未来私募信托产品认购也应有所创新。

4. 固收类证券投资信托产品回购方式创新

过去信托为规避监管对正回购的限制而走通道的做法被监管层明令禁止，从而也使得信托产品缺乏了加杠杆的合规途径。2018年4月出台的资管新规为开放式公募产品设置了140%的杠杆率，为封闭式公募产品和私募产品设置了200%的杠杆率。从这一规定来看，资管新规原则上包括对信托在内的资管产品加杠杆持的是正面态度，如果依旧维持信托禁止参与正回购的规定，则不符合资管新规同意信托加杠杆的态度，因此，为对标资管新规的规定，预期未来将允许投资于固收类证券的信托产品参与正回购。

5. 信托产品业绩报酬创新

2018 年 10 月颁布的《证券期货经营机构私募资产管理计划运作管理规定》第三十七条规定：证券期货经营机构可以与投资者在资产管理合同中约定提取业绩报酬。业绩报酬提取应当与资产管理计划的存续、收益分配和投资运作特征相匹配，提取频率不得超过每六个月一次，提取比例不得超过业绩报酬计提基准以上投资收益的 60%。因此，在统一监管的政策背景下，信托公司也应比照相关规定，业绩报酬提取频率不得超过每六个月一次，且不得超过基准收益的 60%。

（二）新规出台，信托行业的未来变化

1. 大信托时代到来，信托牌照差异弱化

2001 年全国人民代表大会常务委员会颁布的《信托法》规定，"信托"是指委托人基于对受托人的信任，将其财产权委托给受托人，由受托人按委托人的意愿以自己的名义，为受益人的利益或特定目的，进行管理和处分的行为。确切地说，"信托"是一种法律关系和制度安排。在特定的历史发展阶段，我国信托业务基本由信托公司专营，形成传统意义上的信托业似乎主要指信托公司业。而且由于仅有信托公司明确受《信托法》约束，导致行业实际发展中，信托、信托公司业和信托业经常可相互指代，业界对其也并未进行明确区分。

近年来，随着资管业务的融合与开放，资管行业交叉混业经营成为常态。银行、券商、保险、基金等其他资管机构开始从事业务形式和内容均与信托公司极其相似的类信托业务。但在法律关系上，除信托公司明确其信托业务适用《信托法》规定的信托法律关系外，其他各类机构则大多刻意回避或模糊其理财业务、资管业务属于信托范畴的实质，进而导致虽然各类机构开展的业务相同，但依据的法律基础和监管政策却不相同，政出多门，苦乐不均。因而业内含糊其辞地将其称为"大资管"业。

2018 年 10 月，证监会发布《证券期货经营机构私募资产管理业务管理办法》及其配套规则，并明确说明各类私募资管产品均依托信托法律关系设立；12月，银保监会在《商业银行理财子公司管理办法》答记者问中，也首次明确了商业银行和银行理财子公司发布的理财产品均依托信托法律关系设立。至此，原来模糊不清刻意回避的法律关系定位问题得以明确和肯定，所有金融机构开展的理财业务和资产管理业务均属于信托法律范畴，均为受《信托法》约束的信托业务，信托业务主体多元化的"大信托"时代已经正式来临。

"大信托"业意味着，信托作为一种法律关系和制度安排已经不再是信托公司的专利，而是可以被广泛用于各类资管理财，所以今后信托业将不等于信托公司业，信托公司也不等于信托业，更不等于信托。这更意味着，信托的永恒，并

不意味着信托公司的永恒。因此，当信托的制度优势可以被其他资管机构广泛运用时，信托的牌照优势逐渐弱化，传统概念上的信托公司如果不能创新发展，以后信托行业的主角有可能将不再是信托公司①。

随着资管新规的实施和未来资金信托新规的出台，将信托公司纳入统一监管的大框架几乎已成必然，因此，在统一监管、信托牌照差异弱化的大信托背景下，资产管理机构的核心竞争力在于对产品的运作及管理能力、对客户的服务能力，监管转向长期而言有利于行业的发展。资金信托新规将重新构建信托的资金端模式，促进信托公司在财富线条中拓展、布局，也更加考验信托的零售能力。在当前资管行业资管产品同质化严重的背景下，信托作为后来者不应硬碰硬，而是应该充分挖掘自身的制度优势，寻找信托的差异化优势。信托公司的竞争优势可能来源于两个方面：其一，相较于其他资产管理机构，凭借信托自身在法律和架构上的优势（畅通的业务链条）发展具有特色的业务；其二，信托公司内部凭借服务能力分化成不同梯队，发展具有直接融资特点的资金信托、服务信托和公益（慈善）信托将是信托行业未来发展的新趋势。

2. 统一监管框架，同台竞技竞争募资

2018 年 4 月出台的资管新规将所有资管产品统一口径，统一监管，在信托行业则主要对资金信托业务进行了监管，因此为对标资管新规的要求，预计 2019 年监管层对资金信托将作出重大调整，信托公司开展公募资金信托已成必然趋势，未来，在公募领域，信托将与银行理财、公募基金产品同台竞技，角逐大众客户市场。

在当前原有的监管框架下，在资产管理业务方面，过去几十年来监管层为降低信托产品风险仅允许信托机构发行具有私募性质的资金信托产品，并有合格投资者限制等，相比于其他资管机构，信托公募身份则可望而不可即。因此，相较于银行理财、公募基金，信托机构在资金募集方面一直处于劣势，但由于过去资管行业采取分业经营、分业管理的监管模式，不同资管行业在监管差异下，均具有各自的竞争优势，因此，过去几十年来信托行业的发展还算相对平稳。然而随着我国金融市场的不断完善，各资管行业无论在资管业务还是在资管产品方面均具有同质化趋势，因此在大资管背景下，2018 年资管新规的出台将银行、券商、保险、信托等各家资管主体纳入统一监管的框架，资管行业竞争一触即发。

然而，统一监管并不等于资管业务统一，各资管机构业务同质化只会带来更激烈的市场竞争，越是在这一背景下，业务差异化发展才是各资管机构的明智之选。通过几十年的发展，在资管领域，各家资管主体各有各的优势，在营销渠

---

① 邢成.“大信托”时代的新挑战与再定位 [J]. 金融博览（财富），2019（1）：64-67.

道、成本管理、资产配置、风险管理等领域应各施所长；另外，信托机构初入公募领域，也不能将原有业务模式照搬复制，信托仍可发挥机制灵活、创新能力强的优势，在产品结构调整和底层资产重新筛选以满足资管新规要求后，发挥所长。发行公募产品是信托公司未来发展的重大机遇，但资管机构同台竞技也给信托公司带来了重大挑战，如何利用自身优势抓住机遇，迎接挑战，仍是业界需要深入研究的重要问题。

（三）新时期资金信托的机遇与挑战

为进一步落实当前防乱象、去嵌套、去通道、去刚兑、防风险为主基调的监管政策，新时期资金信托业务将与其他资管机构的资管产品面临基本相同的监管规则。整体而言，新时期资金信托的创新将促进信托行业合规经营，进一步提升信托行业竞争优势，但同时也意味着金融行业牌照优势日渐式微，终将进入比拼实力的时代。但对信托业而言，总体来看，机遇大于挑战。新时期资金信托的创新以及未来"公募信托"的发行对我国信托业发展的机遇和挑战主要体现如下：

1. 优化监管环境，三项业务齐发展

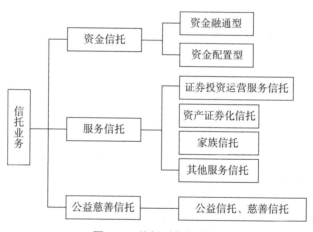

图3-1 信托财务新分类

从2018年末提出的信托要以服务实体经济为核心，以资金信托、服务信托和公益慈善类信托（见图3-1）为方向，到2019年初系列有关信托监管消息的出台，可以看出信托行业将迎来新的监管环境。一方面，防乱象、去嵌套、去通道、去刚兑、防风险仍然是未来监管主基调；另一方面，随着未来一系列监管办法出台，信托业整体机遇大于挑战，但信托公司面临的竞争也会更加激烈，大公司可能强者愈强，小公司也迎来弯道超车机会。信托公司应当抓住机会，调整业务方向和业务重点，争取取得更好发展。

根据当前的政策导向和监管态度，未来我国信托业务可能会面临新的调整，即从当前的三大业务板块、八大业务类型调整为三大业务板块、七大业务类型。三大业务即资金信托业务、服务信托业务和公益慈善信托业务，这也是未来我国信托行业发展的重点业务。在当前统一监管的政策背景下，三大业务中仅有资金信托被纳入资管新规的监管范围，这也意味着，信托公司的资金信托产品需要与其他监管机构进行竞争，其核心优势在于借助贷款资质以及其在非标领域的丰富经验，提升未来其在标准化产品领域的主动管理能力。而对于服务类信托和公益信托，由于当前我国信托机构对于这两项业务的开展尚处于初级阶段，相关业务模式和产品设置尚不成熟，因此应该勇于尝试并积极借鉴国外其他国家发展相关信托产品的先进经验，从我国国情出发，探索与我国国情相适应的多元化服务产品和服务手段。另外，在公益信托方面，应积极与家族信托合作，力图在为更多高净值客户进行家族理财的同时，引导社会中更多爱心人士参与到公益实践中来。从长远来看，服务信托和慈善信托是信托行业回归本源、服务实体经济的重要业务类型，并将成为未来信托行业的主要业务类型。

2. 与我国市场形势和政策方向具有一致性

随着我国金融市场的不断开放，包括银行业、证券业、保险业在内的多领域金融业开放措施接连落地，合格机构投资者外汇管理制度、证券市场便利和互联互通、基金互认产品范围等都在改革和完善中。而正在逐渐与国际接轨的信托业，在公募信托获得准入的情况下，信托公司可以从事英美等发达国家规模较大的单位信托基金业务，信托的资产配置功能将得到更好的发挥。另外，国内资本市场在金融运行中一直希望打造一个规范、透明、开放、有活力、有韧性的资本市场。资金信托公募产品的准入，恰可以使投资者和投资规模不断扩大，有利于我国资本市场的建设和完善。因此，在我国大力发展普惠金融的政策背景下，信托产品可以面向不特定社会公众，"飞入寻常百姓家"。

3. 承接资管新规，引导信托回归本源

资管新规与以往资管行业监管政策最显著的不同在于，资管新规是基于统筹监管的监管理念，通过强化并统一规范不同资管产品所共有的资管属性，拉平对各类资管产品的监管要求，实现对各类资管产品的统一监管，减少监管套利空间，引导资管业务回归本源，克服以往分散化的、由不同监管机构分别监管所带来的政出多门，使监管套利有机可乘的弊端。

为鼓励服务类信托与公益信托发展，引导信托回归本源，2018 年 4 月出台的资管新规将家族信托与公益信托排除在其监管范畴之外，仅将资金信托纳入资管产品统一监管的范畴，因此，新时期资金信托调整将承接资管新规的政策方向，例如通过允许信托公司面向不特定社会公众发行公募信托产品等，将信托拉平到与基金和理财相同的起跑线上。这意味着，信托产品不再只是用来走通道、加嵌套和投票非标产品的工具，而是回归资管本源，为包括社会公众在内的委托人提供专业化的投资管理服务。

4. 提振非标融资，淡化通道类信托的认定

资管新规细则中规定允许公募资管产品投向非标类产品，新时期资金信托由"私募"拓展到"公募"这一创新，不仅意味着信托公司与银行理财、证券基金同台竞争，同时意味着信托贷款在传统银信合作、政信合作、信保合作、信基合作、私募认购之外，又多了一个资金来源。与其他资管产品相比，信托产品的高收益率一直是其行业的优势所在，在资管行业中具有较强的竞争力，虽然可预期公募信托的收益率可能会较之前的私募信托有所下降，但由于长期以来信托机构在非标项目的获取、产品设计、风险管理以及客户资源等方面均积累了丰富的经验，与其他行业相比具有明显的比较优势，因此在非标融资方面，公募方式对信托公司的开放将会从资管市场吸引大量的资金流入，从而提振信托贷款，减缓非标的萎缩速度，改善实体经济的融资环境。

2018年8月银保监会在其下发的《关于加强规范资产管理业务过渡期内信托监管工作的通知》（以下简称"银监37号文"）中表示"要对事务管理类信托区别对待"，而在此之前，事务管理类信托通常被认为是通道类信托，然而，并非所有的事务管理类信托都属于通道类信托，从2018年的年报数据来看，即使是在压通道的环境下，事务管理类信托资产在全体信托资产中的占比也达到了50%以上，如果"一刀切"地将事务管理类信托与通道类信托等同，那么，在当前资管新规等压通道的强监管政策环境下，信托行业将面临巨大冲击，并且不利于事务管理类信托中投向实体经济部分信托业务的发展。因此，为对标资管新规，正确理解监管层对事务管理类信托的态度，新时期信托行业调整和完善了信托业务的分类体系，对今后信托行业的健康发展具有重要意义。新时期信托业务预计将按照信托活动形式、法规适用范围、具体业务属性三个层次，划分为"资金信托"（资金融通信托、资金配置信托）、"服务信托"（证券投资信托、资产证券化信托、家族信托、其他信托）、"公益信托"（公益/慈善信托）三大业务板块，七大业务类型。其中资金信托变化最大，即资金信托由过去的融资类、投资类和事务管理类这一分法重新划分为资金融通信托和资金配置信托，从字面意思上来看，显然旧分法中的融资类信托应划分到资金融通型信托，投资类信托应归入到资产配置型信托，而过去的事务管理类信托则恰恰被认为是通道型信托。因此，信托业务新的分类显示了监管层对通道业务监管态度的缓和。因为未来，无论事务管理类信托被归入到哪种分类，其通道业务的色彩都将被大大淡化。

5. 新时期公募信托短期影响有限

资管新规的颁布，统一资管产品监管，为新时期信托公司发行公募信托提供契机，可以发行公募信托对信托行业来说是一重大利好，不过公募信托的真正落地实施，同样需要有专门的监管办法进行规范。短期来看，新时期资金信托发行公募信托对公募产品的格局可能影响有限。

第一，从投向上来看，公募信托可能限于投资标准化产品，或者以投资标准化产品为主，而标准化产品投资对于人员、团队的专业性均具有较高的要求，需要公司前期的人才积累，而从目前我国信托公司的人员配备来看，目前大多数信托机构并不具备此条件。第二，从信托机构开展公募信托业务来看，公募信托初期可能仅仅是试点。可能也是因为标品信托具有专业性强的特点，初期有能力可以立即开展公募信托的机构并不多，因此在行业评级为 A 类的公司中选择实力较好、标品业务做得相对较好、规模比较大的公司进行试点将是大概率事件。第三，从公募信托投资标品面临的竞争环境来看，其面临的竞争对手不仅仅是信托同业，还有公募基金、银行理财等。从短期来看，信托公司与公募基金相比，在公募产品上的竞争优势很小，很难改变目前的市场竞争格局。因此从长远来看，信托公司基金化是转型的方向，但短期内对公募产品市场竞争格局的影响，可能会比较有限。

三、资金信托业的未来与转型之路

从改革开放以来我国信托业的发展历程可以发现，我国信托业的发展除了受宏观经济和市场环境的影响较大外，受法律制度和监管政策的影响也较大。在当前国内外经济承压的宏观环境下，资管行业监管也逐步趋严。2018 年 4 月资管新规的出台，从我国当前资管行业的实际出发，一改过去分业经营、分业管理的监管方式，将银行理财、证券、基金、信托等资管机构纳入统一监管框架，这不仅让资管行业监管更加阳光、更加规范，其对金融机构的要求和定位也更加准确。在这一背景下，信托行业的转型思路和再定位也应更加明确。随着监管套利空间的缩小，信托公司原有的通道业务和非标业务普遍承压，信托资产规模大幅缩水，同质化业务竞争进入白热化，信托公司进入转型阶段。新时期，积极探索标准化产品、财富管理回归本源、提升主动管理能力将成为未来信托行业新的资产管理方向。

（一）标品信托业务发展加快

新时期资金信托最大的创新之一便是公募信托产品的准入。根据规定，我国公募产品主要投资于标准化证券资产。过去，信托公司由于受仅能发行私募性质产品的限制，其标品资产投资业务无论是在投资者范围、投资范围还是在资金运用方式等方面均具有较多的限制。因此，在过去的发展实践中，信托公司的标品资产投资业务开展动力一直不足，外加主动管理能力较弱和交易系统不健全等原因，造成其在资管行业竞争力严重不足。然而根据信托业协会披露的数据，截至2018年第三季度末，投向证券投资领域的资金信托规模为2.45万亿元，同期有所减少，且很大部分为非主动管理类业务，在信托资金配置中的比例，近三年也呈下滑态势。而公募基金管理规模10年来除个别年份，基本呈上升趋势，截至2018年12月31日，管理规模合计13.01万亿元，其中非货币理财基金资产规模合计4.86万亿元，同比规模上升。这也说明了未来公募信托将具有极大的发展空间。可预期随着公募信托的准入，信托标准化证券投资业务与基金等其他金融机构同台竞争，将获得更大的市场空间。

（二）中后台转型成为信托行业重点

根据当前监管层政策导向，公募信托准入后，新时期资金信托业务模式有望从以前以"非标"为代表的单核驱动模式，逐步转向"非标+标准"的双轮驱动模式。资金信托的基金化之路可能成为信托产品标准化过程的起点。然而，值得注意的是，信托公司能否成功实现基金化转型，重中之重，不在前台，而在中后台。信托公司基金化转型需要完善以证券投资为导向的IT系统，需要全方位的金融、计算机、风控人才团队建设，然而，由于过去我国资金信托主要以非标产品和通道业务为主，风控体系、IT系统和支持团队也主要是根据非标产品来构建的。因此，未来资金信托若想走好标准化之路，必然需要构建可服务于"非标+标准"两类业务模式的支持团队。

另外，首先需要注意的是，虽然公募信托对于信托公司而言是其初步涉足的"新事物"，但对于其他资管机构而言，公募基金早已进入强者恒强、弱者离场的白热化竞争格局，信托公司作为"新来者"要想走好公募之路，必然不能贸然参与竞争，应充分认识其比较优势，充分利用其现存的自然禀赋，以智取胜。例如，要将融资类（投行类）业务作为信托公司的传统强项，有效地与证券投资类业务互动，形成类似商业银行的一二级业务联动，从而有效扩增公司收入。其次，作为有丰富通道业务经验的行业，通过成立证券投资产品，引入市场优秀投资顾问，也有可能成为信托基金化的发展方式之一。此外，拥有丰富销售渠道的信托公司，依旧可以以募资为公司吸引优秀的投研团队。

从短期来看，公募信托在大众客户储备、净值化管理系统、标准化产品投研等方面还具有较大的完善空间，只有做到万事俱备，方能更好地享受到本轮政策红利。

（三）传统贷款业务在未来仍继续发展

传统贷款业务一直是我国信托行业的重点业务，新时期资金信托虽然逐步向主动管理类信托和资产配置类信托业务转型，但是，由于我国的金融运行体系长期以来以银行为主导，信贷和传统贷款仍然是企业新型融资的主要渠道。另外，当前我国经济仍处于社会主义初级阶段，城市化进程还未完成，城市基础设施建设、房地产投资、资源能源开发等仍具有较大的融资需求，因此信托贷款，在很长时间内仍将继续存在。但值得注意的是，虽然信托贷款等非标债券类业务具有长期性和持续性，但未来我国信托公司需要转变过去的经营观念，促进资金信托业务回归信托本源，不断提升自身的主动管理能力，拓宽投融资渠道，从而分散风险，实现自身的健康可持续发展。

第二节 资金融通型信托的外延与内涵

一、资金融通的主要内容

（一）资金融通的概念

资金融通是指在经济运行过程中，资金供求双方运用各种金融工具调节资金盈余的活动，是所有金融交易活动的总称，资金融通是通过金融产品来进行的。所谓金融产品，是指资金融通过程中的各种载体。包括货币、黄金、外汇、有价证券等。在金融市场上，供求双方通过市场竞争原则形成金融产品价格，如利率或收益率，最终完成交易，达到融通资金的目的。

资金融通简称为融资，一般分为直接融资和间接融资两种。直接融资是资金供求双方直接进行资金融通的活动，也就是资金需求者直接通过金融市场向社会上有资金盈余的机构和个人筹资；与此对应，间接融资则是指通过银行所进行的资金融通活动，也就是资金需求者采取向银行等金融中介机构申请贷款的方式筹资。

（二）资金融通的分类

资金融通根据获得资金的方式分为股权融资、债券融资、项目融资和政府基金融资。

1. 股权融资

股权融资是指帮助企业的老股东通过让出部分企业所有权的方式，来引进新的股东进行融资。股权融资所获得的资金，企业无须还本付息，但新股东将与老股东同样分享企业的盈利与增长。股权融资按融资渠道来划分，分为公开市场发售和私募发售。

股权融资主要有三个特点：①长期性，股权融资筹措的资金具有永久性，无到期日，不需偿还；②不可逆性，企业采用股权融资无须还本，投资人欲收回本金，需借助于流通市场；③无负担性，股权融资没有固定的股利负担，股利的支付与否和支付多少视公司的经营需要而定。

2. 债权融资

债权融资是指企业通过举债的方式进行融资。对于债权融资所获得的资金，企业首先要承担资金的利息，其次在借款到期后要向债权人偿还资金的本金。债权融资的特点决定了其用途主要是解决企业营运资金短缺的问题，而不是用于资本项下的开支。

债权融资是企业直接融资的一种方式，在国际成熟的资本市场上，债权融资往往更受企业的青睐，企业的债权融资额通常是股权融资的 3~10 倍。

债权融资主要有三个特点：①债权融资获得的只是资金的使用权而不是所有权，负债资金的使用是有成本的，企业必须支付利息，并且债务到期时须归还本金。②债权融资能够提高企业所有权资金的资金回报率，具有财务杠杆作用。③与股权融资相比，债权融资除在一些特定的情况下可能带来债权人对企业的控制和干预问题，一般不会产生对企业的控制权问题。

3. 项目融资

项目融资是指以项目的资产、预期收益或权益作抵押取得的一种无追索权或有限追索权的融资或贷款活动。项目融资作为国际大型开发项目的一种重要的融资方式，是以项目本身良好的经营状况和项目建成、投入使用后的现金流量作为还款保证来融资的。它不需要以投资者的信用或有形资产作为担保，也不需要政府部门的还款承诺，贷款的发放对象是专门为项目融资和经营而成立的项目公司。

项目融资模式主要有 BOT（建设—经营—转让）融资模式、TOT（转让—经营—转让）融资模式、PPP（公共部分与私人企业合作）融资模式、PFI（私人融资活动）融资模式和 ABS（资产证券化）融资模式。融资方式有基金组织、银行承兑、直存款、银行信用证、委托贷款、直通款、对冲资金和贷款担保等。

4. 政府基金融资

政府基金融资是指国家各部委及地方政府每年对重点扶植企业都有相应的政策、资金的支持，包括扶持企业发展的各种基金、奖励政策、贷款贴息、税收减免等。

政府性基金按预算层级可划分为中央基金预算收入、地方基金预算收入和中央与地方共享基金收入。在未作出新的调整之前，有关收入的划分暂以原规定为准，即属于中央政府的收入，仍作为中央基金预算收入；属于地方政府的收入，仍作为地方基金预算收入；作为中央与地方政府共享的收入，仍作为中央与地方共享基金收入。地方财政部门按国家规定收取的各项税费附加，根据国务院《关于加强预算外资金管理的决定》（〔1996〕29号文件）要求纳入地方财政预算后，也视同地方政府的基金收入，预算级次为地方预算收入。

二、信托融资的主要内容

（一）信托融资的概念

信托即信用委托，是指受他人委托，代为管理、经营和处理某项经济事务的行为。融资是一个企业资金筹集的行为与过程，也就是公司根据自身的生产经营状况、资金拥有的状况以及公司未来经营发展的需要，通过科学的预测和决策，采用一定的方式，从一定的渠道向公司的投资者和债权人筹集资金、组织资金的供应，以保证公司正常生产需要、经营管理活动需要的理财行为。

信托融资是既不同于间接融资又不同于直接融资的一种融资方式，信托业界对信托融资的性质尚未有定论，其主要是通过金融机构的媒介，由最后信托公司向最后贷款人进行的融资活动。但是，信托公司作为信用中介的受托人在整个信托过程中仅仅处于金融服务层面上，提供的是金融手段，并非真正的融资主体，融资过程中的任何风险和收益仍归属于资金供给方，即投资者，可见信托融资的这种转化显然突破了传统的银行存贷融资的局限，创新了一种有别于股票、债券的新型的融资模式。

（二）信托融资的特点

1. 融资速度快捷

信托融资操作相对简单，期限设计和资金运用方式灵活，从设计到审批（或备案）以及发行所需的时间较少，从而决定了与银行和证券的评估、审核等流程所花时间成本相比，信托渠道的筹资周期较短，一般来说，信托融资时间主要由委托人和受托人两者自行商定，发行速度较快。另外，传统的企业融资以银行融资为主，贷款难现象较为突出。集合信托则是通过发行信托直接向社会筹集资金，在融资期限、规模、利率等方面较银行贷款宽松，而且资金使用受限也较小。因此，相对于银行贷款，信托贷款能帮助中小企业部分解决固定资产贷款困难的问题。

2. 融资方式灵活

根据《信托公司管理办法》规定，信托公司可以依照信托文件的约定，采取贷款、投资、融资租赁、同业拆放等方式灵活管理和运用资金信托财产，信托公司可以根据市场需要，按照信托目的、信托财产的种类或者对信托财产管理方式的不同设置信托业务品种，例如，根据不同信托融资目的设立基础设施信托、房地产信托、工商企业信托等信托业务。

3. 融资风险可控

根据《信托法》规定，信托财产具有独立性的特点，信托项目自设立之日起，其信托财产便与受托人及其委托人的自有财产相隔离，并开展独立核算和报告，这一特点使信托资产与融资企业的整体信用及破产风险相隔离，具有一定的信用保证和风险控制机制。而银行信贷和股票发行都会与企业的资产负债状况直接相关联，其信用风险需要通过企业内部的财务管理来防范和控制。另外，对于风险较高的中小企业融资，集合信托计划通过"优先+劣后"的设计，借助会计师事务所、信用担保公司等专业中介机构来提供配套服务，以政府财政资金等来增信，化解资金风险，增强资金的安全，通过不同市场主体的风险偏好和风险承受能力，利用信托形成不同风险承担机制，向不同的人转移中小企业融资风险，从而提高了信托融资的整体抗风险能力。

4. 融资成本偏高

融资成本指融资者要为筹措的资金付出融资过程中的组织管理费用、融资后的资金占用费用以及融资时支付的其他费用，信托融资作为银行贷款等的补充，一般在银行贷款中受阻的企业才会选择信托融资，因此对于融资方来说，如果选择信托融资贷款方式，融资成本会比较高，企业需要承担比较高的融资成本。

（三）信托融资的主要模式

1. 贷款信托融资

贷款信托是指受托人（信托公司）接受委托人（投资者）的委托，将委托人存入的资金按其指定或按信托计划的对象、用途、期限、利率和金额发放贷款，并负责到期收回贷款本息的一项金融业务。主要有集合资金信托贷款融资和单一资金信托贷款融资两种模式。

资金信托贷款融资具有安全性和收益性较高等优势，一般来说，信托公司有专门的风险评估团队会对融资企业的资信和项目的优劣进行专业评价，并且可通过落实抵押、质押、担保等增信措施来控制贷款风险。另外，贷款信托的贷款利率一般要高于银行的贷款利率，因此信托公司进行资金信托贷款的收益性也较高。

2. 股权信托融资

股权信托融资是指信托公司以股权投资方式将信托资金用于实业项目投资的资金信托。信托公司设立股权信托的过程一般是，信托公司将从投资者募集来的信托资金按照合同的约定投资于融资企业的信托项目，从而成为该公司的股东，然后以股东身份参与投资项目管理，通过股东大会或者董事会监控投资项目，及时了解投资的用途，确保项目按计划实施。这种股权融资方式有利于规避管理者的道德风险，从而确保投资者的收益。具体包括股权信托、阶段性持股、优先股、阶段性优先股等方式。

3. 租赁信托融资

租赁信托是指信托投资公司以信托资金购买设备租赁给承租人使用，并收取租金，租金、购买设备佣金等形成信托收益。租赁信托融资的信托收益主要来源于企业的租金收入和佣金收入以及处置收入等。企业选择租赁信托融资购买大型设备的优势在于，不仅可以加快设备的折旧速度，推动企业及时更新技术，促进企业升级，而且还能减少企业在建设期间大额的资金投入，降低企业融资成本。一般来说，租赁信托的租金按照约定利率每年由承租人支付给收益人（委托人），佣金收入可按照约定利率由设备出租人（或承租人）支付给受托人，信托公司通过定期回收投资，降低信托风险。

4. 债权信托融资

债权信托融资是指债权人将其在经济活动中所拥有的象征债权的借据、定期存款单、保险证书、票据等作为信托财产，委托信托公司作为受托人催收、管理、运用的信托。债权信托中的债权大多是银行贷款或企业的应收账款，大量的应收账款对债权人的经营具有不利的影响，不利于资金的正常流动。信托公司开展债权信托，可以通过其专业化的管理对债权进行清理和处置，并利用受益权的转让机制和资产证券化技术，变现债权资产，能够改善企业资产状况，提高了资金的周转速度，为企业融资开辟了新的渠道。

5. 信托型资产证券化

信托型资产证券化是指发起人将可能产生未来现金流的资产真实销售给信托公司，由信托公司或选择的其他机构作为发行人，以该资产未来现金流为投资者收益来源，将该资产转化为证券加以销售并偿付对价的一种表外结构性融资方式。

三、资金融通型信托的主要内容

根据当前政策导向和监管层态度，预计未来我国信托业务将按照信托活动形式、法规适用范围、具体业务属性三个层次，划分为"资金信托"（资金融通信托、资金配置信托）、"服务信托"（证券投资信托、资产证券化信托、家族信托、其他信托）、"公益信托"（公益/慈善信托）三大业务板块，七大业务类型。

与过去相比，我国资金信托业务在功能方面由投资类信托、融资类信托和事务管理类信托三种分类方式重新调整为资金融通型信托和资产配置型信托两种分类方式（见表3-1、表3-2）。从字面意义来看，新分类下的资金融通型信托应承接过去的融资型信托，资产配置型信托则应该承接过去的投资型信托，而事务管理类信托应归入哪种分类则尚待考虑或视不同事务管理类信托业务的投融资本质来划分。

因此，我国资金融通型信托大部分便是过去在我国资金信托业务中占比较大的融资类信托，其主要针对的是资产端，即资金的使用方，主导形式是信托贷款，与银行贷款性质类似，也是我国信托业务的传统业务类型。近年来，我国融资型信托的发展较快，在我国资金信托业务中一直占有较高比重，但随着我国外部经济环境的不断严峻，以及内部信托行业监管加剧、信托业务回归本源和信托产品的转型升级等融资类业务也逐渐进入发展瓶颈期，只有改变现有业务模式，进行内涵式的创新，才能在转型期内有发展空间。从我国资金信托的发展现状来看，当前我国融资类信托主要以集合资金信托为主，并且主要运用于房地产、基础产业、工商企业等领域。

表 3-1　信托业协会对于信托产品的分类口径

按来源划分	按功能分类	按投向分类	按运用方式分类	特色业务
集合资金信托	融资类	融资类	基础产业	银信合作
单一资金信托	投资类	投资类	房地产	信政合作
管理财产信托	事务管理类	事务管理类	证券市场（股票）	私募基金合作
			证券市场（基金）	PE
			证券市场（债券）	基金化房地产信托
			金融机构	QDII
			工商企业	
			其他	

表 3-2　信托业协会对于信托产品分类的定义

分类	内容	典型类型	项目举例
融资类信托	信托计划所募集的资金以债权人的角色参与到融资方的融资项目中，受托机构与融资方所产生的是债权债务关系，融资方以其所拥有的某项资产按照一定的抵押率做抵押，承担按照约定到期还本付息的义务。因此，从某种意义上说，融资类信托计划是一个基于特定项目的高收益私募债券，弥补了中国债券市场功能的不足	常见的融资类信托包括银信理财类信托、委托贷款类信托、项目贷款类信托、股权质押类信托、中小企业融资信托、融资租赁信托等	1. 外贸信托"苏州浒墅关城乡一体化二期项目贷款集合资金信托计划" 2. 汇城 4 号杭州开发投资公司集合资金信托计划 3. 沈阳沈铁房开集团保障性住房项目贷款集合资金信托计划

续表

分类	内容	典型类型	项目举例
投资类信托	信托计划所募集的资金以购买融资方某项权利的方式参与到融资项目中，受托机构与融资方所产生的是股权与权益关系，融资方将其所拥有的某项现金收益权出售给受托机构	常见的投资类信托包括证券投资信托、应收账款收益权信托、股权质押投资信托、商业地产经营收益权信托等	1. 杭州信托"济南融汇爱都项目股权投资集合资金信托计划一期" 2. 中信信托"中信民悦1号九江庐山城投应收账款流动化信托项目"
其他类信托	除上述两类外，其他类型信托	—	—

（一）我国集合资金信托产品发行情况

根据信托公司公开披露信息统计，2018 年，我国 68 家信托公司共计发行集合资金信托产品 14473 只（见图 3-2），募集信托资金共计 21175.34 亿元，平均每只信托产品规模为 1.43 亿元，平均期限约为 1.79 年，平均年化预期收益率约为 7.94%。然而，与 2017 年相比，虽然发行产品数量增加，但单只产品平均募集规模下降明显，集合资金信托整体募集规模出现下滑。

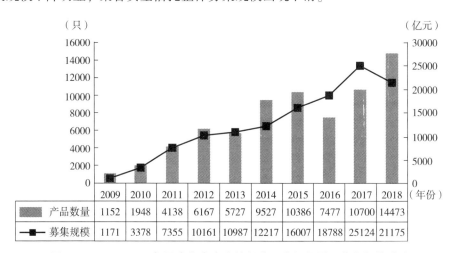

	2009	2010	2011	2012	2013	2014	2015	2016	2017	2018
产品数量	1152	1948	4138	6167	5727	9527	10386	7477	10700	14473
募集规模	1171	3378	7355	10161	10987	12217	16007	18788	25124	21175

图 3-2　2009~2018 年国内集合资金信托产品发行数量及募集规模统计

从集合信托产品年化收益率来看，产品平均年化预期收益率较 2017 年升高 1.18 个百分点，具有明显的上行态势。在当前我国宏观经济增速稳中趋降，去杠杆政策引发紧信用等背景下，民营企业受到的冲击最为明显，这也促进特定领域的宽信用，社会融资需求有下降趋势，宽信用政策效果显现存在时滞。随着严监管继续推进，同业业务受阻，尤其是农商行的资金使用区域限制更加明显。因此，在这一背景下，信托公司在资产端的选择更加保守，主要集中于具有较高的风险把控能力、抵质押物充足并且还款来源较为充足的房地产等领域；在资金端信托产品机构资金渠道收缩，尤其是过去依赖的银行资金受监管限制程度较高，信托发行对象更多面向个人客户，信托公司除了通过机构代销外，也增加直销路线的建设力度。由于个人客户识别能力有限，这也会增大信托公司在后续产品兑付责任上的压力。资金端的限制要远大于资产端，制约了信托产品的募集资金规模和定价优势，从而进一步推动信托产品收益率持续走高。

（二）我国房地产信托融资情况

房地产行业一直是信托公司开展信托业务的传统领域，2016 年开始房地产行业便面临着我国政府极为严格的宏观调控，从而使得房地产企业的融资渠道不断受限，银行开发贷供给下降，发债难度较大，银行理财资金受到资管新规限制降低了非标融资，而且房地产企业不断加强土地储备，除开发贷以外的其他融资需求更高，因此对信托融资需求依赖度也不断上升。当然，房地产领域也因其相对较高的行业景气度、较强的风险把控能力促使信托融资靠其灵活性不断满足房企多方面的融资需求，从而推动了房地产行业成为信托业进行资金配置的最重要领域。据信托行业公开数据显示，2018 年，信托公司发行房地产信托 4787 个，同比增长 170.76%，募集资金 8904.7 亿元，同比增长 53.57%，发行数量和规模延续了较快增长的势头。然而监管部门一直密切关注房地产信托业务的发展态势，部分信托因违规问题受到处罚，也显示了房地产信托在过快增长的同时需要注重合规要求，在严监管趋势下，加快其创新转型。

新时期，信托公司应持续升级房地产业务模式，提升专业水平，加强参与整个房地产链条的力度。例如，信托公司可与房地产企业开展战略合作，提供更加综合多样的金融服务，培养核心客户和核心业务模式；通过加强探索房地产股权投资业务模式，促进房地产业务的逐步转型；新时期，养老信托、长租、REITs 等新兴房地产领域预计将成为信托公司新的业务增长点。

（三）我国工商企业信托融资情况

当前，宏观经济增速放缓，加之中美贸易摩擦等因素，外部需求也有放缓趋势，同时前期的去杠杆政策使得企业融资环境恶化，融资成本明显上升，经营压力增大，工业企业经营绩效增速持续放缓，尤其是民营企业及中小企业经营面临巨大压力，融资需求较大，但由于信用风险上升等因素，信托机构发行工商企业信托产品的热情却有所下降。

统计数据显示，2018 年，新增工商企业类集合资金信托 1915 个，同比增长 34%，募集资金规模 2513.16 亿元，同比增速为 -23.37%，发行规模明显收缩，下降程度要大于行业平均水平。主要原因在于 2018 年受到融资渠道收紧、债务到期量增加以及经营绩效增速下滑等多重负面因素影响，工商企业信用风险明显上升，债券市场新增违约规模为 1166.51 亿元，同比上升了近 1.9 倍，华信、凯迪、神雾等多个违约主体牵涉了部分信托公司，后续信托兑付压力增大。在此背景下，信托公司在保证风险控制的前提下，支持实体经济方面的风险偏好有所下降，而且市场投资者对于工商企业类信托投资热情也不高。预计 2019 年，工商企业融资需求会有所弱化，在宏观政策的支持下信用风险会相对稳定，但是仍存在一定不确定性，这对于信托公司开展工商企业信托业务形成挑战。因此，在这一背景下，为促进我国工商企业信托业务健康发展，工商企业信托创新转型势在必行，未来，信托公司需要在发展前景相对较好的新产业、新技术、新业态等领域寻求聚焦和专业化发展，例如开展知识产权信托等新型业务，从而形成品牌和市场竞争力。

（四）我国基础设施类信托融资情况

据信托行业披露的数据显示，2018 年全行业新增基础设施类集合资金信托 1416 个，同比增长 142.31%，募资资金规模 3254.71 亿元，同比增速为 28.30%，发行数量和发行规模实现双增长，基础设施类信托产品发展加速。当前，虽然中央政府逐渐加强地方债务治理，提高隐性债务的处置力度，致使政信业务操作难度有所加大。但是，这并没有过大压制基础产业信托，主要原因在于中央仍促进加强基建投资补短板，而且地方融资平台发债渠道收缩，对于信托融资的渠道更加依赖，所能够容忍的成本也不断上升。另外从投资者方面来看，虽然 2018 年部分地方融资平台债务出现了违约风险，不过地方融资平台的信用依然存在，在工商企业类信托风险加大，房地产信托发行规模较高的背景下，投资者也逐渐分散投资于政信项目，而且第四季度政信类信托产品收益率较高，对于个人投资者吸引力较大。

虽然新时期我国基础设施建设支持力度仍会不断加大，但是也需要看到，中央治理地方债务的决心并没有动摇，未来仍需要限制隐性债务的膨胀，并通过增加专项债的形式开正门，这会限制传统基础产业信托的施展空间。因此，信托公司发行基础设施类信托产品需要加快转换模式，按照新的基础设施投融资模式参与其中。例如，通过设立 PPP 专业项目团队，推动基础设施建设 PPP 全生命周期运作模式，或者将资产证券化模式应用于基础设施信托，通过对存量项目进行资产证券化从而扩大融资。

通过上述分析可以发现，从内外部环境来看，融资类业务在未来一段时间可能仍将是大多数信托公司的主要业务。然而，在监管加剧、行业转型发展的背景下，传统融资类业务可能已经进入发展瓶颈期，只有对传统的房地产业务、基础设施业务、工商企业信托业务进行不断的内涵式创新，融资类业务才能进入新的发展阶段。

第三节　资产配置型信托的外延与内涵

一、资产配置的主要内容

（一）资产配置的内涵及其分类[①]

资产配置（Asset Allocation）是指根据投资需求将投资资金在不同资产类别之间进行分配，通常是将资产在低风险、低收益证券与高风险、高收益证券之间进行分配（见图 3-3）。

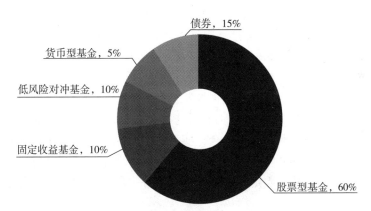

图 3-3　信托资产配置比例（积极型）

资产配置在不同层面有不同含义，从时间跨度和风格类别上看，可分为战略性资产配置和战术性资产配置。

1. 战略性资产配置

战略性资产配置是根据投资者的风险承受能力，对个人的资产做出一种事前的、整体性的规划和安排。战略性资产配置是在一个较长时期内以追求长期回报为目标的资产配置。战略性资产配置的时间跨度可能达三五年甚至更长，这种资

———————————
① 本节概念及分类根据百度百科整理而来。

产配置方式重在长期回报，因此往往忽略资产的短期波动。管理长期资产组合时，投资者一般采用三种方法：

第一种方法是买就持有法。这种方法的特征是，购买初始资产组合，并长期持有这种组合，不管资产相对价值发生怎样的变化，这种战略也不特意进行积极的再平衡。

第二种方法是恒定混合法，这种方法需要对投资组合进行定期再平衡，是为较长期保持投资组合中各类资产的恒定比例而设计的。为维持这种组合，要求在资产价格相对变化时，进行定期的再平衡和交易。

第三种方法是投资组合保险法。其目的是在获得股票市场的预期高回报率的同时，限定下跌的风险。这种投资组合保险战略的一般形式是，股票金额＝m×(全部投资组合价值−最低价值)。

战略性资产配置对风险与收益的权衡取舍可以分成三大类型：

(1) 高收益高风险型。采用这种配置的投资组合，其投资的目标是注重资本增值，使投资者的资金能在一定时间内获得较大幅度的增长。这种基金主要是一些具有进取性的成长基金。这种基金多投资于股票，且经常投资于新兴产业及设立初期的企业股票。这种基金收益高，但风险也很大。

(2) 长期成长与低风险型。采用这种配置战略的投资组合，其投资目标是注重长期投资，使投资者获得比较稳定的投资报酬，避免投资风险。这一类型基金主要是平衡型基金和各种债券型基金。主要投资于有较高固定收益的债券和优先股，以保证投资者本金安全并获得经常性收入，实现本金和收入的长期成长。

(3) 一般风险与收益平衡型。采用这种配置战略的投资组合，其投资目标是根据市场变化，适时调整投资组合，实现收益与风险平衡，使投资者能定期得到合理的收益，并将部分收益转化为基金的再投资。这类型基金主要是灵活性组合基金，其投资对象并不固定，比较灵活，常在一段时期内集中投资于某种有价证券。

2. 战术性资产配置

战术性资产配置是指在较短的时间内根据对资产收益率的预测，而对基金资产进行快速调整来获利的行为。预期收益率、协方差、标准差等，一般是三年以上的平均值。战术性资产配置可以提高长期收益，而不增加投资组合风险。它是建立在资产的短期风险与收益的预测能力之上的，因此对短期预测能力的强弱直接关系到战术性资产配置的成功与否。

3. 战术性资产配置与战略性资产配置的异同

(1) 对投资者的风险承受力和风险偏好的认识和假设不同。与战略性资产配置过程相比，战术性资产配置策略在动态调整资产配置状态时，需要根据实际情况的改变重新预测不同资产类别的预期收益情况，但未再次估计投资者偏好与风险承受能力是否发生了变化。

在风险承受能力方面，战术性资产配置假设投资者的风险承受能力不随市场和自身资产负债状况的变化而改变。这一类投资者将在风险收益报酬较高时比战略性投资者更多地投资于风险资产，因而从长期来看，其将取得更丰厚的投资回报。

（2）对资产管理人把握资产投资收益变化的能力要求不同。战术性资产配置的风险收益特征与资产管理人对资产类别收益变化的把握能力密切相关。如果资产管理人能够准确地预测资产收益变化的趋势，并采取及时有效的行动，则使用战略性资产配置将带来更高的收益；但如果资产管理人不能准确预测资产收益变化的趋势，或者能够准确预测但不能采取及时有效的行动，则投资收益将劣于准确地预测并把握市场变化时的情况，甚至很可能会劣于购买并持有最初的投资组合时的情况。

在实际进行资产配置时，战略性原则和战术性原则也是资产配置需要注意的两大原则。一般情况下要先做好战略性准备，再考虑战术性。

（二）资产配置的影响因素

1. 投资者风险承受能力和收益需求

包括投资者的年龄或投资周期，资产负债状况、财务变动状况与趋势、财富净值、风险偏好等因素。

2. 资本市场环境因素

资本市场环境因素会影响资产配置中各类资产的风险收益情况，包括国际经济形势、国内经济状况与发展动向、通货膨胀、利率变化、经济周期波动、监管等。

3. 资产的流动性特征

在进行资产配置时需要考虑所配置资产的流动性是否与投资者的流动性要求相匹配，从而满足投资者的资产配置要求。

4. 投资期限

投资者在有不同到期日的资产（如债券等）之间进行选择时，需要考虑投资期限的安排问题。

5. 税收考虑

税收结果对投资决策意义重大，因为任何一个投资策略的业绩都是根据其税后收益的多少来进行评价的。

二、资产配置
型信托的主要内容

新时期我国资金信托拟分为资金融通型信托和资金配置型信托两种类型。融通型资金信托主要针对的是资产端，针对资金使用方，其主导形式是信托贷款，包括过去的传统资金信托业务，即融资类信托。而资金配置型信托则主要针对的是资金端，针对资金供给方，即通俗意义上的投资理财，是信托公司转型的重要方向，也是信托公司专业能力的具体体现，信托公司要根据委托人的资产规模、投资意向和风险偏好等诸多因素，对其资产进行管理、配置和投资，配置型资金信托符合信托回归本源的发展趋势，未来将成为信托公司重要的基础性业务之一。

从概念上来看，资产配置在传统意义上主要应用于投资领域，指根据投资者风险偏好，将投资资金在不同类别的资产上进行组合分配。过去，在各类资管机构中，券商和基金行业对资产配置的探讨较为常见，而信托公司对这一问题的探讨则相对较少。然而，随着 2018 年 4 月资管新规的出台，将资管行业纳入统一监管的口径，信托行业的转型发展逐渐深入，资产配置也符合新时期信托回归本源的发展目标，因此，在这一背景下，资产配置将成为未来信托行业研究的重要课题。

从当前我国信托业务模式转型的方向来看，我国信托业的转型主要有以下三个方向：第一，对传统产业进行优化升级，通过证券化、基金化、投行化等创新融资方式，应对融资类业务不断降低的收益率，积极开展标准化融资业务，降低非标融资比重，从而减轻信托兑付压力；第二，持续提升信托机构自身的专业资产管理能力，主动开展各类证券投资及股权投资业务；第三，促进信托机构财富管理业务转型，从以项目为中心销售产品，转向以客户需求为中心，回归信托本源，提供现金管理、资产配置、家族信托等各类服务。

从上述信托公司业务转型方向可以看到，信托公司的业务转型一直是围绕资金和资产两个方面展开的，过去，我国信托业务主要以资产为中心，为资金需求者提供信托融资业务，新时期，我国信托业务开始向资金端转型，围绕投资者的资金需求进行资产配置。另外，新时期信托公司通过专业化人才团队建设，不断提高自身的专业化能力，将资产的重点由非标转向标准化和投资类产品，丰富了资产的类型和来源，从而在供需两端为资产配置打下了基础，信托业大类资产的主动配置时代已然到来。

（一）资产配置信托的相关概念辨析①

由于资产配置型信托是新时期资金信托的一个全新的概念，与传统的信托概

---

① 根据中诚信托研究相关概念进行整理而来。

念既有联系又有区别，因此为对资产配置型信托概念进行深入理解，我们对与资产配置信托相关的概念进行辨析。

1. 资产配置信托与资金融通信托

资金融通信托属于投行业务，也是信托公司传统业务，是信托公司为房地产企业、政府融资平台、工商企业等融资人设计融资产品，并通过自有渠道或第三方渠道销售产品。核心能力是融资人及基础资产的开拓能力、风险管理能力，信托公司主要依据融资规模收取承销费用。

资金配置信托是信托公司募集机构和个人投资者的资金，根据客户需求制定投资策略，并进行资产配置或组合管理，提高投资收益。与资金融通信托相比，资金配置信托更注重在投后通过对投资组合进行择时调整、对所投物业进行运营改造等方式，提升资产回报率，核心能力包括投研能力、投后管理能力等。信托公司按照管理资产规模收取管理费，并对超过业绩基准的部分收益提取一定比例的业绩报酬。

2. 资产配置信托与证券投资运营服务信托

证券投资运营服务信托属于服务信托，在服务信托中，信托公司不承担投资决策职能，而是主要依据委托人的要求履行事务管理职责。信托公司开展证券投资运营服务信托时，并不需要承担投资分析、投资决策责任，而是依据委托人指令及信托文件约定提供投顾筛选、交易管理、资金管理、估值清算、信息披露等事务管理服务。在风险管理方面，合规与操作风险是服务信托的主要风险。

资金配置信托则需要信托公司积极管理信托资产，承担主动管理职责。在投资环节，信托公司代表委托人的利益自主开展投资分析，审慎做出投资决策。在投后环节，信托公司通过积极调整投资组合进行运营提升等方式，为投资者提高投资回报率。在风险管理方面，信托公司应当全面评估所投资产的信用风险、流动性风险、利率风险、操作风险，做好全面风险管理。

3. 资产配置信托与主动管理信托

主动管理信托，主要是指信托公司自主开展尽职调查，承担资金运用决策的信托项目。主动管理信托是一个相对较大的概念，可以说，资金配置信托中信托公司积极管理信托资产，属于主动管理信托。而资金融通信托由信托公司自主开展尽职调查，也属于主动管理信托。

另外，由于当前业界对主动管理类信托并没有统一的定义，因此各信托公司对主动管理信托认定口径也存在区别。例如，有些信托公司将其仅承担估值、清算等服务的证券投资运营服务信托列为被动管理信托，而有些信托公司则将此类业务认定为主动管理信托。而从后者的角度来看，资金配置信托和资金融通信托可能并不是主动管理信托的全部。

4. 资产配置信托与资产管理业务

根据《关于规范金融机构资产管理业务的指导意见》（以下简称"资管新规"），资产管理业务是指银行、信托、证券、基金、期货、保险资产管理机构、金融资产投资公司等金融机构接受投资者委托，对受托的投资者财产进行投资和管理的金融服务。金融机构为委托人利益履行诚实信用、勤勉尽责义务，并收取相应的管理费用，委托人自担投资风险并获得收益。金融机构可以与委托人在合同中事先约定收取合理的业绩报酬①。从概念上来看，可以认为，资金配置信托属于资产管理业务。

（二）资金配置信托的主要类型

在我国，随着信托公司财富能力提升、机构及高净值客户的大量积累，在客户的资产配置需求下，信托公司大力发展资产管理业务，根据相关②研究，主要将资金配置信托划分为以下类型：

1. 现金管理信托

现金管理信托是信托公司最基础的资金配置信托类型，如上海信托的现金丰利产品、中信信托的信惠现金管理产品、中航信托的天玑聚富产品等。现金管理产品主要投资于监管机构认可的投资现金、固定收益等稳健资产，采用净值化管理，设有一天至数月不等的开放期，面向个人和机构投资者发行，并实现互联网销售，对于满足客户流动性管理需求，提高客户粘性发挥着重要作用。如上海信托实现了客户信托产品投资到期，系统可自动转购现金管理产品，实现了客户资金无缝对接。

案例 3-1　中航信托·天启 328 号天玑聚富集合资金信托计划

产品名称	中航信托·天启 328 号天玑聚富集合资金信托计划		
产品类型	自有	产品状态	成立
发行机构	中航信托股份有限公司	认购起点	20 万元
基础业绩比较基准	浮动收益	下一开放日	2019 年 4 月 10 日
产品等级	R2	收益类型	浮动收益

---

① 概念来源于《关于规范金融机构资产管理业务的指导意见》。

② 上述概念根据中诚信托研究进行整理而来。

合格投资者范围	1. 具有 2 年以上投资经历，且满足以下条件之一：家庭金融净资产不低于 300 万元，家庭金融资产不低于 500 万元，或者近 3 本本人年均收入不低于 40 万元 2. 最近 1 年末净资产不低于 1000 万元的法人单位 3. 金融管理部门视为合格投资者的其他情形
投资范围	受托人根据信托文件的规定集合运用信托资金，采用组合投资方式，按照安全性、效益性、流动性原则进行多元化动态资产配置。投资范围如下： 1. 标准类金融工具：银行存款、同业拆借、债券逆回购、货币市场基金、债券基金、交易所及银行间市场债券及票据 2. 固定收益类金融工具：低风险的固定收益类产品（包括固定收益类信托、券商理财、银行理财产品、债权、附回购股权、附回购承诺的资产包）、法律法规允许投资的其他金融工具

2. 标品投资信托

标品投资信托业务是指信托公司依据信托文件约定，将信托资金直接或间接投资于公开市场发行交易的标准化金融产品的信托业务。所谓公开市场是指银行间市场及证券交易所市场，其中证券市场包括股票交易市场、期货交易市场等。标准化金融产品可以分为股权类资产、债权类资产和金融衍生品。当前，由于信托具有灵活性，可以参加所有的标准化产品的投资，并根据所投资的标准化金融产品不同，分为债券配置信托、股票配置信托、FOF/MOM 投资信托等。

（1）债券配置信托是指信托公司将从投资者募集来的资金，主要投资于银行间及交易所债券、资产支持证券、债券基金、流动性管理工具和其他标准化的固定收益资产。与现金管理信托相比，债券配置信托所面临的风险较高，但也意味着其在期限灵活的同时可实现更高投资回报，因此，该模式成为投资者流动性管理工具的重要补充。新时期，资金信托有望允许固收类信托产品以卖出回购方式运用信托财产，这也将进一步促进信托公司债券配置信托的发展。

（2）股票配置信托是指信托公司将从投资者募集来的资金，主要投资于证券、股票等资产，信托公司管理着大量证券（股票）投资信托资产，但主要属于证券投资运营服务信托业务。信托公司自主管理型股票配置信托业务以民生信托为代表，其自行建立投资、研究、交易团队，自主投资决策管理。投资策略除了基于价值投资理念的传统权益投资策略，还建立了量化投资团队，开发出市场中性策略、套利类策略、基于场外期权的结构化保本策略等。

（3）FOF/MOM 投资并不直接投资股票/债券，而是通过筛选基金或基金管理人，由多元专业人士来管理资产。FOF/MOM 基金管理人则通过动态跟踪及时调整资产配置方案。FOF/MOM 投资的优势在于通过选择专业化基金管理人精选投顾、分散风险，可以为投资者带来长期稳定、高于平均水平的投资回报。当前，信托公司证券投资运营服务信托业务沉淀了大量投顾资源、渠道客户、数据积累、风控经验，这将为信托公司未来开展 FOF/MOM 投资业务奠定一定基础。

3. 固定收益信托

固定收益信托是指由信托公司（受托人）设计，面向投资人（委托人）发行，有明确预期收益率的信托产品。这类信托产品一般会有明确的信托资金投向，通过信托资金的合理运用，使信托资产保值增值，最终兑付预期收益。另外，固定收益类信托一般均有明确的交易对手，主要以满足交易对手的各种融资需求为信托目的，在有着明确预期收益率的同时，信托公司可利用严格的风险控制措施来保证信托本金和预期收益的实现。然而，固定收益信托并不意味着一定可以获得预期收益，只是指在没有意外发生的一般情况下可获得预期收益，因此，固定收益类信托产品仍是有风险的，只是相对于其他理财产品，其收益更为稳定。在资产配置中，固定收益信托一般可用于短中期的稳健投资，与二级证券市场相结合，既能分散二级市场的系统性风险，又保留了获取高收益的机会。

4. 权益投资信托

权益投资信托是指将信托资金投资于能够带来稳定持续的现金收益的财产权或者权益的资金信托品种，这些权益包括基础设施收费权、公共交通营运权、旅游项目收费权、教育项目收费权等，甚至可以是另外一个信托的受益权本身。权益投资信托主要有三个特点：第一，权益投资的对象是收费权、营运权、项目分红权等能够产生收益的项目或权利；第二，权益投资一般设有固定期限；第三，权益投资的权利所有者不一定参与管理，即使参与管理也是以权利拥有者的身份行使管理权，其管理权的范围、大小由投资合同规定。权益投资相当多项目收益的产生依赖于政府公共权力的行使，主要是各类公共产品和准公共产品，如城市基础设施、交通项目、教育项目等。从风险收益特征来看，权益投资信托的风险相对股权投资类的资金信托项目更小，收益率虽然不会特别高，但是非常稳定。

另外，这类信托在进行资金运用时，可以采取权利质押的方式保障投资者的收益，例如将高速公路的收费权质押。另外，还可以通过政府财政给予补贴等方式确保收益率达到一定水平。因此，权益投资信托在我国具有相当大的市场前景。

5. 另类投资信托

另类投资（Alternative Investment）是股票债券等传统公开市场之外的投资模式，资产标的包括非上市公司股权、房地产、基础设施、证券化资产和自然资源等。对冲基金、不动产投资基金（REITs）、艺术品投资均属于另类投资模式。

从资产配置组合理论的角度来说，配置另类资产的逻辑在于，另类资产与传统资产的相关性较低，可以实现最大限度的风险对冲。

6. 其他基金化资金配置信托

除上述资金配置型信托之外，还有其他领域的基金化资金配置型信托。如私募股权投资基金信托，主要配置私募股权类资产；房地产投资基金信托，主要配置房地产领域资产；境外投资基金信托，主要配置境外可投资产，目前通过信托投资的主要是 QDII 业务要求的境外投资组合；其他另类投资基金信托，配置的资产可能包括贵金属、艺术品、文化产业等另类资产。信托公司在这些领域的基金化信托实践也在逐步深入。

（三）我国资产配置型信托的发展现状

根据中国信托业协会分类，当前我国资金信托按运用方式可分为房地产信托、基础设施类信托、工商企业信托、证券投资信托等，其中证券投资信托是典型的投资类信托，也是未来资产配置型信托的重要内容，因此，研究当前我国证券投资类信托产品及其发展概况对我国资产配置型信托的发展具有重要意义。

统计数据显示，2018 年，信托全行业发行证券投资集合资金信托 1753 只，基本与 2017 年持平，募集资金 1277.50 亿元，同比增速为 21.3%，发行规模有一定增长（见图 3-4）。近年来，资本市场的表现制约了证券投资信托的发行，同时资管新规出台后，对于分级产品发行、杠杆水平都有了统一要求，加之股市大幅下跌带来了股票质押等风险，相关业务风控难度增大，投资者风险偏好降低，发行难度也在不断上升。

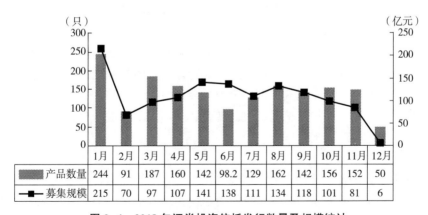

	1月	2月	3月	4月	5月	6月	7月	8月	9月	10月	11月	12月
产品数量	244	91	187	160	142	98.2	129	162	142	156	152	50
募集规模	215	70	97	107	141	138	111	134	118	101	81	6

图 3-4　2018 年证券投资信托发行数量及规模统计

因此，未来，证券投资信托业务需要根据资管新规的要求进行调整，信托公司需要思考对于证券投资信托的新定位，当前，大多数信托公司已经开始行动，例如，部分信托公司开始加强主动管理能力培育，引进公募基金、券商专业团队，开展具有绝对收益的证券投资产品，个别信托公司开始提供 FOF 等具有大类资产配置的证券投资产品，另外，有一些信托公司则是围绕私募基金打造更加丰富的估值、交易、清算等一体化服务，成为私募基金的专业外包服务商等。

（四）新时期资金配置信托的发展趋势

从资产管理业务的国际发展经验、信托公司资产管理业务发展阶段以及个人与机构客户的资金配置需求来看，未来我国资金配置信托将呈现以下发展趋势：

1. 现金管理信托成重要业务

现金是投资者最基本的资产类型，信托公司通过设立现金管理信托可以作为投资者的流动性管理工具，是资金配置信托的最基础的产品类型。在资金端和资产端，现金管理信托均具有重要作用。首先，在资金端，现金管理信托可借助网上认购、电子签约等互联网技术，提高资金募集效率，迅速扩大客户数量，获得稳定资金来源，支持信托公司转型创新。其次，在资产端，现金管理信托可以通过与信托公司资产业务部门加强合作，通过产品设计为其他信托产品发行提供资金，提高公司资源整合效率。通过产品设计为其他信托产品发行提供资金，提高公司资源整合效率。

2. 一站式资产配置成发展趋势

以账户为中心的一站式资产配置是指，借助互联网技术和账户管理手段，在一个主账户下为客户提供涵盖流动性管理、进取收益、支付消费等延展服务以及财富安排的一站式金融服务。在国外，机构投资者和高净值客户的资产管理主要以单独管理的账户形式进行，我国当前单独账户管理则仅主要存在于家族信托领域。未来，随着互联网技术发展，以账户为中心的一站式资产配置服务必将在资产管理领域进一步推广。信托公司可在现金管理信托的基础上，为更多高净值客户设立主信托账户，从而为其提供更全面的金融服务。另外，信托公司可建立开放式产品平台，根据客户需求提供包含现金管理、固定收益、权益投资、另类投资在内的全谱系的产品配置服务。

3. 专业能力将成核心竞争力

新时期，信托公司开展资金配置型信托，资金配置能力将是信托公司的重要能力，需要专业化的人才团队和科技能力建设，未来信托公司的专业能力也将成为信托公司的核心竞争力。信托公司的专业能力主要体现在专业的投研能力和专业的金融科技能力两个方面。在投研能力方面，资金配置信托的目标是通过积极的投资管理运作，为投资者实现较高的投资回报。因此，信托公司开展资金配置信托，需要有专业的投研能力作为支撑，通过建立专业的业务团队和投研团队，对投资决策和投资管理提供深度的专业研究支持。在金融科技能力方面，信托公司可运用互联网技术，促进资金配置产品销售的线上化、移动化，提高产品发行效率，也为投资者提供良好的投资体验；运用大数据分析，提高投资决策和业务系统的及时性、有效性，增加风险控制手段；运用信息技术，支持资金配置信托的净值型化管理、投资分析、信息披露等运营工作。

第四章

融通型资金信托操作实务

融通型资金信托是当前信托公司最重要的信托业务，也是信托公司最具优势和特色的信托业务，短期内此类信托仍将占据信托公司的核心业务地位，长期来看则需要围绕资管新规的要求转型，实现非刚兑化、净值化、组合化管理，与其他资管产品相比形成自身的竞争优势。

第一节　融通型资金信托的业务范围

一、融通型资金信托内涵和作用

融通型资金信托主要是履行信托的投融资功能，为实体经济发展提供资金支持，现已成为我国重要的融资渠道。信托资金融通功能是在信托行业发展过程中得到高度重视的，美国最早从英国引入信托制度主要是为了发展附担保债券信托，解决债券投资者保护机制问题，促进直接融资发展，从而为铁路等基础建设开辟融资渠道。日本在"二战"后为了加强经济重建，特别发明了贷款信托，定位于长期融资手段，吸收社会闲置资金，满足基础设施、工业建设等领域的资金需求，在促进日本经济快速修复和发展方面功不可没，在很大程度上也宣传了信托制度，让更多普通居民了解了信托，为日本信托行业的快速发展奠定了前期基础。我国改革开放后也是充分重视信托制度的灵活特性，恢复发展信托公司，希望以此吸引外资，搞活经济。自此以后，虽然信托公司经历了五次大的整顿，但也都是围绕信托投融资功能的有效发挥强化监管约束。自 2007 年信托公司重新登记以来，在"一法三规"的规范下，融通型资金信托逐步走上规范化、特色化、快速化的发展道路。

经过这些年的发展，融通型资金信托主要的积极作用体现如下：

第一，具有服务实体经济的重要作用。我国金融体系以银行为主，在社会融资中占据非常重要的地位，不过银行信贷资源配置以大型国有企业、中央企业为主，一般需要充足的抵质押物，很多中小企业属于轻资产型经营，而且受制于信息不对称，难以获得信贷资源，融资难、融资贵问题突出，严重制约了中小企业的发展。融通型资金信托业务的发展能够在一定程度上弥补我国现有正规金融体系覆盖不足的问题，与银行信贷业务错位竞争，主要服务中小企业客户或者服务区域内基础设施建设，目前投向实体经济的资金信托占比为60%~70%，实现产融结合，有效促进实体经济发展。

第二，极大满足了居民财富管理的需求。我国经济持续高速增长，居民个人财富不断累积，根据全球性管理咨询公司调查数据，预计到2021年，我国高净值及超高净值家庭将达到400万户，可投资资产规模超过110万亿元，居民资产保值增值的需求持续上升。由于我国利率存在政策利率和市场利率双轨运行的问题，银行存款利息较低，已无法满足居民资产管理和财富管理的需求，非标债权资管业务的蓬勃发展为大量民间资金提供了出口，汇聚社会闲置资金，支持社会经济发展。

第三，推动了利率市场化进程。我国利率市场化进程逐步加快，但是尚未完全实现，目前债券市场基本实现了利率市场化，而存款利率尚未完全实现市场化，存在一定定价指导。非标债权资管业务在一定程度上成为重要的利率市场化推动者。以银行理财产品为例，其主要是对现有存款的一种替代，以便留住存款和储户，银行理财定价都是紧紧跟随市场利率走势；信托贷款等信贷业务资金端和资产端定价对于市场利率的传导要比传统银行贷款更快，在一定程度上推动着我国利率市场化进程的加快。

二、融通型资金信托的特点

第一，表现形式多。融通型资金信托业务除了直接为企业提供信贷融资，还包括债权投资、特定资产收益权投资、假股真债等形式。目前只有信托贷款纳入社会融资统计范畴内，其他非贷款形式实质是信贷融资的融通型资金信托业务并没有统计到社会融资总量中，这也导致了该类统计数据的误差。

第二，业务模式多。融通型资金信托业务按照投资者个数可以分为集合类非标债权资管业务和单一类非标债权资管业务；按照资金端和资产端是否一一对应，可以分为期限匹配的融通型资金信托业务和资金池类融通型资金信托业务；按照金融机构承担管理责任的情况，可以分为主动管理类融通型资金信托业务和被动管理类融通型资金信托业务。

第三，业务交叉多。各类经营融通型资金信托或者类融通型资金信托业务的金融机构之间有很多合作，由于银行理财并没有独立法人资格，在从事此类业务时多需要借助信托、券商资管等通道，这也造成了我国资管业务的层层嵌套以及

"虚胖"。目前信托、券商资管70%以上为通道业务，这种业务交叉容易产生风险传染，而且曾经也发生过合作双方无法有效界定责任边界的问题。

第四，刚性兑付多。金融机构出于维护自身利益以及社会声誉的角度，融通型资金信托业务仍然以刚性兑付为主，对该类资管产品赢得客户信赖具有积极意义。但这并不符合资管业务"卖者有责、买者自负"的原则，资管新规要求所有资管业务打破刚兑。

第五，监管政策多。为了有效规范融通型资金信托业务，监管部门从多方面加强监管约束，除了各类融通型资金信托自身的各种监管制度，诸如房地产信托、政信业务等，还加强了不同机构之间的合作监管。2010年，为了限制过快膨胀的银信合作，监管部门要求银信合作中融资类业务占比不超过30%。2013年，我国开始规范影子银行发展，监管部门明确限制银行理财非标资产投资规模。2018年，资管新规明确要求禁止资金池模式，限制非标投资。

第六，以管理信用风险和投资风险为主。目前，信托公司的融通型资金信托多为债权融资业务，主要面临信用风险，而随着股权融资业务的兴起，未来所面临的投资风险会逐渐增多。因此，信托公司在开展融通型资金信托业务时需要更多关注信用风险和投资风险，加强相关风险的识别、控制、监测和预警，尤其是需要培养风险出现后的风险处置能力，提高对投资者的权益保护能力。

三、融通型资金信托的业务范围

从信托业务的分类也可以看出，投融类信托余额占信托规模的41%左右，依然占据了较高的份额，如果考虑事务管理类信托业务中有大量通道类融通型资金信托，那么融通型资金信托的占比会更高，尤其是随着去通道化的趋势持续深化，融通型资金信托占比会持续增高。而从历史走势来看，融资类信托在刚有统计数据的时候占比非常高，一度达到63%左右，随后持续下滑，2018年开始有上升趋势，这是由于信托公司发力主动管理，而融资类业务依然是信托公司的优势领域，也是最能体现主动管理的方面。投资类业务占比自2010年开始有一个明显的上升态势，2011~2015年基本保持在30%~40%的较高水平，2015年后随着资本市场的波动和调整以及证券投资业务杠杆水平监管收紧，投资类信托业务占比呈现持续下降态势（见图4-1）。

融通型资金信托业务范围较为广阔，形式多样，按照信托资金运用方式可以分为贷款类信托、股权投资类信托、特定资产收益权投资类信托、混合类信托；按照投向划分可以分为房地产类信托、工商企业信托、基础设施信托、金融机构类信托；按照资金来源可以分为集合资金信托和单一资金信托。不同类别的信托所具有的合规要求和风险特性都不相同，需要根据融资方的需求和项目特点灵活运用信托制度，设计交易结构，满足融资方面的资金需求。

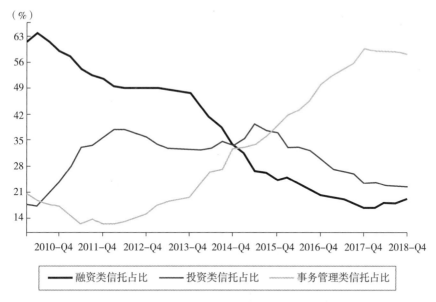

图 4-1　投融类信托占比趋势

资料来源：中国信托业协会网站。

第二节　融通型资金信托的产品结构

不同种类的融通型资金信托业务具有自身独特的产品结构和特点，为了更好地了解融通型资金信托，需要较好地理解这些特点。

一、融通型资金信托的资金运用方式分析

按照资金运用方式可以将融通型资金信托划分为贷款信托、长期股权投资、权益投资、交易性金融资产投资，以及以上多种方式的混合使用。

（一）贷款信托

贷款信托是最常见的信托资金运用方式。贷款信托最早起源于日本，主要是解决"二战"后经济恢复所需要的资金来源问题，因此发展贷款信托执行长期资金融通功能，为基础设施和钢铁等重工业提供资金支持，一度使经济得到了较显著的发展，然而伴随日本经济泡沫破裂，社会资金需求下降，贷款信托也逐步消退。我国正处于经济增速的中高速阶段，加之金融体系不健全，贷款信托对于社会资金融资起到较大的作用。从贷款信托的占比情况来看，经历了一个由上升到下降的过程，2017年以前，信托贷款占比呈现持续上涨的态势，在社会融资存量增长过程中起到了重要作用；而进入2018年，随着资管新规的实施，融通型资金信托作为非标业务，确实受到了较大冲击，不仅增速明显下滑，而且在整个社会融资中的占比也明显下降，降至有统计数据以来的最低值。受此影响，基建、中小企业等部分信托融资的实体经济单元出现了较明显的收缩，为此，2018年下半年我国开始加快实施宽信用政策，重点解决中小企业的融资难、融资贵问题。

在债权类融通型资金信托业务中，贷款信托占比最高，这主要是由于贷款债权债务关系最清晰和简单的模式，而且相关法律法规也较为健全，在处置后续债务纠纷时法律合规风险较低。目前，在我国各类资管业务中，仅有信托能够发放贷款，这也使得信托公司具有了参与非标市场的重要制度优势。不过，为了促进信托公司多元化发展，监管部门对于信托资金贷款应用方式也有一定限制，如集合资金信托中贷款运用方式占比不能够超过30%，这就限制了贷款信托在集合资金信托中的应用规模，而在单一类融通型资金信托业务中没有此项监管要求（见图4-2）。

图4-2 我国贷款信托在社会融资中的占比情况

（二）股权投资结构

针对部分不太适合债权融资的交易结构，更多采用股权投资的形式。根据企业生命周期融资理论，当企业处于初创期或者成长阶段，经营风险较高，一般更适合于进行股权融资，与企业一同承担风险、经营成果共享。从信托公司的业务实践来看，一方面，针对新兴产业、小微企业等具有发展前景，但是风险较大的融资主体，主要采用股权投资形式。另一方面，部分不适用于债权的信托交易结构，可能更多采用股权融资方式，如房地产企业融资不能满足"四、三、二"的监管要求，可能需要通过股权形式提供融资，还有部分融资主体为了优化资产负债表，不适宜用债权融资交易结构，从而采用股权融资交易结构。在上述情况下，有部分股权融资交易结构可能体现为"假股真债"，依然获取固定的收益以及到期回收本息。目前，在融通型资金信托中，依然以债权融资为主，长期股权投资占比并不高，主要还是由于股权投资对于专业水平、投资者风险承担能力等方面都有更高的要求，但是股权投资将是信托转型发展的重要方向，部分信托公司已开始开展股权投资业务转型发展。

为了有效推动信托公司股权投资业务发展，保障私人股权投资信托各方当事人的合法权益，2008 年监管部门发布了《信托公司私人股权投资信托业务操作指引》（以下简称《指引》），《指引》对信托公司开展私人股权投资信托的基本条件、业务规范、投资顾问资格、项目退出等方面都进行了明确要求，特别是要求："信托公司开展私人股权投资信托业务时，应对该信托计划投资理念及策略、项目选取标准、行业价值、备选企业和风险因素分析方法等制作报告书，并经公司信托委员会通过。""信托公司应当通过有效行使股东权利，推进信托计划项下被投资企业治理结构的完善，提高业务体系、企业管理能力，提升企业价值。""信托公司管理私人股权投资信托，可收取管理费和业绩报酬，除管理费和业绩报酬外，信托公司不得收取任何其他费用；信托公司收取管理费和业绩报酬的方式和比例，须在信托文件中事先约定，但业绩报酬仅在信托计划终止且实现盈利时提取。"

根据信托公司年报披露信息，信托公司全资持股的私募股权投资子公司约有10 家（见表 4-1）。目前，设立私募股权投资子公司的多为行业内大部信托公司，成立时间均在 2016 年之前，集中于 2011～2014 年，主要原因是这个时期是监管部门鼓励设立私募股权投资子公司的时期，获得审批成功率高。从注册资本金规模来看，均为 1 亿元以上，其中建信信托的私募股权投资子公司注册资本高达 20.61 亿元，为最高水平。注册资本越大反映了信托公司对于该平台的发展越重视，所能够实现的业务布局能力越大。

表 4-1　信托公司成立的私募股权投资子公司

信托公司	PE 公司	成立时间	控股比例（%）	注册资本（亿元）
中信信托	中信聚信（北京）资本管理有限公司	2012 年	100	5
中融信托	北京中融鼎新投资管理有限公司	2011 年	100	15

信托公司	PE 公司	成立时间	控股比例（%）	注册资本（亿元）
上海信托	上信资产管理有限公司	2011 年	100	12
兴业信托	兴业国信资产管理公司	2014 年	100	1
中诚信托	中诚资本管理（北京）有限公司	2012 年	100	1.96
华润信托	深圳红树林创业投资有限公司	2011 年	100	1
新华信托	新华创新资本投资有限公司	2013 年	100	1
华能信托	贵诚汇鑫股权投资有限公司	2016 年	100	2
建信信托	建信（北京）投资基金管理公司	2011 年	100	20.61
平安信托	平安创新资本	1992 年	100	40

资料来源：信托公司年报。

（三）权益投资结构

在信托创新融资过程中，逐渐产生了特定资产收益权投资信托，主要是投资股权收益权、应收账款收益权等各类资产的收益权，达到资产收益的目的。不过，资产收益权并不是一个法定的权利，是交易主体根据交易目的创设的一种权利，特定资产收益权缺乏独立性，通常依附于基础财产或权利，如果作为基础权利或资产的特定资产不具有合法性或虽具有合法性，但出卖人没有处分权，则作为交易标的的特定资产收益权也将丧失其存在的基础，从而给受让方带来严重的法律风险。特定资产收益权法在法理上还存在一定争论，不过在实践中已得到较大的认同，更多理解为是一种债权。2012 年，安信信托与昆山纯高就特定资产收益权信托发生纠纷，这也是国内首次针对此类型信托发生的纠纷，该案的判决具有重要影响。法院最终判决认为纠纷属于营业信托，也认可了信托合同的有效性，对于此类信托业务纠纷形成了示范效应。

特定资产权益投资信托实质也是债权融资，主要是通过特定资产收益权达到灵活设计交易结构，如融资主体不适宜金融信托贷款，又无法进行股权投资，可以考虑进行特定资产收益权投资的交易结构。

（四）混合结构

在部分情况下，单一的交易结构可能不适用，因此需要综合运用多种交易结构，从而成为混合的交易结构。例如，股债结合模式最常见的首先是以增资的方式进行股权投资，并作为股东进行股东借款或者投资特定资产收益权；其次是近年来逐步兴起的投贷联动模式，在为企业提供债权融资的同时，获得未来认购股权的机会或者债权可以转换为股权，从而针对优质标的进行深度合作和投资。在部分情况下，对信托资金进行组合运用和管理，投资多个标的，采用最适宜融资主体的模式，实现信托资金运用。总之，可以综合灵活运用各种交易结构，满足实体企业客户融资需求，达到能够良好地控制风险的目的。

从目前信托资金的各种资金运用方式分布来看，贷款信托占比最高，为41%（见图4-3），长期股权占比为10%，而特定资产收益权投资含在可供出售以及持有到期投资当中，无法单独查看其占比，大体应该略高于股权投资占比。这也表明，以贷款信托为代表的债权融资依然是最重要的融通型资金信托类型。

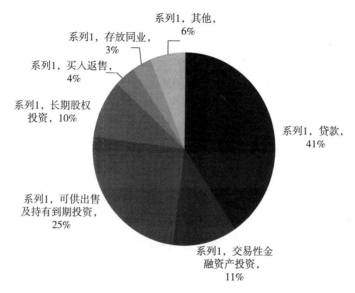

图4-3　信托资金运用方式分布情况

资料来源：中国信托业协会网站。

从历史趋势来看，各类资金运用方式也发生了较大波动，这既与监管因素有关，也与外部宏观因素有关。贷款运用方式占比由最高时期的60%以上持续走低（见图4-4），近年来一直维持在40%左右，能够发放贷款在短期内仍将是信托从事非标资产的一大优势，而其他资管业务无法做到这一点，因此后续可能继续维持这个水平。长期股权投资也经历了较大波动，2010年占比曾一度达到16%左右，后续持续下降，自2016年开始持续回升，目前约为10%，这可能是因为部分融资方式通过股权方式开展以及信托公司确实在逐步加快转型发展，更大力度介入股权投资领域，培育新的利润增长点。这里以可供出售及持有至到期投资为代理变量来分析特定资产收益权投资，其占比呈现持续上升的态势，主要在于特定资产收益权投资虽然缺乏一定的法律基础，不过能够给予更灵活设计交易结构的空间，得到了更广泛的应用。总体来看，未来股权、特定资产收益权等交易结构有望维持平稳上升的态势，而信贷运用方式未来仍可能会进一步下降。

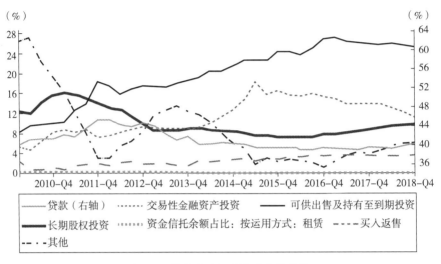

图 4-4　信托资金运用方式占比趋势

资料来源：中国信托业协会网站。

二、融通型资金信托的资金投向分析

从投向来看融通型资金信托发展趋势，目前的投向大体上主要包括工商企业、房地产、基础产业、金融机构等。工商企业投向主要是为各类实体企业提供融资需求，这类融通型资金信托占比约为30%，是占比最高的融通型资金信托的投向，也体现了信托服务实体经济发展的根本初衷。工商企业是一个较大的范畴，可以进一步细分到制造业、建筑业、采矿业等更具体的行业领域，其占比分别为3.0%、6.3%、1.1%等。房地产信托占比约为14%，是信托公司主动管理的重要业务领域，也是非常重要的收入来源，主要是为房地产企业提供各种形式、各个业务环节的融资，由于房地产融资受到较严格的调控，信托可以通过较灵活的交易结构设计，满足房地产企业通过银行等融资渠道无法介入的融资需求。当然，实践中受到监管的口径不同，在不同区域监管环境下，信托公司所能从事的房地产信托模式是有所差别的。基础产业也是信托传统融资领域，不过近年来中央加强地方政府债务治理，在一定程度上限制了信托这种高成本的融资渠道，目前基础产业投向占比为15%，相对还是较高的。金融领域也相对较高，为16%，这里面所包含的类别复杂，属于融通类资金信托范畴的主要是为部分金融业提供投融资服务，还有部分投向资管产品的，则属于配置型资金信托的范畴。

除了上述领域外，其他类别的占比为14%，主要是投资于部分艺术品等另类信托产品，这类产品规模并不大，而且也会更随市场变动而有所波动，产品发行起伏性较为明显（见图4-5）。

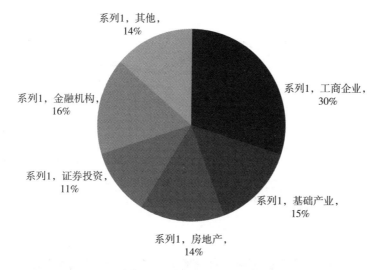

图4-5 信托资金投向分布

资料来源：中国信托业协会网站。

从各投向历史趋势来看（见图4-6），工商企业投向波动较为明显，在2013年达到阶段性最高点后，受到宏观经济环境恶化的影响，占比持续下滑，最低下滑至22%左右，自2015年开始呈现持续回升的态势，目前达到约30%，是2010年以来的最高水平，一方面体现了宏观经济复苏带动了实体企业融资需求的回升，另一方面也体现了在严监管环境下，信托行业持续回归本源，加强实体经济服务深度、广度。基础产业投向呈现持续下行的态势，2010年最高时约为40%，目前仍处于阶段性地位，约为15%，由于中央政府严格控制地方政府隐性债务的影响，未来基础产业占比仍有可能呈现下降趋势。房地产投向本身受到房地产周期的影响呈现较大的波动性，2014年占比曾一度达到17%，后续房地产行业发展放缓，房地产投向占比下滑至10%左右，近年来随着房地产行业景气度的上升，其占比上升速度也加快，目前占比为14%，如果考虑部分通过工商企业投向掩盖的项目，占比会更高，会逐步接近历史高位。未来，房地产依然会成为信托业的最主要投向，占比可能维持在高位水平。金融机构投向在2016年以前占比数据呈现持续上升的态势，而自2017年以来呈现一定下滑态势，这与监管部门严格限制通道业务、资管嵌套以及资金空转等业务发展有关，金融机构投向信托业务发展受到更严格的监管规制，发展空间受到压制，预计未来此类业务增长空间会逐步收窄。

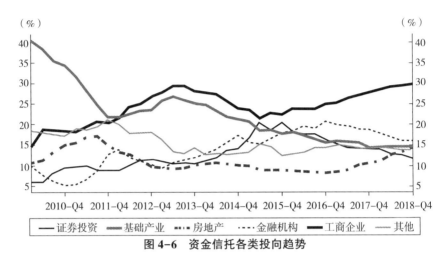

图 4-6　资金信托各类投向趋势

资料来源：中国信托业协会网站。

第三节　融通型资金信托案例分析

信托制度具有灵活多样的特性，以下从实操的角度，通过案例来介绍各类融通型资金信托在实践中的具体操作方法。

一、房地产类融通型资金信托案例分析

（一）房地产类融通型资金信托概述

1. 房地产类融通型资金信托概况

房地产业是一个特殊的行业，与其他行业相比具有高收益、高风险的明显特征，它对经济发展的带动力很强，是关系国计民生、拉动经济增长、改善居民生活条件的重要支柱产业。另外，房地产业又是一个资本密集性的产业，其发展与金融业的支持密不可分，两个行业互相影响、互为依托。长期以来，房地产企业的主要资金来源就是金融机构贷款、自筹资金、预收款及个人按揭贷款，来源相对多元化。其中，金融机构贷款占比约为18%，自筹资金占比约为30%，而预收款及个人按揭贷款等占比约为52%，可以看出，预收款和个人按揭贷款是最主要的资金来源，其次为自筹资金，最后为金融机构贷款。在银行信贷受限以及房地产销售受到影响时，更多需要房地产企业通过自

筹资金来缓解资金链紧张的局面。

　　房地产投向融通型资金信托属于房地产资金来源中的自筹资金。房地产信托主要是指以房地产企业为投融资交易对象的一类信托业务。截至 2018 年末，我国房地产信托余额为 2.69 亿元，规模资金信托余额为 14.18%（见图 4-7）。信托融资已成为房地产行业重要融资来源，主要在于信托业务交易结构灵活，虽然成本较一般银行信贷要高，但是能够参与到前期拿地以及拿地后的房地产项目开发建设，参与房地产项目收购等。另外，房地产项目是为数不多的在参与形式上具有优势的领域，其他机构参与房地产业务都存在或多或少的障碍，如银行只能参与具备"四、三、二"条件的阶段，目前限制私募基金参与热点地区的住宅项目，这给了信托公司寻找优质项目的更多机会，而且房地产项目能够承受的融资成本较高，信托公司从中可以获取的信托报酬水平高，资金监管比较明确，具有抵、质押物等增信举措，是较理想的项目标的。

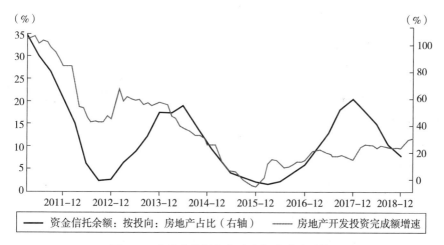

图 4-7　房地产信托与房地产投资增速趋势

资料来源：Wind。

　　从房地产信托增速与房地产投资增速的趋势来看，二者走势具有显著的正相关关系，而且房地产信托周期要滞后于房地产投资周期。二者的传导机制：房地产处于繁荣期，迫于经济过热担忧，房地产宏观调控会收紧，尤其银行房地产开发贷款将成为重要调控指标，银行贷款减少后，信托融资将成为房地产企业重要的资金来源。从统计数据可以看出，不论是"四万亿"经济刺激政策后，还是 2012 年下半年至 2013 年的房地产复苏，都伴随了房地产信托规模以及占当年新增信托规模的大幅上升，二者走势正相关性非常高。而当房地产行业处于下行周期时，出于对风险的考量，信托公司会提升房地产准入门槛，房地产信托增速会下降。

2. **房地产类融通型资金信托监管政策分析**

由于房地产的宏观调控以及高风险特性，监管部门也加强了该业务领域的监管，2010 年相继发布了《关于信托公司房地产信托业务风险提示的通知》《关于加强信托公司房地产信托业务监管有关问题的通知》《关于加强信托公司结构化信托业务监管有关问题的通知》，用以明确房地产操作的具体监管要求，这也奠定了房地产信托运用的最主要合规要求。2010 年后监管部门并没有提出新的有关房地产信托的监管要求，都是在执行 2010 年发布的文件中的主要监管要求。

房地产信托的具体合规要求主要如下：

（1）信托公司以结构化方式设计房地产集合资金信托计划的，其优先和劣后受益权配比比例不得高于 3∶1。

（2）信托公司发放贷款的房地产开发项目必须满足"四证"齐全、开发商或其控股股东具备二级资质、项目资本金比例达到国家最低要求等条件。

（3）信托公司不得以信托资金发放土地储备贷款。土地储备贷款是指向借款人发放的用于土地收购及土地前期开发、整理的贷款。

（4）严禁向房地产开发企业发放流动资金贷款，严禁以购买房地产开发企业资产附加回购承诺等方式变相发放流动资金贷款，不得向房地产开发企业发放用于缴交土地出让价款的贷款。要严格防范对建筑施工企业、集团公司等的流动资金贷款用于房地产开发。

（5）严禁以投资附加回购承诺、商品房预算团购等方式间接发放房地产贷款。

从目前合规角度来看，部分信托公司均因违反上述合规要求而受到监管处罚，所以在房地产信托展业过程中，一定需要加强业务合规要求的学习和贯彻落实。

2019 年，银保监会下发《关于开展"巩固治理乱象成果，促进合规建设"工作的通知》，其中对于房地产提出了新的监管要求，不得向"四证"不全、开发商或其控股股东资质不达标、资本金未足额到位的房地产开发项目直接提供融资，或通过股权投资+股东借款、股权投资+债权认购劣后、应收账款、特定资产收益权等方式变相提供融资；不得直接或变相为房地产企业缴交土地出让价款提供融资，直接或变相为房地产企业发放流动资金贷款。

（二）房地产类融通型资金信托案例分析

房地产信托可以根据信托资金运用形式，划分为房地产贷款信托、房地产股权投资信托、房地产特定资产收益权信托、房地产私募基金信托以及上述方式的混合形式。各类信托形式主要是基于监管要求、融资方资产负债管理需求、信托项目风险控制需求等因素进行设计。

1. 房地产贷款信托

房地产贷款信托就是将信托资金用于向房地产开发企业发放贷款的信托业务。在发放贷款信托时，银保监会要求房地产项目公司具有"四、三、二"条件，即具备四证，国有土地使用证、建设用地规划许可证、建设工程规划许可证（规划局颁发）、建筑工程施工许可证；自有资本金投资比例达到30%；房地产开发具有二级资质。四证是没有什么疑义的，而二级资质并非必须由房地产开发公司自身所拥有，项目公司本身没有，但是控股股东拥有二级资质，也是可以的；对于项目资本金问题，也需要确认资本金是否含有股东借款等不属于资本金范畴的，做好测算，否则可能不合规。因此，如果不符合上述基本条件，那么就需要通过其他信托模式为房地产项目融资。另外，贷款模式是与现行法律衔接最好的信托资金运用方式，也是最常用的方式，根据对市场发行的近1200个房地产集合资金信托分析，有41%采用贷款模式，这也充分说明了信托公司对于房地产信托的青睐。不过，随着信托业保障基金的实施，融资类信托要由融资方缴纳信托规模的1%作为保障基金，这会提升融资方成本，融资方可能会进一步寻求交易成本更低的交易结构模式。从风险控制来看，房地产贷款信托主要面临到期不能偿付本金的风险，因而需要有效评估融资方信用水平、房地产项目可行性，有针对性地施加风险控制措施。

案例分析　中融信托：中融—中国美林湖信托贷款集合资金信托计划

中融信托设立中融—中国美林湖信托贷款集合资金信托计划（见图4-8），募集资金用于向清远市广州后花园有限公司发放信托贷款，信托资金用于中国美林湖七期"美汇半岛"B区项目开发建设。该信托计划规模为5亿元，期限为12个月，A类收益率人民币100万元（含）至人民币300万元（不含），8.5%/年；B类收益率人民币300万元以上，9%/年，每年付息，到期偿还本金。

在交易对手方面，清远市广州后花园有限公司为中国美林湖七期"美汇半岛"B区项目开发项目公司，成立于1999年12月，注册资本为7600万元，股东为美林基业集团和清远市宝生实业发展有限公司，持股比例分别为80%和20%。美林基业是一家具有一定区域优势的中小房地产企业，主要业务范围为广东地区的住宅市场，具有一定地区知名度。

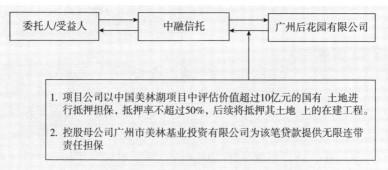

图4-8 中融—中国美林湖信托贷款集合资金信托计划

在融资项目方面，该项目位于四线城市清远市，清远市位于广东省的中北部、北江中游、南岭山脉南侧与珠江三角洲的结合带上。清远中心城区与广州市紧密相连，离广州白云机场约40公里，离广州市区约60公里，距香港、澳门200公里，乘高铁到广州市仅20分钟，是珠三角北缘的门户城市，被称为"珠三角后花园"。中国美林湖七期"美汇半岛"B区项目地处中国美林湖北端，项目地占地面积为66795.98平方米，建筑密度为16.80%，容积率为2.88，总建筑面积为225872.18平方米，有四证和环评批复，已开始施工，部分楼体已出地表，融资方具备二级资质，因此符合贷款信托的基本监管条件。

在信托项目风控措施方面，项目公司以中国美林湖八期项目土地进行抵押担保，价值超过10亿元，抵押率不超过50%，具有较高的安全性；同时，控股母公司广州市美林基业投资有限公司为该笔贷款提供无限连带责任担保。

在项目合规性方面，该信托计划为较常规的房地产投向的贷款信托，需满足"四、三、二"的要求，具体来看，融资方具备二级资质，该项目已获得四证，满足最低资本金要求，符合发放信托贷款的监管要求。

在项目还款来源方面，主要为融资项目销售收入以及后花园公司的其他项目销售收入。

在项目收益率水平方面，房地产信托在该项目同期的平均收益率约为8.5%，与该项目基本一致，这也表明该项目主体综合实力并不突出，但是项目地理位置以及定位等尚属不错，因此在信托产品定价方面也基本与市场平均水平保持了一致性。

在项目法律文件方面，主要包括信托合同、信托贷款合同、保证合同、土地使用权抵押合同、在建工程抵押合同、保管合同、资金监管协议等法律文件。

　　总体来看，这是一个比较标准化的贷款类房地产信托项目，融资主体综合实力不强，但是项目本身相对具有特色，增信举措包括抵押物和实际控制人连带担保，提高了项目的安全性，同时该项目定价并不高，基本与市场水平一致。

　　2. 房地产股权投资信托

　　房地产股权投资信托主要是指以入股形式将信托资金投入到房地产开发项目公司，从而获得超额收益。入股形式包括受让原有股东股份、增资、出资新设项目公司，与前两种入股形式相比，新设项目公司有利于解决原有项目可能隐藏的债务等隐蔽问题。与贷款信托相比，股权投资信托的最大不同在于：一是收益来源不同，贷款信托收益主要来自利息，而股权投资信托主要来自分红和溢价回购。二是责任不一样，贷款信托的主要责任在于监督，避免融资方过度负债或者信用风险水平提升，而股东信托则需要参与公司决策项目等主要大事，监督房地产开发项目的建设和销售进度等重大事项，需要对房地产具有较为专业的运作管理经验。三是风险处置方式不一样，贷款信托一旦违约，可以诉讼请求债务人偿还债务，而股权投资信托则无法要求偿还债务，而是通过股权转让、资产处置等方式实现退出，因而对于股权投资信托最主要的是关注退出方式的可行性。股权投资类信托适用于没有达到"四、三、二"要求的项目、项目本身运作风险可控的项目等。

四川信托：川信—成都领地泛太股权投资集合资金信托计划

　　四川信托设立川信—成都领地泛太股权投资集合资金信托计划（见图4-9），该信托计划规模9.7亿元，其中优先级4.7亿元，由合格投资者认购，劣后级5亿元，由融资方认购；信托期限为2年，信托收益率约为10.4%。信托资金用于向成都领地泛太房地产开发有限公司增资，其中4667万元用于向项目公司增资并取得该公司70%股权，剩余42333万元以资本公积的方式进入项目公司，用于青龙场项目开发。

　　一、交易对手

　　在信托项目交易对手方面，融资方为成都领地泛太房地产开发有限公司，系领地集团为开发青龙场项目而新设立的公司，领地集团持有其100%的股权，注册资本2000万元。领地集团为2018年房地产销售排名百强的民营企业，拥有国家一级房地产开发资质，总资产超过500亿元，近年扩张较快，形成华西、华中、京津冀、粤港澳大湾区、新疆等几大核心区域的全国化布局。

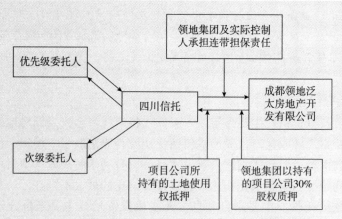

图4-9　川信—成都领地泛太股权投资集合资金信托计划

二、融资项目

在融资项目方面，项目位于成都市成华区青龙街道海滨湾社区7、8、10组，北至青龙场高架，南至致力西路，东至四川省工业贸易学校，西至致力路，含税总投预计为153276万元。成华区GDP总量在成都下辖的各区县中排名约第7位，整体经济实力处于中上游水平。根据最新规划，成华区将会形成"一带两轴五区"城市空间的新架构。"一带"即环城生态带，重点打造人文与生态合一、都市与田园交融的世界旅游目的地；"两轴"即中环路、成华大道，构建纵贯南北、横连东西的经济轴、文化轴、景观轴；"五区"即龙潭新经济集聚区、东客站枢纽经济集聚区、东郊文化创意集聚区、建设路商务总部发展区、新北天地商贸旅游发展区。2019年第一季度成华区全年房地产开发投资完成224.4亿元，比2018年同期下降10.7%。含预售在内的商品房销售面积164.8万平方米，下降38.4%，其中住宅销售面积66.6万平方米，下降61.2%。实现商品房销售额209.0亿元，下降27.5%，其中住宅销售额85.8亿元，下降54.3%。在经历了过去几年的快速增长后，成华区房地产市场出现了明显的回调趋势。

三、风险控制

在信托项目风险控制措施方面，为保障本次信托项目的投资安全性，其主要风险控制措施如下：

（一）土地及在建工程抵押

项目公司以其所持位于成华区青龙街道海滨湾社区7、8、10组，面积为41822.27平方米的土地使用权进行抵押。

（二）质押担保

领地集团以其持有的项目公司30%股权为项目公司提供质押担保。

（三）保证担保

1. 实际控制人担保

领地集团实际控制人（刘玉奇、刘玉辉和刘山夫妇）为项目公司到期偿还债权本息、按期足额进行资金归集提供个人无限连带责任担保。

2. 股东担保

领地集团为项目公司到期偿还债权本息、按期足额进行资金归集本息提供连带责任担保。

（四）项目管理

委派项目管理部监管人员对项目公司的证照、公章、财务章、合同专用章、法定代表人名章、开户许可证、银行预留印鉴、网银密钥等所有证照和印鉴与项目公司共同管理，项目公司所有银行账户需预留四川信托指定人员的个人印鉴。对标的项目的资金使用、工程建设、产品销售、资金回笼进行全程监管，确保对信托资金、标的项目及销售回款的全面控制。

（五）承诺事项

领地集团承诺如下事项：

第一，放弃股东借款优先受偿权。

第二，若标的项目后续建设资金不足的，其将在五个工作日内无条件追加确保项目顺利完工，否则四川信托可采取以下一种或几种措施：

①要求项目公司提前偿还全部次级债权本息；

②行使抵/质押权；

③要求保证人承担保证责任；

④要求对标的项目的剩余房源进行降价销售，其应无条件配合；

⑤要求银行将销售回款监管账户中的资金划入信托专户以偿还全部次级债权本息，项目公司应无条件配合；

⑥重新选举项目公司董事会；

⑦重新聘请项目公司经营团队。

（六）远期股权转让

领地集团在受让信托计划持有的项目公司21%的股权时，出具股东会/董事会决议，并签署《远期股权转让协议》，同意若在信托到期时，未能按期归还信托贷款本息，则按照每股1元的对价将领地集团持有的项目公司51%的股权转让给四川信托。

四、交易结构

在项目交易结构方面，本次项目虽然名为股权投资信托计划，但是从项目到期退出形式、客户所获得的预期收益率等形式都可以看出来，这是一项明股实债业务。同时，由于此项目尚处于拿地后的待建和开发阶段，不满足"四证"要求，无法满足信托贷款需求，需要通过股权投资形式进行运作。本信托计划采用了结构化设计，增强了安全垫，优先级和劣后级比例为4.7：5，满足监管要求。

五、项目预期收益

在项目预期收益率方面，本项目优先级信托份额预期收益率为10.4%，要略高于同期市场平均水平，可能考虑到融资主体、股权投资形式等多种因素，为提高项目吸引力，强化了收益率水平。

六、项目放款流程

在项目放款流程方面，由于本信托计划设置了加强的增信举措，需要根据各增信举措的实现而逐步放款。第一期4667万元放款条件包括信托合同、增长协议、债务转让及履行协议、保证合同、质押合同、项目管理协议、保管协议、远期股权转让协议等相关法律文件已签署完毕且生效；现场管理人员已经到位，监管举措已落实；相应的承诺函已出具；项目公司已提供验资报告、3.85亿元次级信托单位已到位。第二期3.3833亿元放款条件：项目公司章程已修改、工商变更登记已办妥、股权质押登记手续及股权质押合同强制执行公正手续已完成。其余款项的放款条件为剩余次级信托单位已到位，且优先级、次级信托单位比例不超过1：1.06；根据项目实际建设进度放款。

七、项目还款来源

在项目还款来源方面，本次融资的9.7亿元能够保证项目达到首批次预售。本项目主要退出方式包括股权回购、股权转让等。

总体而言，本信托计划采用股权投资形式与房地产企业进行合作，考虑到交易对手的综合实力、项目区位等因素，设计了较为全面的风险保障措施，设计了分阶段放款的项目运行步骤，确保本信托计划能够稳健运行、安全退出。

东莞信托：鼎信安盈保利千灯湖项目

东莞信托设立鼎信安盈保利千灯湖项目（见图4-10），信托首期成立规模1030万元，预计发行规模50000万元，信托资金用于通过认购由保利（横琴）资本管理有限公司（以下简称"保利资本"）发起设立的珠海保川股权投资基金合伙企业（有限合伙）（以下简称"珠海保川"）有限合伙份额的方式，间接投资佛山保利兴泰房地产开发有限公司（以下简称"项目公司"）开发的位于佛山市千灯湖核心地段的房地产项目。

图4-10　鼎信安盈保利千灯湖项目信托交易结构

一、合作方

在合作方方面，本次信托计划主要作为 LP 参与该地产项目开发，而保利资本作为普通合伙人参与管理该投资基金，保利资本是由保利投资、保利发展以及珠海泰辉合资成立的投资公司，其中前两者合计持股95%，受保利集团直接控制，注册资本为1亿元，主要从事股权投资、资产管理等业务，目前投资的基金约36只，主要关注领域覆盖房地产、信息科技等。被投资企业为佛山保利兴泰房地产开发公司，2014年成立，主要股东包括保利华南实业有限公司、西藏信保、珠海保川，持股比例分别为60%、20%、20%，其中保利华南实业由保利发展全资控股，是佛山地区的房地产项目开发公司。

二、融资项目

在融资项目方面，本次信托计划主要是参与位于佛山市千灯湖核心地段的房地产项目。2018年保利集团通过挂牌方式取得佛山市南海区桂澜路东侧地块，项目用地面积约143028平方米，规划容积率面积约560671平方米，成交总价857826万元，后续逐步引进社会资本参与该项目的开发。佛山房价自2015年3月开始上涨，到2018年12月房价平均涨幅为50%。2015年3月，商品住宅销售均价为8025元/平方米，2018年12月为12007元/平方米。2016年10月和2017年3月，佛山市两次出台调控政策，期间佛山市房价稳定在10000元/平方米，没有出现明显下行。佛山市各区域房价差异较大，广佛交界、顺德地区、主城区均价较高。按照行政区域划分，禅城区、顺德区新房销售均价均超过17000元/平方米，南海区均价为16621元/平方米，三水区和高明区均价在10000元/平方米左右。2017年佛山市商品房销售金额为1217亿元，同比降低了32.97%；商品房销售面积为1210万平方米，同比降低了36.58%。2018年全年销售状况有所恢复，根据实际调研的情况，2017年底积压了较多新房网签，而在2018年网签速度有所加快，出现了集中网签的情况。整体来看，佛山市受益于经济发展、居民收入等影响，房地产市场较为繁荣，房价处于高位，不过在国家稳定房地产调控的政策引导下，佛山市房价可能以平稳走势为主，未来增幅将会有限。

三、投资风险控制措施

在投资风险控制措施方面：

1. 参与合伙企业经营决策

珠海保川设立投资决策委员会，受托人指派其中一名委员，对于珠海保川的投资决策、收益分配等重大事项须经全体投资决策委员会委员一致同意，实现源头风险控制。

2. 项目总投资限额控制

项目开发运营所需总投入（含营销、管理及财务费用）预算核定为不超过人民币148亿元，在项目后续运营中，若项目开发运营实际总投入超过预算标准且超过幅度在3%以上（包含3%，即超过152.5亿元）的，超出部分由保利地产方承担，不影响信托计划收入。

3. 原股东回购承诺

珠海保川退出项目公司时，有权向任意第三方出售其持有的项目公司股权，在同等条件下，原股东具有优先购买权。若在珠海保川退出项目公司时，项目公司仍未完成资产变现的，原股东承诺按照市场定价、账面成本核算、第三方评估等作价原则购买珠海保川所持项目公司股权。

四、信托期限

在信托期限方面，信托计划期限为3年，受托人有权决定延长或提前终止信托计划期限，信托计划期限最多延长两次，每次不得超过1年。

五、信托收益率

在信托收益率方面，由于该信托计划为房地产开发项目的股权投资项目，投资收益率以商品房销售为核心影响要素，所以在不同房价趋势下，投资收益率会有较大差别。按照不同情景的测算来看，乐观情况（保利预测）下房价为42635/平方米，投资收益率为20.3%/年；正常情况（保守预测）下房价为40000/平方米，投资收益率为16.1%/年；悲观情况（下跌15%）下房价为34000/平方米，投资收益率为9.6%/年；盈亏平衡（下跌30%）情况下，房价为28000/平方米，投资收益率为1.6%/年。

综上所述，此信托计划为真正的房地产股权投资项目，该项目特点主要表现为与实力强大的国企背景房企合作，在项目风险控制、房地产项目运作等方面都有较好的保障；拟开发项目位于佛山市，当地房地产市场较为景气；根据不同情景测算的投资收益相对较为可观，能够满足部分追求高收益项目投资者的需求。

3. 房地产特定资产收益权信托

房地产特定资产收益权信托是指以投资于房地产开发商所持有的某种资产收益权为目的，间接为开发商提供融资的信托业务。特定资产收益权可以是土地使用权收益权、股权收益权、应收账款收益权、房地产项目收益权等。不过，由于特定资产收益权信托在我国尚找不到法律依据，通常是行业规则，因而该类信托还有待于接受司法的评判，需要一定司法实践的检验。不过，该类信托有利于将一般融资项目包装成为财产权信托，从而在信托业保障基金实施的情况下，有利于降低认缴保障的财务压力。房地产特定资产收益权有利于绕过房地产贷款信托的监管要求，也有利于盘活存量资产，是一种较为先进的融资模式。不过，针对此类业务，不同时期对于该业务的要求不一样，严格监管时期特定资产授权投资类房地产信托也需要满足信托贷款的"四、三、二"要求，那么该类业务的优势就会降低。

渤海信托：博维·中央公园特定资产收益权集合资金信托计划

渤海信托成立博维·中央公园特定资产收益权集合资金信托计划（见图4-11），信托规模为7000万元，期限为1年，信托预期收益率为10%，信托资金用于受让博维地产以"博维·中央公园项目"为基础资产的特定资产收益权，融资方秦皇岛市博维房地产开发有限公司获得受让资金后，用于博维·逸龙廷二期项目开发建设，信托退出方式为由博维地产在信托期限内溢价回购该收益权。

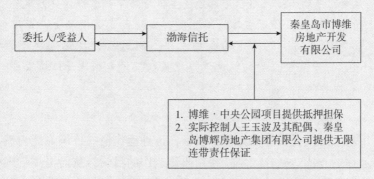

图4-11 博维·中央公园特定资产收益权集合资金信托计划

一、融资方

从融资方来看，秦皇岛市博维房地产开发有限公司成立于1996年12月5

资金信托理论与实务
Theory and Practice of Monetary Trusts

日，注册资本8000万元，拥有房地产开发企业二级资质，股东为河北博维投资集团股份有限公司、王玉波、王林、王玉红持股比例分别为51.63%、30%、15.87%、2.5%，实际控制人为王玉波。该企业为区域型小型房地产企业背景的民营企业，主要项目位于秦皇岛地区，整体开发实力一般。

二、融资项目

从融资项目来看，该融资项目为"博维·逸龙廷二期"，项目位于秦皇岛市山海关区董庄村旧址，属旧村改造项目。项目处于山海关城区内，东至山桥工人街小区，北至山海关桥梁厂住宅区，南至规划工人街，西至石河东路，与原有居民区相连，与新建成的石河景观带相距不足50米。"博维·逸龙廷二期"项目总用地为110319平方米，总建筑面积为156100平方米。近年在房地产去库存的政策推动下，秦皇岛房地产价格一路走高，整个市场景气度还是非常高的，目前新建商品房价格增速已达到20%左右，明显有一定的过热态势，未来可能出台相应的调控政策，稳定房价。

三、风险控制措施

从风险控制措施来看，该项目风险控制措施为该公司拟用其所拥有的土地为此项目提供抵押担保，抵押率为45%；同时由秦皇岛博辉房地产集团有限公司、实际控制人王玉波及其配偶为融资方按期足额回购标的特定资产收益权提供不可撤销的连带责任保证担保。

四、项目预期收益率

从项目预期收益率来看，该项目预期收益率为9.5%，略高于同期房地产信托预期收益率的平均水平，显示了该融资主体资质不强需提供更高风险溢价。

综上所述，该项目融资主体资质一般，信托融资规模较小，抵质押物较为充足，整体定价略高于同期市场平均水平，同时该项目完全符合"四、三、二"监管要求，是完全合规的特定资产收益权投资类房地产信托项目。

4. 房地产基金案例分析

目前市场上的信托项目多为单一项目，这种运作模式抗风险能力不足，可以通过组合运作的方式达到分散风险和专业化运作的目的，从而提高管理效率，这就是房地产基金。基金化房地产信托主要专注于房地产行业投资，通过运用股权、债权、物业持有、不良房地产项目重组等资金运用形式，同时对多个房地产项目进行组合管理的一种信托运作形式，信托公司可以与专业房地产私募基金机构合作，也可以与大型房地产开发企业合作，从而实现强强联合，发挥各自优势，实现全周期下房地产项目全方位运作。截至2018年末，我国信托业基金化房地产信托业务规模仅为 50.72 亿元，占比为 0.02%，相信随着房地产信托专业化运营以及信托公司盈利模式的转变，房地产基金信托有较大发展空间。

基金化房地产信托主要运作模式为产业基金模式。信托公司接受的委托资金采用股权、债权、物业持有等多种运作方式，投向多个房地产项目。这种模式采用组合投资的方式，有利于分散风险，挑选最为合适的房地产项目，从而实现受益人利益最大化，也有利于提高信托公司报酬水平。当然，此类运作方式对于信托公司专业性和房地产运作能力要求更高，因而信托公司会与其他专业机构合作。

中融信托：铧融精品集合资金信托计划

中融信托设立铧融精品集合资金信托计划，信托资金主要向铧融精品城市化股权投资基金出资，完成出资后信托计划作为铧融基金的有限合伙人（见图 4-12）。铧融基金经营期限为 2.5 年，为确保有限序清算合伙企业所有投资项目，经合伙人会议审议可将经营期限延长两次。中融信托将根据铧融基金的收益分配情况不定期、不定额地向受益人分配信托收益，不过华发集团确保项目投资收益率不低于 12%。铧融基金由深圳铧融股权投资基金管理有限公司发起并担任普通合伙人，基金的目标是利用基金管理人的专业知识、投资经验和行业资源，重点投资国内二三线城市优质地产项目，同时铧融基金优先投资珠海华发体系的项目。

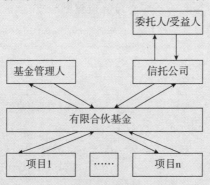

图 4-12　房地产基金信托交易结构

在合作方面，珠海华发集团成立于 1980 年，是珠海地区大型综合企业，控股上市公司为华发股份，华发股份 2018 年房地产销售份额排名第 47 位，属于综合实力较强的房企。珠海华发业务布局从珠海拓展至北京、上海、广州、深圳、武汉等内地六十多个主要城市和香港、澳门、旧金山、特拉维夫等地。2018 年华发集团资产总额超过 2800 亿元，实现合约销售 899 亿元、结转营业收入 544 亿元，利税总额超过百亿元。

总体而言，该房地产基金主要是与大型房企和专业基金合作优选项目，此处信托公司主要作为有限合伙人（Limited Partner，LP），参与资金募集等，不参与实际经营管理，但是需要保障投资者的最低投资收益。

5. 持有型房地产投资信托案例分析

我国房地产行业已走过黄金时代，未来发展格局是新建+存量共同支撑的局面。信托公司在持续为新建商品房投融资的同时，也逐步介入存量不动产领域，诸如购买写字楼、公寓等商业物业，通过装修、运营等方式实现不动产增值，获取租金等收益，并可以通过证券化手段实现退出。相比于为新建商品房提供各种形式的融资，投资存量不动产需要信托公司具有优选资产的能力、运营管理专业能力等，这对于信托公司房地产信托发展提出了新的能力要求。

 中信信托：中信乾景·恒润Ⅱ期投资基金集合信托计划

中信信托成立中信乾景·恒润Ⅱ期投资基金集合信托计划，信托规模为 15 亿元，期限 3 年，信托预期收益率为 8%～10%，信托财产主要投向为由受托人与海航集团有限公司或其指定的关联公司共同控制的有限合伙企业的优先级合伙份额，最终投向位于北京国贸 CBD 区域海航实业大厦的持有及运营（见图 4-13）。

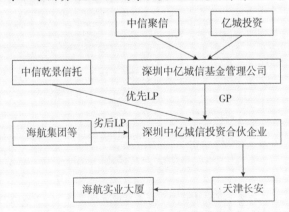

图 4-13　中信信托收购海航实业大厦项目

在合作方方面，本次基金管理人为中信聚信，该公司为中信信托的全资子公司，是中信信托股权投资的核心平台，注册资本 5 亿元，主要从事股权投资、资产管理等业务。与中信信托为母子关系，便于中信信托对于项目的把控。

在交易结构方面，由中信聚信与上市公司亿城投资集团合资成立深圳中亿城信基金管理有限公司，出资比例为各自50%。由该基金管理公司作为深圳中亿城信投资合伙企业的普通合伙人，由海航内部员工及关联企业认购2亿元劣后有限合伙份额，由中信信托发行15亿元认购优先级有限合伙份额，由有限合伙企业收购天津长安投资管理有限公司100%股权，实现对位于北京国贸CBD核心区域海航实业大厦的持有和运营。

在增信措施方面，一是兜底收购，确保合伙份额最低收益海航集团为本项目的兜底收购方，即若信托计划届满3年之日，项目管理方对外销售物业、处置股权的净资金回流低于一定金额时，则中信信托有权要求海航集团无条件收购天津长安投资的股权及债权，回购价款可以保证有限合伙人-A类合伙份额年化回报12%/年。二是信托收益权转让，强势锁定下行风险中信信托作为受益人代表与海航集团签署《A类信托受益权转让协议》，约定在分配时若A类信托单位收益率达不到8%/年，海航集团将以8%/年的固定溢价受让全部信托受益权。三是100%控股合伙企业持有天津长安投资管理有限公司100%股权。拥有对项目的实际控制权，方便监管。四是优质国贸商圈物业抵押实业大厦物业第二顺位抵押，在信托计划成立后，自动获得第一顺位抵押权。

在收益分配方面，该项目收益采用基础收益率加浮动收益类的形式，具体为8%/年+浮动收益（客户分配超额部分的50%），原则上每满2年结算一次，受托人有权修改分配频率。

综上所述，此信托计划通过母子间的合作，收购商业不动产，实现对该不动产的运营管理获得投资收益，同时转让方提供基础收益率的兜底，进一步强化了项目的保障举措。

6. 长租公寓信托业务

推行租售并举，发展租赁市场是我国建立房地产长效机制的重要组成部分。2015年，中华人民共和国住房和城乡建设部下发《关于加快培育和发展住房租赁市场的指导意见》，要求地方政府建立住房租赁信息政府服务平台，培育住房租赁机构，支持房地产开发企业出租房源，推进REITs试点。2016年6月国务院办公厅发布了《关于加快培育和发展住房租赁市场的若干意见》，加强了住房租赁市场的顶层设计，提出要基本形成供应主体多元、经营服务规范、租赁关系稳定的住房租赁市场体系，基本建立住房租赁法规制度体系，实现城镇居民住有所居。总体来看，中央和各地方政府出台的培育和发展住房租赁市场政策，主要从市场培育、金融服务和财政支持三个方面对住房租赁市场的发展提供政策支持。在市场培育方面，开展集体建设租赁用房试点，增加租赁土地和房源供给，商改住全面铺开，鼓励租售并举的制度；在金融服务方面，允许提取公积金支付房租，开展 REITs 试点，给予住房租赁市场金融支持；在财政支持方面，对于住房租赁市场经营主体给予税收优惠。可以说，政策的暖风为租赁市场营造了更加宽松、适宜的发展环境，带动了市场人气和乐观的预期。

同时，租赁市场需求也在升级，白领、"90后"等群体对于租赁房屋居住环境、居住体验、生活服务方面有了更高要求，租赁市场需求进一步升级。长租运营机构以其品牌化、专业化、高效化的服务体系见长，在更大程度上解决了租赁市场不规范、供需不匹配、相关生活服务缺失的痛点，是政策鼓励、承租人偏爱的运营模式。

长租市场发展潜力凸显，也让各路资本看到了投融资机遇。2016年以前主要是风险投资和私募股权投资等股权资本介入长租市场，而2017年以来，银行等各类传统金融机构纷纷为长租市场提供信贷支持，银行是风险偏好相对保守的一类金融机构，其介入说明整个长租市场正处于稳步上升的态势，具有产融结合的坚实基础。信托公司作为金融行业的重要成员，长期"深耕"房地产领域，具有较丰富的房地产投融资经验，具备参与长租市场的专业能力；加强长租市场的业务拓展，有利于摆脱对住宅类房地产信托业务的过度依赖，丰富房地产信托业务种类，打造新的盈利增长点。

日本长租业主要以轻资本模式为主，最著名的就是大东建托。实际上，日本信托银行也在积极参与长租业务，主要以土地信托形式开展。日本土地产权为私人所有，自主管理难度比较大，日本信托银行凭借在房地产领域的专业化优势，可以为委托人提供建筑监督、租赁管理等专业信托服务。土地信托具体流程为，委托人将土地所有权作为信托财产委托给受托人，由其根据约定的方案开展建设资金的筹集、建筑商的选聘等工作，房屋竣工后，信托银行自主或者聘请外部机构进行房屋出租的营销和管理，租金收入扣除相关费用后，分配给受益人。信托项目到期后，可以将房屋等信托财产分配给受益人，或者将信托财产变现后，将现金分配给受益人。日本信托银行通过土地信托参与此类房屋租赁的业务模式，更多是凭借其较强的房地产建设、评估和中介服务能力，对相关资源进行整合和有效管理。

在我国，基于长租运营的全周期价值链条以及行业发展阶段，信托公司业务机遇较多，主要表现如下：

（1）租赁房屋建设或者长租机构收购房源阶段。一方面，信托公司可为租赁房屋的建设提供资金支持，可以股权形式参与成立项目公司，支持拿地和后续建设资金需求，也可以以贷款形式满足建设资金需求。另一方面，长租机构收购租赁房源时，信托公司能成立长租产业投资基金，用于收购适合的房屋，委托长租机构进行出租和运营，以租金和自持物业增值作为收益来源，以不动产投资信托（Real Estate Investment Trust，REIT）以及资产支持证券（Asset-Backed Secu-rity，ABS）作为基金退出的有效路径。

（2）租赁房屋装修、出租阶段，长租机构购买或者租赁房屋后需要进行统一设计和装修，费用支出较高，信托公司在此阶段可提供装修贷款，也可围绕长租机构核心信用，基于应收账款等资产，为家具、装修等上游产业企业提供供应链金融服务。同时，信托公司为承租人提供租赁分期贷款等消费金融服务，也是需求潜力相对较大的服务领域。

（3）长租房屋运营阶段，针对已实现的租约以及存量物业资产，信托公司可以发挥信托制度破产隔离的良好作用，进行资产打包分层，证券化出售，加快长租机构的资金周转和回笼。目前，信托公司已积极参与了魔方、自如等长租机构的资产支持证券项目，逐步积累了经验。

（4）长租市场仍处于粗放发展阶段，各个长租运营机构之间的竞争仍较激烈，在这个过程中做大做强是生存的关键，也必然伴随长租运营机构之间的并购重组。信托公司以发放并购重组贷款或者成立并购重组基金的形式，推动长租机构成长壮大、市场优胜劣汰、资源优化配置，具有重要意义。

当前，信托公司已经开始探索长租市场的可行模式，包括 PE 投资、资产证券化等，未来还需要紧抓基于整个价值链的机遇，充分发挥自身业务创新水平高、资源整合能力强等优势，及早抢占市场机会，率先获取优质客户。当然，也必须认识到，长租市场参与机构热情高涨，但是仍然需要不断解决和克服行业发展难题，关注后续业务开展中的风险：①政策落地的程度。目前政府出台了较多有关租赁市场发展的政策，但实际能否落地还需要观察，如果支持政策达不到预期效果，可能对整个行业发展形成较大制约。②现有盈利模式的可持续性问题。目前，长租市场盈利水平并不高，随着市场竞争程度的加剧，如果租金收入无法稳定上升，加之房源支出较高，融资成本难以较快下降，整个盈利模式也可能难以持续，或者难以实现长租运营机构的可持续发展。③长租机构生存性问题。长租市场处于风口浪尖，涌入了大量长租机构，市场竞争越来越激烈，市场整合和优胜劣汰逐步加速，部分长租机构必将被淘汰，如何建立长租机构竞争力评价体系，有效识别优秀长租机构，成为把控业务风险的关键。

中航信托：天启912号魔方公寓集合资金信托计划

2016年，中航信托与华平资本联合参与了魔方公寓的融资（见图4-14），中航信托发行了天启912号魔方公寓集合资金信托计划，该信托资金一部分用于认购有限合伙LP，参与魔方C轮融资，另一部分资金向其发行信托贷款。

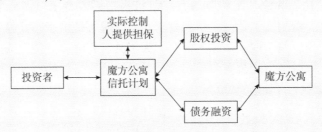

图4-14　魔方公寓股债结合信托业务模式

该项目主要特点：一是通过股债联动的方式，既满足了魔方的融资需求，又避免了完全通过债务融资，增大了魔方公寓的偿债压力；二是中航信托与美国知名PE机构华平资本联合投资，有利于借助华平资本的专业优势，增强了投资者信心和风险控制能力；三是该次合作也使得中航信托成功切入了长租领域，后续参与了魔方公寓的ABS，与魔方公寓实现了更深入的战略合作。

二、工商企业类融通型资金信托案例分析

工商企业是中国经济的重要微观实体，是我国经济增长的根本动能，截至2018年末，我国实有市场主体1.1亿户。实体兴，金融兴；实体强，金融强。金融发展的根本在于服务实体经济，为实体企业提供经营发展所需要的金融服务，信托作为我国金融体系的重要组成部分，其回归本源的宗旨和要义也在于服务经济增长和结构调整，服务居民对于美好生活的追求。我国融资体系不健全，信托融资渠道已经成为银行等融资渠道之外的重要资金供给方式，实现了对各类企业发展的有力支持。

工商企业类信托是一类涵盖众多行业的信托业务，诸如制造业、能源矿产等都属于这个领域。截至2018年末，工商企业信托余额为5.67万亿元，占比为29.9%，是占比最高的投向领域。由于信托融资成本较高，所以信托服务客户主要是融资渠道较狭窄的民营企业或者中小企业。从融资目的来看，多是补充流动资金，诸如支付原材料采购货款、采购机器设备、扩大再生产、并购重组等。从交易结构来看，工商企业信托交易模式与房地产信托有很大的相似之处，主要为贷款类、权益投资类、股权投资类以及混合类，从统计数据来看，在工商企业集合资金信托中，70%为贷款类，4%为股权投资类，17%为权益投资类，8%为其他类型，可见贷款信托是工商企业信托最常运用的交易模式。工商企业信托的重要风险是现金流向难以控制，由于很多企业呈多元化发展，以补充流动资金名义进行融资，但有时存在资金挪用，尤其是流向房地产领域。近年来，很多大中型民营企业，因规模加快扩张，涉及民间借贷，造成实际控制人失联或者经营失败，这也是最新的风险趋势。

从工商企业信托的发展趋势来看，工商企业信托增速与企业景气度具有高度的相关性（见图4-15），而且工商企业信托的走势要领先于企业景气度指数，这可能是由于信贷作为企业生产经营的重要投入要素，在工商企业信托增速下滑后，反映了信托公司对于工商企业运营前景的审慎，进而引发工商企业自身经营水平的下滑；而在信托公司对于工商企业运营乐观情绪升高后，相关信托投融资增速加快，也为国内企业复苏提供更多支持，助推其发展动力的增强。

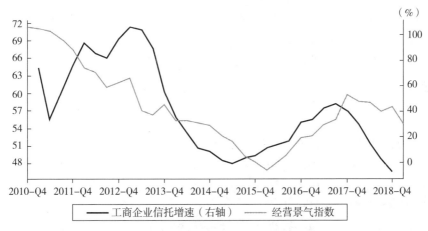

图4-15　工商企业信托与企业景气度紧密相关

从监管政策上看，监管部门对于工商企业信托持积极支持态度，具体的业务规范比较少，主要是限制向"两高一剩"企业提供融资支持。同时，监管部门积极鼓励信托公司扶持民企，并在监管评级设有加分项，加强政策的引导作用。

由于工商企业信托在交易模式上与房地产投资有很大的相似之处，本书以工商领域较为突出的中小企业集合资金信托、并购信托、供应链金融信托等为例，介绍工商企业信托交易模式，并进行相关案例分析。

（一）中小企业集合资金信托

中小微企业占全国企业总数的99.7%，创造的最终产品和服务相当于国内生产总值的60%，上缴利税占50%，但是由于中小企业经营不规范，银企之间信息不对称，中介服务机构不足，金融机构对于中小企业服务不到位，导致中小企业面临融资难、融资贵的问题。调查数据显示，我国银行贷款的主要发放对象是大中型企业，大企业贷款覆盖率为100%，中型企业为90%，小企业仅为20%，而微型企业则几乎为零。据调研反映，我国中小企业民间融资成本平均在20%左右，有的甚至高达50%以上。

信托作为一种新的融资模式，相较银行传统融资途径，具有审批时间短、资金使用范围广、交易结构应用灵活等特点，有利于帮助中小企业缓解融资困境，众多信托公司都在此领域进行了较多尝试并取得了一定成绩。

从中小企业信托运作模式看，中小企业自身经营风险较高，需要通过有效的增信举措或者借助第三方平台降低信托公司与中小企业之间的信息不对称问题，从目前来看中小企业信托融资主要分为以下类型：

第一，一对一模式。信托公司每次为一个中小企业融资项目发行信托产品，这种模式与传统工商企业信托没有差异，但是鉴于中小企业偿债压力不大，每次融资规模较小，发行成本较高，采用此种模式的信托公司不多。

第二，组合模式。信托公司每次为多个中小企业融资发行信托产品，募集资金，此种模式要求融资主体具有一定相似性或者属于同一园区。此种模式下，能够节约发行成本，有利于分散风险，增强整个信托的抗风险性，一般信托公司可与商会、政府、园区、产业链核心企业合作，通过担保、风险补偿基金等方式降低信托产品风险水平。采用此种模式的信托公司较多，北京银行的成长之星中小企业系列、长安信托的天骄系列中小企业发展信托、金谷信托的向日葵系列中小企业发展信托都属于此类模式。

第三，中小企业股权融资模式，以股权融资为主，配合债权融资，满足中小企业发展过程中的资金需求，如北京信托的瞪羚投资发展基金。

第四，组合投资模式。指信托公司通过连续发行多期或分为多笔，滚动式成立信托计划形成"资金池"，为中小企业筹资。最典型的操作路径为：信托公司以开放式基金模式发行信托计划，发行时未确定投资项目、投资多个项目，或以组合方式投资，信托期内设置开放期，允许赎回，即资金与项目为"多对多"匹配。

金谷信托：金谷·向日葵8号——无锡富华中小企业发展信托基金计划

金谷信托发起设立金谷·向日葵8号——无锡富华中小企业发展信托基金计划（见图4-16），信托规模为5000万元，期限1年，收益率为9%~10%，信托资金用于为无锡市辖区内信用良好、资金用途合法明确、还款来源可靠的中小企业提供融资服务。

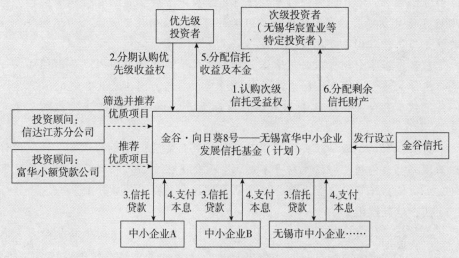

图4-16 金谷·向日葵8号——无锡富华中小企业发展信托基金

一、项目参与方

本项目受托人为金谷信托；本项目投资顾问为无锡富华小额贷款有限公司，主要负责筛选和推荐无锡市辖区内信用良好、资金用途合法明确、还款来源可靠的中小企业融资需求，放款后对借款企业经营情况、财务情况进行后续跟踪，以保证信托贷款的安全性；管理顾问为中国信达资产管理股份有限公司江苏省分公司，凭借其在风险管理、不良资产处置方面的优秀能力，协助受托人对富华小贷推荐的融资备选企业进行筛选和审查，并协助对信托贷款进行后期管理。

二、信托投资策略

单笔信托贷款发放额度不超过次级信托资金规模，且不超过500万元；单笔信托融资期限不低于3个月；单笔信托贷款采取配比发放方式，即受托人向融资企业发放企业融资金额90%的信托贷款，投资顾问富华小额贷款公司向融资企业配比发放不低于企业融资金额10%的小额贷款。

三、风险控制措施

第一，本信托计划通过分层设计，信托计划成立后12个月内，优先级信托资金发行规模与次级信托资金的初始比例不超过4：1，信托受益分配时次级受益人将劣后于优先级受益人，通过增级设计，次级受益人以其投入的次级信托资金保障优先级受益人的预期投资收益。

第二，本信托计划项下每笔信托贷款均由江苏汇普投资担保有限公司提供连带责任担保。汇普担保公司是经江苏省政府批准成立的融资性担保机构，于2005年4月申领了融资性担保机构经营许可证，公司法定代表人为陈国华，注册资金为伍仟零捌拾万元整。

第三，富华小额贷款公司承诺，在本信托计划存续期间内，如出现任何一笔信托贷款债务人逾期违约未能按时偿付贷款本息，则其或其指定的第三方以不良贷款本息合并价格收购该笔不良贷款资产，以保证信托计划受益人预期收益。

第四，富华小额贷款公司股东无锡华宸置业发展优先公司承诺，如信托计划出现流动性问题，即信托财产不足以分配优先级受益人信托利益的，将无条件追加次级信托资金，直至优先级受益人信托利益得以足额分配。

四、信托期限

本信托单位存续期限为12个月，如本期信托单位存续期限满9个月，且信托财产全部为现金形式，受托人有权宣布本信托单位提前结束并进行分配；如本期信托单位存续期限满12个月，但信托财产存在非现金形式，则本期信托单位自动延期，但最长不超过14个月。

总体来看，该信托项目采用了助贷模式，即由小额贷款公司推荐客户，由信托公司负责募集资金和放款，小额贷款公司提供贷后管理、信托项目兜底责任，由信托公司关联方共同参与中小企业客户筛选和贷后管理，进一步增强风控强度，保障信托项目安全性。

案例分析

国民信托：宁夏助贷2号投资信托产品

国民信托发行了宁夏助贷2号投资信托产品（见图4-17），期限两年，规模1.8亿元，信托资金主要用于认购合伙企业份额，最终用于向符合条件的宁夏中小企业发放贷款。

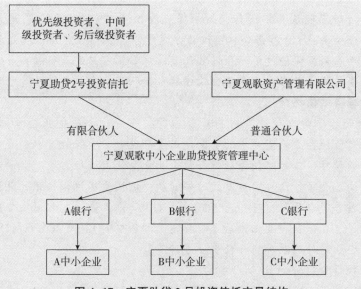

图 4-17 宁夏助贷 2 号投资信托交易结构

一、项目背景

加强与地方政府和金融机构的合作也有利于解决中小企业融资难问题。该项目为宁夏政府联合银行等金融机构切实缓解中小企业资金周转困难，保障当地企业资金链安全，降低企业融资成本，改善当地金融生态环境，特别是推动了助贷基金模式金融服务方案的发展。

二、项目参与方

国民信托为受托人，中间级委托人为宁夏农业综合投资有限责任公司，为宁夏回族自治区财政厅出资设立的国有独资公司；中间级委托人为宁县旅游集团有限公司，为宁夏回族自治区出资设立的国有独资公司；次级委托人为北京观歌投资管理有限公司，主要为政府融资平台、中小企业提供资金解决方案、资产管理、财务咨询等服务；合作银行包括宁夏银行、石嘴山银行、黄河银行等；合伙企业普通合伙人为宁夏观歌资产管理有限公司，由宁夏观歌泛利小额贷款有限公司和宁夏中财高新投资管理有限公司共同出资成立，股份占比分别为 90% 和 10%。

三、项目交易结构

信托资金认购有限合伙企业 LP 份额由商业银行向合伙企业推荐客户，有限合伙企业随后向银行推荐的客户放款，同时银行对有限合伙企业发放的借款逐笔提供《续贷确认函》进行隐性担保。该担保以宁夏金融办、地方商业银行及有限合伙企业 GP 签署合作协议的方式予以实现，合作协议中银行的核心业务为应于基金提供的过桥资金借款到期前向贷款客户发放贷款，并且代贷款客户直接受托将贷款客户应向基金偿还的本金、利息直接支付至基金账户。

四、项目增信举措

LP 通过银行对合伙企业进行资金监管，一是对合伙企业验资户的监管，委托银行对合伙企业验资户中的资金使用进行监管，确保验资户的资金只能流向企业的监管户；二是委托银行对合伙企业资金使用进行监管，监管账户资金只能用于向监管银行认可客户发放过桥贷款，调拨至其他合作银行开设监管户使用，支付普通合伙人（Genoral Partner，GP）管理费，支付应由合伙企业承担的税费等。在合伙企业出事后本金损失达到 20% 时 LP 有权向银行下达指令，暂停合伙企业对外放款和对合伙企业进行清算。

五、项目收益分配

优先级委托人预期收益率为 7.2%~7.4%，每半年分配一次；中间级预期收益率为 10%，每半年分配一次；次级委托人不设预期收益率，其收益在信托结束时一次性分配。

该中小企业信托计划是在政府大力支持下，联合了当地国企、金融机构等共同合作完成的，体现了当地政府对于解决中小企业融资难、融资贵的坚定决心，同时通过一系列充分的增信举措有效保护了信托资金安全，值得各地政府借鉴运用。

（二）并购信托

兼并收购是实现产业资源优化配置的良好手段，尤其是随着我国供给侧改革的深入推进，推动提高行业集中度，企业并购的现实需求越来越多。从我国企业资产并购活动来看（见图 4-18），2017 年达到阶段性高位之后，近年来一直保持相对平稳的发展态势，今后企业做大做强除了需要通过内涵式增长，还可以适度借助外延式增长的途径，达到扩大规模、增强特定业务领域的专业能力、获取稀缺资源等并购目的。

2018 年我国上市公司并购重组具有以下特点①：

一是从行业类别来看，交易范围涉及 18 个行业。在并购重组审核过会的 123 家上市公司中，"计算机、软件及电子设备"行业的数量最多，达到 32 家，占比

---

① http：//finance. eastmoney. com/a/201901091023181650. html.

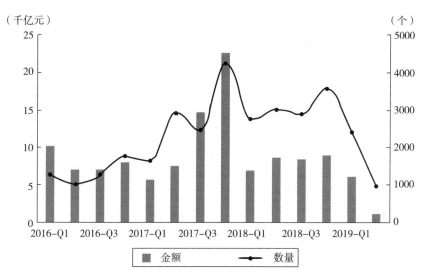

（千亿元）　　　　　　　　　　　　　　　　　　　　（个）

图 4-18　我国企业并购活动趋势

为 26.02%；其次为"设备制造"行业，审核过会数量为 22 家，占比为 17.89%；另外，还涉及"矿业及金属制品""交通运输及设备""医疗""化工及化工制品"等行业。

二是从各行业的交易规模来看，2018 年上市公司并购重组的市场规模为 5405.93 亿元。各行业的交易规模大小不一，其中，"化工及化工制品"行业的交易规模最大，达到 900.72 亿元；其次是"矿产及金属制品"，交易金额为 656.40 亿元。"房地产""计算机软件及电子设备""设备制造"三个行业的交易额均超过 500 亿元。

三是从并购重组的交易地点来看，一线城市占比超 38%。2018 年上市公司的并购重组事件遍布全国 24 个省份，其中北京市、上海市、广东省三地共发生 54 起，占比为 38.58%。其次为江苏省，共发生 15 起，占比为 10.71%。浙江省和山东省均发生 9 起并购重组事件，占比为 6.43%。

四是从交易的目的来看，横向整合和多元化战略是上市公司进行并购重组的主要目的。上市公司进行并购重组的目的主要包括多元化战略、横向整合、借壳上市、行业整合和业务转型五类。其中，42.87% 的上市公司进行并购重组的目的为横向整合，从而增强协同效应，减少同业竞争，稳固其在行业中的市场份额；34.03% 的上市公司进行并购重组的目的是实施多元化战略，增加新产品、布局新行业、开拓新市场，减少单一经营的风险。

五是从并购重组的交易类型来看，发行股份是上市公司的首选。由于并购重组的交易金额较大，标的获得方为了保障公司的正常经营，减少流动资金的占用比例，通常会选择发行股份或者发行股份和支付现金相结合的方式进行交易。2018 年，上述两种交易类型占比分别为 46.43% 和 48.57%。其中，2018 年 2 月 14 日，中国船舶重工集团有限公司通过发行 37.99 亿股收购中国信达、中国人寿等公司持有的大连船舶重工集团有限公司 42.99% 的股权和武昌船舶重工集团有限公司 36.15% 的股权。

虽然银行、券商、并购基金、大型产业集团等机构在并购市场耕耘多年，但与其相比，信托进入并购市场仍具一定优势：①灵活的交易结构。信托在交易层面具有较强的灵活性，能够采取发行信托计划、成立并购基金、与外部机构合作等多种方式参与到多种收购模式中，并且可以采用股债结合以及优先次级等结构设计，合理放大杠杆、灵活配置资金、有力把控风险。②结构化融资经验。过去几年信托公司在房地产行业深耕细作，积累了较为丰富的夹层融资和结构化融资经验，这种经验可以"迁移"到非房地产领域，并且可以从房地产行业的并购整合业务切入。③大额资金投放能力。信托公司可以以集合资金信托、单一资金信托的方式募集资金，募集方式灵活，手续简便，并且可以通过放大杠杆的方式在短期内募集大量资金投入到并购项目，在银行的并购贷款有额度限制时，信托可以形成错位竞争。④私密性。在某些特定的情形下，信托可以在不暴露委托人的前提下帮助并购方实施收购。

当然，除了上述优势，信托介入并购业务也存在一定劣势，比如资金成本相比银行并购贷款较高、缺乏做全流程并购业务的专业人才、并购业务资源获取渠道狭窄、不具备产业资源的整合能力等。此外，由于目前投资者习惯信托为类固定收益型产品，若并购信托在产品端设定为浮动收益，也很难一下子为投资者所接受。信托公司可以通过贷款及股权投资信托、证券投资信托、PE 信托、管理者收购（Management Buy-Outs，MBO）、员工持股信托等特殊模式。

 案例分析

山东信托：山东信托健康产业并购基金

一、并购基金 1 号

2015 年 2 月，山东信托设立山东信托——并购基金 1 号集合资金信托计划（见图 4-19），总规模不超过 8000 万元，首期约 4000 万元，期限为 3+2 年，到期根据受益人大会决议可继续延长期限。

本信托计划与河南太龙药业股份有限公司、郑州众生实业集团有限公司（太龙药业控股股东）共同成立太龙健康产业投资有限公司（以下简称"太龙健康"），由该公司作为劣后级有限合伙人或普通合伙人与其他投资者共同成

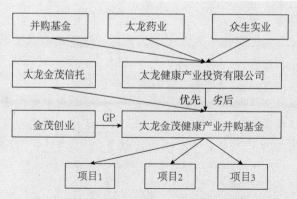

图4-19 山东信托健康产业并购基金交易结构

立有限合伙企业（即并购基金），并由并购基金开展对外投资业务。基金模式为对外收购优质医疗制药领域项目，并通过项目退出实现基金收益。基金所投资项目全部退出后，基金实现清算。退出方式主要为：太龙药业定向增发置换资产、项目公司自身首次公开募股（Initial Public Offering）以及被太龙健康公司回购和股权转让等。执行合伙人负责合伙企业的日常经营管理事务，与劣后级有限合伙人太龙健康公司共同负责投资项目筛选、立项、组织实施、投资后监督管理及投资项目退出等工作。

本信托计划无固定年化收益率。并购基金向太龙健康公司分配收益后，由太龙健康公司向本信托计划分配，具体分配原则：扣除其他信托费用及固定年化2%的固定信托报酬后，信托计划收益率年化10%及以下全部向受益人分配；对年化10%~20%的部分，80%向受益人分配；对年化20%~50%的部分，70%向受益人分配；对年化50%以上的部分，50%向受益人分配。太龙健康公司成立满3年时，开放一次股权回购机会，对于希望退出公司的股东，太龙健康公司或其股东众生实业将按照年化收益8%（扣除信托费用后，收益率为6%左右）进行回购或股份受让，对于上述退出方式，山东信托拥有优先选择权（通过受益人大会确定）。太龙健康公司成立满5年后，再开放一次股权回购机会，对于希望退出公司的股东，太龙健康公司或公司股东众生实业将按照年化收益8%（扣除信托费用后，收益率为6%左右）进行回购或股份受让，对于上述退出方式，山东信托拥有优先选择权（通过受益人大会确定）。如上述两次开放日前太龙健康公司已向有退出意向的股东分配收益，则已分配的收益相应核减回购价款。

二、并购基金 2 号

山东信托设立山东信托—太龙金茂健康产业并购基金集合资金信托计划，信托规模一期不超过 1.2 亿元、信托期限 3+1 年，信托计划设计为半开放式，即只对申购开放，开放时间根据资金需求情况确定。

信托计划成立满 3 年时，信托计划到期，如并购基金所投资的项目于该时点尚未完全实现收益，则召开受益人大会，决定信托计划是否延期 1 年。不同意延期的，太龙健康产业投资有限公司按照年化 8.5% 的预期收益提供流动性安排。

1. 信托资金运用管理方式

本信托计划（作为优先级 LP）将与太龙健康产业投资有限公司（劣后级 LP）、江苏金茂创业投资管理有限公司（GP）共同成立太龙金茂健康产业并购基金（有限合伙）（暂定名，以下简称"并购基金"），基金投资领域为医疗医药产业，并通过上市公司收购、IPO、股权转让、新三板挂牌等方式退出。

2. 预期收益率

固定加浮动收益制，按并购基金未来预期综合估值计算，投资者年化综合收益率预期为 8.5%~30%。

（三）供应链金融信托案例分析

随着社会化生产方式的不断深入，市场竞争已经从单一客户之间的竞争转变为供应链与供应链之间的竞争，同一供应链内部各方相互依存，"一荣俱荣、一损俱损"；与此同时，由于赊销已成为交易的主流方式，处于供应链中上游的供应商很难通过传统的信贷方式获得银行的资金支持，而资金短缺又会直接导致后续环节的停滞，甚至出现"断链"。维护所在供应链的生存，提高供应链资金运作的效力，降低供应链整体的管理成本，已经成为各方积极探索的一个重要课题，因此，"供应链融资"系列金融产品应运而生。供应链金融就是金融机构围绕核心企业，管理上下游中小企业的资金流和物流，并把单个企业的不可控风险转变为供应链企业整体的可控风险，通过立体获取各类信息，将风险控制在最低的金融服务。

虽然我国供应链金融相对落后，但受益于互联网行业的快速爆发，目前已经具备了相应的技术水平实现供应链条的一体化。供应链金融也从单纯以商业银行为核心的零散、低效融资手段变为了聚合互联网金融的高效、快速、多渠道融资方式。以互联网改造供应链金融——供应链 3.0，是利用大数据、云计算等新科技强化风控手段，帮助外部金融机构连接更多快速发展中的中小企业。

从产品类别上看，供应链金融主要是应收、预付、存货、信用四大类，且已经逐渐应用在汽车、"三农"、医药、大宗商品和批发零售等领域。其中，2%～13%的利息差仍然是供应链金融的主要盈利模式。除此之外，部分参与主体也开拓了自己的增值业务，如商业银行的现金管理等中间业务和物流公司的仓储物流、动产监管、价值评估等[①]。

另外，对供应链金融中的风险，尤其是企业信用风险和抵押资产风险也要予以重视。前者决定了外部金融机构能否对供应链链条中的企业实施授信，后者则决定了回收资金价值的变动水平。对于存货类供应链金融产品，质押物的验收、价值评估与监管将至关重要。

银行是最主要的参与主体，以银行作为外部金融主体的供应链金融体现出明显的安全边际，在贷款、授信、质押中强调各类凭证的有效性和真实性，对不符合资质的企业零容忍。同时银行也凭借其金融系统职能，能够帮助供应链企业做好中间环节服务，如资信调查、汇兑等。在银行主导的供应链金融中，银行是主要风控主体，由此导致在选择供应链企业时，规模较大、资金数据全的企业成为银行的优先偏好。而与此同时，银行的资金借贷成本也相对较低。

随着互联网的兴起，各类电商积极参与到供应链金融服务中。电商链条下的融资受控于平台的风控要求，但形式较为多样。以阿里巴巴为例，目前该平台上共有三种主要的供应链金融产品：淘宝小贷、阿里小贷和合营贷款。额度为5万～200万元，可根据企业需求按日计息，随借随还。利息水平略高于银行利率水平，但最高每日不超过万分之六。

信托公司一直致力于供应链金融业务的发展，深化服务实体经济深度和广度，目前，信托公司开展供应链金融的主要方式为围绕股东开展供应链金融。部分信托公司股东为国有大型企业，在其供应链条中处于核心地位，信托公司跟随股东开展供应链金融便于获取上下游客户资源，而且股东也能够提供专业技术支撑。同时，信托公司也在寻求围绕核心客户、大客户开展供应链金融业务，不过这部分业务仍在探索和实践中，尚未大规模推广。

以英大信托为例，自2013年以来，英大信托始终在电力产业链领域精耕细作，经过五年不间断的探索、研究和实践，创新性地提出了服务多家电网供应链"长期限、总授信""订单融资+应收账款质押"的新模式，推出了电网供应链金融联赢系列信托计划，先后服务多家电网供应链企业，有效解决了电网供应商融资难问题，既提升了供应链价值，又有效保障了国网项目的建设，同时也为搭建电网供应链互动、交流、共享、合作的平台，共同提升供应链金融服务实体经济

[①]　易宝研究院：《供应链金融：下一个万亿蓝海市场》。

的能力，奠定良好基础。在以上业务基础上，英大信托还设立了英大供应链金融投资发展基金，助力电网行业供应链的基金化、平台化、国际化、证券化发展。据介绍，未来英大信托还将借力电网庞大的供应链体系以及精准的信息流、物流、资金流信息，在前期调研、交易结构设计、风控措施安排、中后期跟踪、风险处置等方面，打造电力行业供应链金融服务的绝对优势。

不过信托公司参与供应链金融也存在短板，主要表现为由于融资成本等方面的制约，难以有效与产业链核心企业形成合作关系；信托公司在产业领域专业化水平不足，对于企业的生产经营判断能力有待提升；信托公司信息系统落后，难以运用信息科技获取产业链上的信息流、资金流信息。

案例分析 英大信托—联赢10号电网供应链泰山铁塔特定资产收益权集合资金信托计划

英大信托发行联赢10号电网供应链泰山铁塔特定资产收益权集合资金信托计划，总规模为2亿元，总期限5年，分期发行，每期期限为1年，信托资金用于受让泰山铁塔持有的国家电网公司及其省公司的一揽子订单形成的特定资产收益权，用于标的订单合同的原材料采购等（见图4-20）。

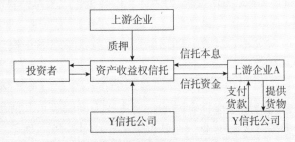

图4-20 电网供应链信托产品交易结构

一、融资方

融资方为山东鲁能泰山铁塔有限公司，位于山东省诸城市经济开发区。公司占地面积30万平方米，注册资金1.1亿元，总资产5亿元，拥有职工1500人，专业设计、制造及销售特高压钢管塔（交流1000千伏、直流±800千伏）、各电压等级输电线路角钢塔、钢管杆、变电站架构、微波通信塔等。产品市场覆盖全国20多个省市自治区，并远销非洲、欧洲、东南亚和中东地区20多个国家和地区。山东鲁能泰山铁塔有限公司拥有检测手段齐全、功能完备的理化室，拥有数控相贯线切割机、管法兰装配机、数控火焰切割机、数控平面钻、数控双联动折弯机、大型直缝埋弧焊机等专业加工设备，拥有现代化的数控角钢自动生产线和数控板材生产线20条，生产机械化与设备自动化程度达到同行业先进水平，能够满足年产量20万吨需要。该公司是中国国家电网公司首批集中规模招标入围企业，也是中国首批取得特高压钢管塔（交流1000千伏，直流±800千伏）和超高压（500千伏）输电线路铁塔生产资质的企业，获得了ISO9001质量体系认证。此次融资主要是在获得国家电网公司及其省公司的一揽子订单后，需要根据订单进行原材料采购，从而形成一定融资需求。

二、增信措施

一是以泰山铁塔持有的国网及各网省公司为主债务人的应收账款设立质押，保证1.2倍质押率，并在中登网上办理质押登记手续，保证质押标的的排他性。二是设立监管账户，与监管银行共同监管信托资金，确保专款专用。三是以国网及国网各省公司为债务人的应收账款设置质押，实际债务人信用等级较高，还款能力较强，账期与信托项目匹配度较高，有效控制项目风险。

三、项目特色

英大信托股东为电力央企，处于供应链的核心地位，有大量上游企业提供各类原材料和服务，这也为其开展供应链金融提供了极大便利。单独从泰山铁塔情况来看，其综合实力并不强，若单独授信，信用风险难以有效控制。那么，在泰山铁塔获得国网相关订单后，通过这一真实交易背景，可以有效把控交易现金流，待交易订单完成后，应收账款回款将是重要还款来源。这种金融服务方式不仅极大缓解了上游中小企业融资难问题，也进一步支持了股东能够较快获得采购物资，提升整个供应链的运转效率，而且有效控制了信托项目风险。

案例分析

中粮信托：中粮信托供应链贷款一期单一资金信托

中粮信托发行中粮信托供应链贷款一期单一资金信托，期限1.5年，规模1100万元，信托资金用于为"福临门"小包装油的核心经销商提供融资服务。

一、项目背景

中粮食品营销公司目前在全国范围内共有经销商600多家，其中核心经销商100多家，核心经销商的销售额占整体销售额的50%~60%。中粮食品营销公司对经销有旺季信用支持，主要针对核心经销商，授信总额约有2亿元。自2007年开始对经销商实施旺季授信以来，经销商的信用履约记录一直良好，没有出现过违约情况。随着中粮食品营销公司的销售增长，原有授信额度已不能满足经销商需求，为进一步扩大经销商布点和授信范围，并有效地控制由于授信规模扩大可能带来的信用风险，中粮食品营销公司希望能改变目前的信用风险控制方式，由第三方金融机构直接解决经销商的采购资金问题。中粮信托根据经销商与中粮食品营销公司的贸易背景，设计出了自偿性贸易融资方案。

二、交易结构

中粮食品营销公司向中粮信托推荐和自己保持合作两年以上，主要销售中粮食品营销公司产品的 VIP 经销商。中粮信托评审后对符合条件的经销商发放贷款，期限为 6 个月，期间跨越中秋和春节两个销售旺季，资金直接汇至中粮食品营销公司账户，经销商使用中粮信托资金向中粮食品营销公司采购小包装油（见图 4-21）。

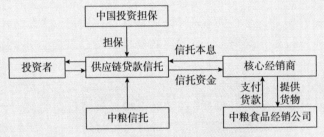

图 4-21　电网供应链信托产品交易结构

三、增信举措

中粮信托要求经销商每 60 天回一次销售款到信托账户，再由信托汇至中粮食品营销公司。到期前，经销商将销售回款存至中粮信托的指定账户，归还信托资金。为保证资金安全，中粮信托与中国投资担保有限公司签订保证合同，为中粮食品营销公司经销商专项信托资金提供担保；经销商需在贷款发放之前提前确定贷款额度并交纳保证金给中投保，同时提供实际控制人个人连带责任反担保。中粮食品营销公司对未交付产品有监管义务，按月为中粮信托提供经销商当月订货数据，便于贷后监控和管理，并承诺在经销商违约的情况下对其停止供货。

这是中粮信托依托股东优势，发挥信托制度优势深度介入股东产业链条的较好案例，深度挖掘了集团内部的协同，也有利于凭借真实交易情景，有效控制项目风险，保障投资者利益。

（四）债转股信托

供给侧结构性改革的核心任务就是去产能、去库存、去杠杆、降成本、补短板，去杠杆的重要方式之一就是债转股。2016 年 10 月，国务院发布了《关于市场化银行债权转股权的指导意见》，对于企业筛选、债权选择、资金募集、实施方式都进行了相关规定，这成为本轮债转股的第一个重要的指导性政策。此后，我国政府部门相继出台了《关于市场化债权转股权实施中有关具体政策问题的通知》《金融资产投资公司管理办法（试行）》等政策，加强对于市场化债权转股权的指导，积极推进债转股（见表4-2）。

表 4-2　主要债转股政策

时间	政策名称	主要内容
2016 年 10 月	《关于市场化银行债权转股权的指导意见》	市场运作，政策引导市场化债转股，明确了适用企业和债权范围，通过实施机构开展市场化债转股，自主协商确定市场化债转股价格和条件
2016 年 12 月	《市场化银行债权转股权专项债券发行指引》	积极发挥企业债券融资对积极稳妥降低企业杠杆率的作用，有序推进市场化银行债权转股权工作，再次确立了债转股专项债的发行条件
2017 年 7 月	《关于发挥政府出资产业投资基金引导作用推进市场化银行债权转股权相关工作的通知》	充分发挥政府出资产业投资基金在市场化银行债权转股权中的积极作用，加大对市场化债转股工作的支持力度
2018 年 1 月	《关于市场化债权转股权实施中有关具体政策问题的通知》	七部委针对市场化债转股在实施过程中的问题，一共提出了十条意见，明确市场化债转股细则
2018 年 6 月	《金融资产投资公司管理办法（试行）》	银行通过金融资产投资公司实施债转股，应当通过向金融资产投资公司转让债权，由金融资产投资公司将债权转为对象企业股权的方式实现。银行不得直接将债权转化为股权，但国家另有规定的除外

资料来源：根据互联网信息整理。

国家发改委发布的数据显示，在各方的共同努力下，截至 2019 年 4 月末，债转股签约金额已经达到 2.3 万亿元，投放落地 9095 亿元。已有 106 家企业、367 个项目实施债转股。实施债转股的行业和区域覆盖面不断扩大，涉及钢铁、有色、煤炭、电力、交通运输等 26 个行业。从实施效果来看，2018 年末，国有企业平均资产负债率 64.7%，较 2017 年末下降 1 个百分点。2019 年第一季度末，中央企业资产负债率是 65.7%，同比下降了 0.2 个百分点，有 56 家中央企业资产负债率实现下降，特别是冶金、火电、建筑等产能过剩及高负债行业的负债率明显下降。

本轮市场化、法治化债转股不同于以往的政策性债转股，转股对象企业、转股债权、转股价格和条件、资金筹集、股权管理和退出等都是由市场主体自主协商确定的，政府不拉名单、不搞"拉郎配"，政府的作用是为市场主体创造适宜的政策环境。发改委明确了债转股的范围，禁止了供给侧改革中产能过剩相关企业、债券关系不清晰企业、僵尸企业和恶意逃废债企业进行债转股。鼓励高负债优质企业、受周期波动影响暂时经营困难的企业和有优质资源的企业进行债转股操作，同时增加民营企业的比重。

下一步债转股工作的重点是破解难题、打通堵点，推动市场化、法治化债转股增量、扩面、提质，在稳增长、促改革、防风险中发挥更大作用。这其中尤其需要解决债转股定价问题，具体思路如下：

一是建立市场能够有效发挥作用的机制，上市企业转股价格可以参考股票二级市场的价格，非上市企业转股价格可以参考竞争性报价或其他公允价格。二是通过相应的资产交易平台来解决信息不对称的问题，推动各类产权交易场所为债转股提供交易定价服务，更好地形成竞争性的市场。三是减少不必要的审批程序，落实企业决策的自主权，能不审批的、能由企业自主决定的就由企业自主决定，确需审批的要简化程序、缩短时间。四是明确相关方的责任边界、交易价格的确定，只要依法合规、按程序尽到法定责任，对决策前已经客观形成的损失或者是因市场因素可能形成的损失，要落实相应的免责条款。

银行是实施债转股的主力军，五大行根据《金融资产投资公司管理办法（试行）》监管要求，纷纷设立了自身的债转股子公司，注册资本都在 100 亿元以上（见表 4-3）。

表 4-3 五大行债转股实施机构设立情况

银行	实施机构	成立时间	注册资本（亿元）
中国建设银行	建信金融资产投资有限公司	2017 年 8 月	120
中国农业银行	农银金融资产投资有限公司	2017 年 8 月	100
中国工商银行	工银金融资产投资有限公司	2017 年 9 月	120
中国银行	中银金融资产投资有限公司	2017 年 11 月	100
交通银行	交银金融资产投资有限公司	2018 年 2 月	100

中国建设银行主要通过已有的子公司作为股权承接基金的合伙人设立股权投资基金，其中建信信托参与了云锡集团债转股项目。我国债转股还将深入推进，建信信托依托股东中国建设银行参与到了债转股业务中，这为其他信托公司提供了可行路径，其他信托公司可与银行成立专业资管子公司或者担任债转股基金管理人，进一步发掘债转股业务机会。

2016 年 10 月 16 日，锡业股份公告，其控股股东云锡集团与中国建设银行签订系列合作协议，开展债转股，转股规模为 100 亿元。实施主体是建行与云锡集团成立的基金，基金管理人为建信信托。这是《关于市场化银行债权转股权的指导意见》出台后的全国第一单地方国企债转股项目，也是建行继武钢集团之后的第二单市场化债转股落地项目（见图 4-22）。

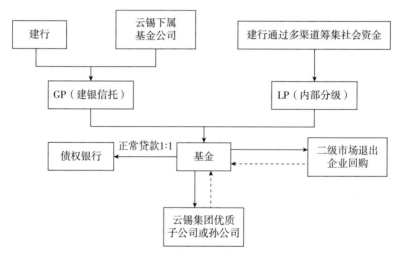

图 4-22　云锡集团债转股项目交易结构

1. 主要内容

根据协议，建行或其关联方设立的基金（以下简称"投资人"）拟向锡业股份控股子公司华联锌铟股份有限公司注资及认购新增注册资本，总比例不高于增资后的 15%，具体比例和增资金额根据华联锌铟估值确定。华联锌铟的估值以投资人和锡业股份共同选定的评估机构确定的评估值为准。

2. 股权退出

增资交割满 3 年时，投资人同意以该时点为作价基准日，由锡业股份通过向投资人支付现金/发行股份等方式收购投资人持有的华联锌铟股份。收购价格为投资人与锡业股份确定的评估机构对华联锌铟的评估价格。

3. 主要承诺

在增资交割完成至投资人完全退出时，华联锌铟承诺保持主要生产经营技术指标稳定，且不得低于 2015 年该经营指标的 90%；无论未来投资人以何种方式完全退出，在合法合规的前提下，对目标公司华联锌铟的价值评估方法和逻辑应与本次增资时对华联锌铟的评估方法保持一致。华联锌铟承诺在投资人完全退出前，每年均应向届时股东进行现金分红，全部现金分红金额应为不低于当年实现净利的 10%。

4. 公司治理

增资完成后，华联锌铟董事会总共将有 7 席，其中投资人有权提名 1 席。

这种债转股模式是本轮债转股的经典模式。该项目特点：第一，该项目并不是直接将银行的债权转为银行对云锡集团的持股，而是采用基金模式，主要吸收社会资本来帮助云锡集团还债；第二，基金所募集的资金最终将"全部用于还债"，但为规避道德风险，主要是用于偿还建行以外的债权；第三，该债转股项目的一大特点是债和股的业务板块并非一一对应。

（五）绿色信托案例分析

创新、协调、绿色、开放、共享是我国新时代经济社会发展的理念，其中绿色发展就是要推动低碳循环发展，建设清洁低碳、安全高效的现代能源体系；要加大环境治理力度，深入实施大气、水、土壤污染防治行动计划。2016 年，中国人民银行、财政部等七部委联合印发的《关于构建绿色金融体系的指导意见》指出，绿色金融是指为支持环境改善、应对气候变化和资源节约高效利用的经济活动，即对环保、节能、清洁能源、绿色交通、绿色建筑等领域的项目投融资、项目运营、风险管理等所提供的金融服务，预计到 2020 年，我国绿色金融市场规模超过万亿元。绿色信托作为绿色金融的子领域和重要组成部分，是信托业与我国社会经济发展新形势相结合的重要业务模式，既有利于信托业服务实体经济绿色转型，也有利于信托公司发掘新的盈利增长点。

截至 2016 年末，信托公司存续绿色信托项目 284 个，存续资金规模 1021.9 亿元；信托业 68 家信托公司中已经有 1/3 的信托公司加入绿色信托的发展与探索中，绿色信托发展迅速。我国绿色信托的发展主要依靠发放信托贷款，股权、债权、资产证券化以及 PPP 等模式也逐步得到应用。目前绿色信托仍处于探索和初步实践阶段，随着业务模式的成熟、风控政策制度的健全、激励机制的完善，绿色信托业务发展潜力将逐步显现。

当然，也需要看到，我国绿色信托发展仍面临一定制约，主要表现如下：一是当前我国在降低绿色信托行业展业风险方面的监管环境和监管政策支持仍存在较大的滞后性和制度性缺陷。二是在理论上，绿色信托的发展模式分为信托型PPP绿色产业基金、面向企业的绿色信贷、绿色股权融资、绿色债券及绿色资产证券化以及面向社会公众的公益信托等模式，但是从信托公司对绿色信托业务的实际执行结果来看，当前我国绿色信托产品仍主要以向绿色企业发放信托贷款为主。三是绿色信托作为绿色金融体系中的一个分支，更难得到足够的财政支持、优惠政策支持以及法律规范等顶层设计支持。

英大信托：蓝天051号江阴韩瑞分布式电站特定资产收益权集合资金信托计划

英大信托发行蓝天051号江阴韩瑞分布式电站特定资产收益权集合资金信托计划，信托总规模5200万元，信托资金主要用于受让江阴市韩瑞新能源有限公司（以下简称"韩瑞公司"）持有的江阴市临港街道创新村10兆瓦屋顶分布式光伏项目（以下简称"标的项目"）特定资产收益权。

一、融资方

分布式光伏发电特指在用户场地附近建设，运行方式以用户侧自发自用、多余电量上网，且以配电系统平衡调节为特征的光伏发电设施。分布式光伏发电遵循因地制宜、清洁高效、分散布局、就近利用的原则，充分利用当地太阳能资源，替代和减少化石能源消费。分布式光伏发电将太阳能直接转换为电能的分布式发电系统，是一种新型的、具有广阔发展前景的发电和能源综合利用方式，它倡导就近发电，就近并网，就近转换，就近使用的原则，不仅能够有效提高同等规模光伏电站的发电量，同时还有效解决了电力在升压及长途运输中的损耗问题。

中国的分布式太阳能光伏发电装置主要安装在中国经济最繁荣的东部和南部，大约52%的产能来自浙江、山东、江苏和安徽4个省份。2017年，中国分布式太阳能光伏发电装机容量约为19.4GW，比2016年高3.6倍，在中国太阳能光伏发电总装机容量中的占比为27.1%，产生了13.7TWh的电力，足以为北京所有家庭供电7.5个月。

2018年，我国发布《分布式光伏发电项目管理办法》（以下简称《办法》）。根据《办法》，工商业分布式不能选择全额上网。除户用分布式光伏可选择全额上网模式外，其余小型分布式光伏发电设施可选择"全部自用""自用为主、余电上网（上网电量不超过50%）"两种运营模式；如余电上网电量超过50%，上网功率超出其备案容量50%部分的电量按基础电价结算，不再支付补贴。鼓励上述上网电量参与市场化交易或碳市场等机制，通过市场方式提高经济性。小型分布式光伏电站应采用"全部自用"的运营模式。

江阴市韩瑞新能源有限公司位于无锡市，于 2016 年 12 月 27 日在江阴市市场监督管理局注册成立，注册资本为 50 万元人民币，主要经营太阳能光伏技术的开发、咨询、服务；光伏电站的开发、建设、运营、维护等业务。

二、交易结构

信托资金主要用于受让江阴市韩瑞新能源有限公司持有的江阴市临港街道创新村 10MW 屋顶分布式光伏项目特定资产收益权，最终用于支付标的项目对应的建设工程款（见图 4-23）。

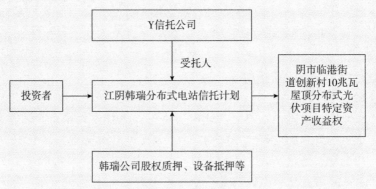

图 4-23　江阴韩瑞分布式电站特定资产收益权集合资金信托计划交易结构

三、增信措施

①韩瑞公司股东将韩瑞公司股权过户给英大信托——财富传承 5 号家族信托计划，英大信托对韩瑞公司股权有处置权；②韩瑞公司将其持有的标的项目电费应收账款（第一顺位）质押给英大信托；③韩瑞公司将其持有的电站设备抵押给英大信托；④总承包方南京南瑞太阳能科技有限公司同意韩瑞公司于本信托计划结束后再行支付剩余工程款合计不少于人民币壹仟贰佰伍拾万元整。本项目同时具备股权处置权、电费应收账款质押担保、动产抵押担保，风控措施完备，抵质押足值。标的项目公司为南瑞太阳能实质经营管控公司，国电南瑞科技股份有限公司为南瑞太阳能控股股东，安全边际高，可最大限度保障受益人收益。

四、期限

每期 14 个月。各期信托计划预计存续期限届满之时，受托人可根据融资人申请安排赎回和续期，充分满足各类投资者需求。信托计划成立后韩瑞公司可提前回购债权收益权，信托终止。

分布式光伏发电属于国家鼓励支持的清洁能源，符合国家节能减排鼓励方向，项目建设不仅对所在地经济发展和改善民生有重要意义，而且有利于环境改善和生态保护。

（六）民企纾困基金信托案例分析

为了有效支持民企发展，2018 年 10 月 19 日，国务院副总理刘鹤及"一行两会"负责人接受专访，针对市场关注的去杠杆、股票质押风险、民营经济困境等问题明确监管层态度，释放积极信号。2018 年 11 月 1 日，中央召开民企座谈会，习近平总书记提出解决当前民营经济困难的六个方面政策，包括减轻企业税费负担、解决融资难融资贵问题、营造公平竞争环境等，此后围绕这六大方面工作，各级政府部门相继出台支持民企发展举措，加快政策落实和推进。

2018 年，有十余个省份、城市通过下辖国资机构以及与金融机构合作，设立的纾困基金已经达到近 2000 亿元，主要采用股+债的形式向上市公司以及实际控制人提供流动性支持，部分纾困基金已经得到落实，帮助上市公司渡过难关（见表4-4）。

表4-4　各地政府及国资机构设立纾困基金情况

地区	纾困计划
深圳	已设立170亿元专项资金，已有十余家上市公司获得援助
北京	海淀区国资委设立100亿元资金支持优质科技企业发展
汕头	设立50亿元上市公司纾困基金
广州	粤菜控股拟联合广发、易方达成立200亿元新动能基金
上海	设立3个100亿元专项计划，增加重点民企扶持力度
浙江	100亿元规模，初步梳理出近10家重点跟踪的民企
成都	100亿元规模，出台上市公司纾困帮扶八条政策举措
西安	150亿元规模，投向本地优质上市公司、硬科技企业
珠海	100亿元规模，投向符合粤港澳国家战略性新兴产业的企业
上海	100亿元规模
福建	150亿元规模
河北	河北资产与中信建投联合设立100亿元纾困基金
成都	计划设立100亿元纾困基金

深圳市安排数百亿元专项资金，从债权和股权两个方面入手，构建风险共济机制，降低深圳 A 股上市公司股票质押风险，改善上市公司流动性。从具体操作来看，深圳中小企业担保集团、高新投负责为上市公司提供债权资金，融资成本不高于 9%；鲲鹏基金则负责通过股权受让等形式为上市公司提供股权融资。目前，铁汉生态、索菱股份、华鹏飞、翰宇药业、雷曼股份、兴森科技、证通电子、迪威迅、欣旺达、爱施德等 20 余家上市公司获得了援助。

北京市海淀区政府与东兴证券发起设立了支持优质科技企业发展基金，规模100 亿元。该基金主要通过收购股权、提供流动性支持等形式支持上市公司纾困，与此同时，海淀区国资委与江苏银行北京分行合作，由其为优质科技上市公司的股东提供配套贷款，股票质押率可达到 7 折，融资利率低于市场平均水平 1个百分点。

证券公司也积极参与到纾困上市公司的援助中，初步统计数据显示，目前券商设立的纾困资金规模已达到约 1000 亿元，运用形式覆盖债权、股权等多种路径。各保险公司积极响应，目前已有 5 家保险公司设立了支持民企化解流动性风险的专项产品，规模共计 780 亿元。监管部门积极支持信托公司参与纾困上市公司，支持民企发展，并将在监管评级中增加评分项。

证券公司由于自身承担了大量场内股票质押贷款，随着上市公司流动性危机的出现，证券公司自身也承担了较大的信用风险。近期，证券公司也积极参与到纾困上市公司的援助中。初步统计数据显示，目前券商设立的纾困资金规模已达到约 1000 亿元，运用形式覆盖债权、股权等多种路径（见表 4-5）。

表 4-5　各券商设立纾困基金情况　　　　　　　　单位：亿元

公司	名称	规模	备注
11 家证券公司	证券行业支持民企发展系列资产管理计划	228.21	募集资金将用于受让上市公司股票质押相关股票或债权，即投资上市公司股票、债券（包括可交换债、可转债、纾困专项公司债券）、股票质押式回购项目债权，向上市公司及其股东提供流动性支持
银河证券	银河发展基金（母基金）	600	
天风证券	天风证券纾困共赢 1 号集合资产管理计划	50	有发展前景的上市公司，有限支持湖北省内企业
华安证券	支持优质上市公司发展专项基金	50	主要帮扶对象为股票质押风险突出、注册在安徽省、发展前景较好、无重大违法违规问题的企业

续表

公司	名称	规模	备注
国元证券	支持民营企业的集合资产管理计划和支持民企发展私募基金	60	借助投行、债券、信用、安元基金、股交中心等项目，通过资管母子基金、私募基金等方式帮助困难上市公司及其大股东围绕产业整合、并购重组等，提供资金、项目等支持

华泰证券设立纾困基金（见图 4-24），首次拟投资 25 亿元，设立华泰 FOF 民企支持母基金。华泰 FOF 母基金与银行/保险、地方政府、产业资本、机构等资金、其他机构及超高净值客户，设立华泰资管支持民企发展集合资产管理计划。华泰资管担任集合资管计划的管理人，根据既定策略，筛选投资标的，完成尽职调查、交易方案设计及投资。

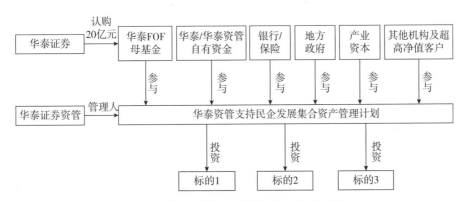

图 4-24 华泰证券上市公司纾困基金交易结构

该资管计划资金运用方式包括债权和股权投资。在债权方式方面，主要客户标准为上市公司基本面良好，大股东质押比例较高，融资人面临短期、中度流动性问题，主要采用股票质押方式提供流动性；而上市公司基本面良好，大股东质押比例较高、债务结构较复杂，融出方主要为银行、中小券商等，融资人面临短期、中度流动性问题，主要采用受让债权等形式提供流动性支持。在股权融资方面，针对上市公司基本面良好，股价超跌，融资人愿意出让一部分股权解决其流动性问题的，主要以股票投资、大宗交易、战略投资、参与定增等股权方式参与援助。

该资管计划的出资方全面参与投资决策业务流程，对项目有一票否决权；可优先投资社会资本特定支持的企业，满足社会资本的特殊投资需求。在管理费方面，无基础管理费，管理人提取业绩比较基准 5% 以上部分的 20% 作为业绩报酬。

为纾困流动性风险，2018 年 10 月 25 日，保险资金具体驰援股市的相关指引《关于保险资产管理公司设立专项产品有关事项的通知》火速出炉，允许保险资产管理公司设立专项产品，发挥保险资金长期稳健投资优势。各保险公司积极响应，目前已有 5 家保险公司设立了支持民企化解流动性风险的专项产品，规模共计 780 亿元（见表 4-6）。

表 4-6　保险公司纾困专项产品　　　　　　　　　　单位：亿元

保险公司	产品名称	规模	其他
人保资产	安稳投资	300	投资范围为上市公司股票、上市公司及其股东公开发行的债券、上市公司股东非公开发行的可交换债券以及经银保监会认可的其他资产
国寿资产	凤凰系列	200	以股权和债权等灵活多样的投资方式，优先筛选由于股权质押产生的一定流动性风险但基本面较好的优质上市公司
阳光资产	阳光稳健	100	向有前景、有市场、有技术优势，但暂时出现流动性困难的优质上市公司及民营企业提供融资支持
新化资产	景星系列	100	以专业化、市场化为原则加大保险资金财务性和战略性投资优质上市公司力度
太平资产	共赢系列	80	以股权或者债权形式支持上市公司发展

从保险专项产品的具体要求来看，一是上市公司所处行业具有确定性增长，上市公司在细分行业内处于龙头地位，有较强的行业竞争力，对上游或下游具备一定的议价能力；二是上市公司立足主营业务，历史业绩稳健，未来业绩增长预期相对明确，同时注重现金流，要求上市公司资产质量优良，现金流状况良好，具有一定水平的分红能力；三是要求上市公司及大股东、实际控制人、核心管理层无重大违法违规和重大资本市场失信记录。

从国寿资产披露的信息来看，国寿凤凰系列产品规模为 200 亿元（见图 4-25），首只专项产品的存续期拟定为 3 年封闭期，整体期限在 5 年左右；资金运用方式有债权、股权等多种方式；合作上市公司主要为有前景、有市场、有技术优势，但暂时出现流动性困难的优质企业；此次专项产品将以市值法估值为主，如后续发行封闭式产品，则根据资管新规可对债券类资产采取摊余成本法估值，以使产品估值更加稳定。

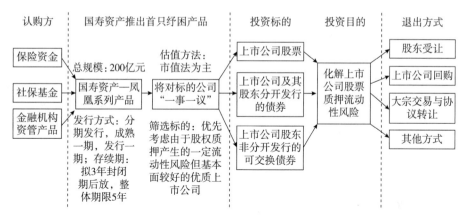

图 4-25　国寿凤凰系列专项产品交易结构

（七）四大资产管理公司救助模式

四大资产管理公司以处置不良资产为主要业务，具有参与处置风险资产的专业优势和竞争力。在此次上市公司股票质押风险中，四大资产管理公司（Asset Management Companies，AMC）也在积极加入到债务风险的化解中。四大资产管理公司主要通过债务重组、债权收购、债转股、资产重组等方式帮助上市公司化解风险，在客户选择方面，主要是选择与百姓消费生活相关的抗周期性行业；另外就是暂时遇到流动性困难的新兴企业、科创企业。

长城资产已制定了 10 多个上市公司债务重组方案，其中已披露的企业有赤天化和千山药机（见表4-7）。长城资产预计全年将出资不少于 100 亿元，用于围绕不良资产主业的实质性并购重组。近期，长城资产对某证券公司一款规模近11.69 亿元资管产品的标的债权进行了重组，该资管产品的 4 家债务企业是一家上市公司控股股东的子公司和关联企业，4 家债务企业以该上市公司股票质押借款，相关债务已到期并构成违约。长城资产打折收购了该资管计划的 4 笔债权，帮助该上市公司和 4 家债务企业进行资产重组，避免了因证券公司强制平仓引发的上市公司危机。

表 4-7　AMC 纾困上市公司情况 　　　　　　　　　　　　单位：亿元

公司名称	纾困对象	规模	处置方式
信达资产	九州通	19.9	信达资产收购债务人楚昌投资分别与汉口银行汉阳支行、中诚信托等债权
长城资产	千山药机	不详	资产重组、债务重组、盈利模式重组、经营管理重组等一揽子综合服务，协助其恢复正常生产经营

2018 年以来，已有 10 余家信托公司参与了民企纾困，同时监管部门也表示积极支持信托公司参与支持民企发展，并将此作为监管评级加分项，给予正向引导和激励。

湖南信托公司受长沙银行、长沙市国投、长沙县星城发展三方委托，向天舟文化实际控制人天鸿投资及一致行动人肖乐合计提供首批 2.842 亿元融资资金支持。首批 2.842 亿元借款一次性发放，借款期限为 1+1 年。后续湖南信托公司将根据天鸿投资及肖乐的需要，分批次向其提供融资资金支持，各批次资金的金额及交付时间由全体委托人协商确定。

厦门信托公司受托厦门资产管理公司以及合格自然人资金，共计 6540 万元，为上市公司提供纾困资金。此项目采用无追索保理业务模式，受让民营上市公司的应收账款债权，该应收账款到期时，债务人通过电子银行承兑汇票进行付款，厦门信托公司负责回款电子票据的管理，在为企业提供流动资金的同时，帮助企业优化资产结构与财务报表。

华鑫信托发行了信源 72 号集合资金信托计划，信托资金用于向奥马电器提供 9.7 亿元的资金；奥马电器向华鑫信托转让其持有的奥马冰箱 100% 股权对应的股权收益权，并有义务在约定期限内回购。在增信措施方面，奥马电器控股股东赵国栋将向华鑫信托提供不可撤销的连带责任保证，奥马电器以其持有的奥马冰箱 100% 的股权向华鑫信托提供质押担保，该部分股权对应出资额为 1.68 亿元。作为一家冰箱+金融科技的双主业运营的上市公司，奥马电器 2018 年业绩受金融业务拖累严重。1 月 30 日，奥马电器发布业绩预告修正公告，将归属于上市公司股东的净利润，从盈利 3.05 亿~3.43 亿元调整为亏损 12.42 亿~15.78 亿元。根据奥马电器公司公告，其业绩修正主要原因为：金融业务板块受整体行业环境影响，经营业务持续大幅下滑，对部分商誉计提了资产减值损失；助贷业务存在部分逾期，确认了预计负债；部分商业保理应收款项、渠道管理费和居间服务费预计无法收回，计提了坏账准备；按国家互联网金融风险整治办等出台的相关要求，部分合作方属于出清范围，对方无法支付相关费用，对部分收入未予确认。因此，此次获得纾困资金对于奥马电器来说意义重大。奥马电器表示，该部分信托资金将用于偿还公司债务，公司将积极推进相关事项，尽快落实信托资金，缓解公司债务压力。

纾困上市公司及民企是信托公司服务实体经济的重要体现，在风险可控的前提下，信托公司可以发挥信托制度优势，通过股债结合、投贷联动的综合服务方案，与地方政府成立纾困基金，也可以对外募集资金为上市民企提供资金支持。

三、基础设施类融通型资金信托案例分析

（一）地方政府债务融资情况分析

我国基础设施建设需求较大，尤其是 2008 年"四万亿"经济刺激后，为防止宏观经济过热，警惕地方融资平台风险，银监会严控地方融资平台贷款，银行不能新增地方融资平台贷款，这对于地方经济建设形成了较为严重的影响。为此，地方融资平台开始寻求信托合作，成为部分地区基础设施建设的重要资金来源，由此政信信托开始火热。

从地方政府信托融资情况来看，在全国地方政府负有偿还债务的余额中，信托融资为 7620.33 亿元，占比为 7%，远低于银行贷款和各类债券。不过信托融资在各地区的规模和占比情况差异较大，浙江省、江苏省、重庆市、北京市、湖北省、河北省、河南省信托融资规模均超过 400 亿元；从占比情况来看，浙江省、江苏省、重庆市、河南省、吉林省占比均超过 10%，远高于全国 7% 的平均水平（见图 4-26）。重庆市、四川省、广西壮族自治区等地区融资平台信托融资势头依然较猛，其信托融资占比将会进一步上升。信托融资规模较高或者占比较高地区必将加快置换信托融资，降低债务偿付压力。

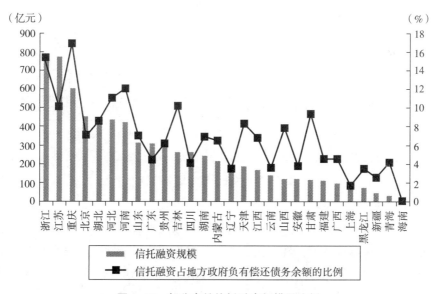

图 4-26　部分省份信托融资规模及比例

资料来源：Wind。

从信托业整体政信合作规模来看，2012 年和 2013 年均实现超过 90% 的高速增长（见图4-27），这源于2011年开始的地方融资平台贷款收紧，信托融资成为部分地方融资平台重要资金补充渠道，不过随着地方政府债务管理制度的改革，政信业务明显受到冲击，虽然第四季度政信合作业务在各信托公司有所突击推进，不过行业政信业务2014年增速为23%，低于行业平均增速。2017年，基础设施信托有一波明显增长，主要在于货币政策收紧，债券市场融资放缓，地方融资平台融资渠道收紧，信托融资需求依赖度提升，自2018年以来，中央加强地方债务治理，限制隐性债务扩张，加之部分债务置换方案出台，信托等高成本融资渠道又逐渐放缓，自2018年以来，基础设施建设信托融资明显放缓，新增信托项目呈现下降态势，未来随着地方政府债务治理过程的推进，传统基建信托业务将有一个逐步放缓的过程。通过对基建业务占比较高公司的考察发现，部分基础产业业务占比较高的信托公司以及有地方政府股东背景的中小信托公司受到的影响更大。

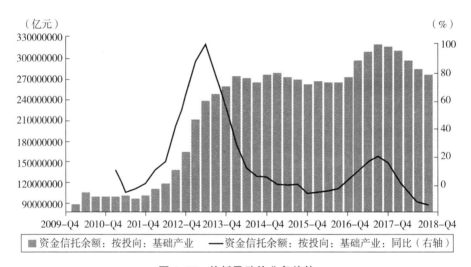

图4-27 信托及政信业务趋势

资料来源：Wind。

地方政府债务管理制度改革后，地方政府融资朝着直接融资、低成本融资的趋势发展，在这种背景下，现有政信合作模式将逐步被淘汰，不过信托公司并不是没有业务机会，只是需要从新业务模式出发，重新拓展该市场，诸如参与PPP业务、参与基建项目资产证券化、参与项目收益债、地方政府债券等二级市场投资等业务模式，拓展业务发展空间，创新业务交易模式。

具体来看，基础设施信托主要涉及交通、保障房、电力等领域的建设，从信托项目具体交易形式来看，在存续的875个基础设施项目中，有29.4%为贷款信托，30.7%为债权投资信托，均为应收账款投资信托，18.4%为受益权投资信托，大部分也为应收账款收益权投资，6.3%为股权投资，主要是一些项目公司，剩余为其他模式。由此可见，基础设施信托主要围绕应收账款展开，原因主要在于地方融资平台通过贷款方式融资将会增加资产负债率，不利于后续融资，鉴于其政府背景，以股权方式融资股东关过不去，然而其有大量的对于地方政府所形成的应收账款，这些应收账款信用水平较高，具有较大投资价值，只要地方政府能够保证到期回购，或者将差额补足，那么就能够有效控制信托项目风险。下面围绕应收账款介绍基础设施信托项目运作情况。

未来，我国城镇化将会继续，各国基础设施建设资金需求依然较为旺盛，但是融资难题更为突出。亚洲开发银行估算，未来 10~20 年，亚太地区每年基础设施建设资金需求约为 8000 亿美元，其中近 70%的资金用于新建项目，30%用于原有基础设施的更新和维护。我国正处于城镇化建设关键时期，《城市蓝皮书：中国城市发展报告》预测，2030 年前我国社会保障和市政公共设施支出总计将超过 30 万亿元。

（二）基础设施信托监管政策分析

从监管政策来看，政信信托是除房地产信托领域以外的另一个重要监督业务领域，尤其是自 2009 年开始，监管部门密集发布政信信托业务监管政策，显示了对此领域业务风险的关注。2009 年，监管部门首次下发《关于信托公司信政合作业务风险提示的通知》，要求信托公司规范信政合作业务，严禁向国家限制的行业、企业和项目提供融资或投资服务，要结合各地方政府财政实力与实际负债状况，核定信用等级和风险限额，审慎选择服务对象，提高风险管理能力。2011 年，监管部门下发《关于切实做好 2011 年地方政府融资平台贷款风险监管工作的通知》，要求严格加强新增平台贷款管理，健全"名单制"，严格信贷准入条件，合理确定贷款期限和还款方式；全面推进存量平台贷款整改，包括贷款条件整改、贷款合同整改、抵押担保整改、贷后管理整改等；切实强化平台贷款的规制约束，强化监管约束、强化合规约束、强化统计约束。《关于制止地方政府违法违规融资行为的通知》，要求各级政府及所述机关事业单位等不得以委托单位建设并承担逐年回购责任等方式举借政府性债务；坚决禁止地方政府违规担保承诺行为。总之通过一系列监管政策，加强我国地方债务治理，避免地方政府隐性债务过度膨胀，从而有可能引发金融风险。

我国信托公司传统政信业务优于地方政府债务治理以及投融资模式的改变，正在逐步面临增长瓶颈，未来需要加强模式转变，通过参与 PPP、基础设施证券化、基础设施投资基金等形式，积极参与到我国城镇化建设、基础设施补短板以及新型基础设施建设当中去，更好地支持城市发展和建设，服务于民生发展，更好地参与基础设施建设进程，提升服务我国经济建设的能力。

（三）应收账款融资类基础设施信托

在新的地方政府债务治理政策要求下，地方政府不能新增隐性负债，金融机构也不能够对地方政府新增债务融资，考虑到地方政府很难通过股权途径融资，一般而言，地方政府主要是置换地方政府存量债务或者盘活现有资产。地方融资平台作为地方政府最主要的基础设施建设主体，承担着重要的投融资功能，其持有大量针对地方政府的债权，由于这些债权的债务人主要是政府，信用保障较高，也是对外融资的主要媒介，因此以应收账款为标的的信托融资是当前较为流行的模式。针对应收账款的融资主要分为直接投资应收账款和直接投资应收账款收益权，两种模式下都需要对应收账款确权，不同之处在于前者涉及应收账款债权的转移，对于债权的控制能力更强，后者一般还需要质押应收账款，避免融资方对于同一笔应收账款多头融资，降低了还款来源保障。

 **案例
分析**

爱建信托：青州宏源应收账款融资集合资金信托计划

爱建信托发行青州宏源应收账款融资集合资金信托计划（见图4-28），规模2亿元，期限15个月，信托资金用于受让青州宏源因建设青州市北阳河农田水利建设项目对青州市政府形成的应收账款4.10亿元，信托计划到期前青州宏源回购该应收账款。

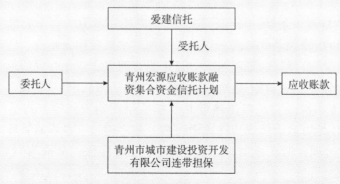

图4-28 青州宏源应收账款融资集合资金信托计划交易结构

一、融资方

青州宏源于 2003 年 11 月 10 日经青州市人民政府批准设立，公司注册资本人民币 11800 万元，其中，青州市基础设施建设资金管理中心全资控股。公司是青州市主要的城市基础设施投资建设主体，自成立以来，按照市政府经营城市的总体规划，先后完成了一批城区道路、桥梁、供排水管网、污水处理设施等城市基础设施建设项目的投资。公司主要通过签订委托代建协议方式承接基础设施项目建设，除获得项目投资成本外，还根据协议获得相应合理的投资收益，投资收益额根据项目具体情况与政府协商确定。截至 2018 年末，公司大部分在建项目已完工计入开发成本中，待政府审计确认工程款支付周期后逐步确认营业收入；计入开发成本中完工项目账面价值 42.22 亿元。近年来，公司利润总额及净利润规模有所波动，政府补助收入是公司利润的主要来源，公司期间费用规模和占比持续下降。大公评级给予主体信用评级为 AA+。

二、应收账款债务人

青州市交通便利，经济实力不断增强；国家蓝色半岛经济区战略及新旧动能转换的推进为青州市经济社会持续发展提供了良好的外部环境。截至 2018 年末，青州市全市总面积 1569 平方公里，户籍总人口 95.5 万人。2018 年青州市完成地区生产总值 704.1 亿元，同比增长 6.7%，在潍坊市下辖 12 个区县中排名第四；一般公共预算收入 48.4 亿元，同口径增长 4.0%；固定资产投资增长 5.1%；社会消费品零售总额增长 8.0%；实现进出口总额 66.3 亿元，增长 22.2%；居民人均可支配收入达到 28213 元，增长 8.3%。2018 年一般财政预算收入为 48.39 亿元，占财政总收入的 58.69%。

三、增信举措

青州市城市建设投资开发有限公司针对本信托计划项下的还本付息提供不可撤销连带责任保证。此外，实施项目资金监管，青州宏源在取得信托资金后，在使用信托资金支付指定项目的工程款之后，需要向爱建信托提供用款详情的说明及相应凭证、发票，由爱建信托核对。

总体而言，本项目为山东地级市平台融资项目，青州市经济实力较强；融资主体为当地较为重要的基础设施建设主体，信用评级较高；本项目并没有实质抵押措施，由当地另一融资平台提供连带担保责任。此信托计划整体信用风险水平较低。

华澳信托：长昊12号湖州南太湖应收账款收益权集合资金信托项计划

华澳信托设立长昊12号湖州南太湖应收账款收益权集合资金信托项计划（见图4-29），信托规模4亿元，信托期限为2年，信托收益率为6.5%~10%，信托资金用于受让南太湖建设享有的对吴兴区建设局并由财政局支付的应收账款收益权（共计人民币约7.628亿元），资金全部用于实施湖州吴兴区埭溪镇农村土地综合整治项目资金的支付。

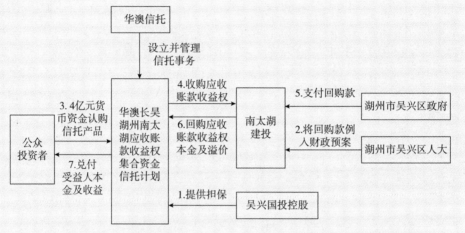

图4-29 华澳·长昊12号湖州南太湖应收账款收益权集合资金信托项计划

一、融资方

湖州吴兴南太湖建设投资有限公司成立于2003年5月8日，是由浙江省湖州市吴兴区人民政府批准，初始注册资本为1000万元，由湖州市吴兴区资产经营中心、湖州织里城市建设发展有限公司、湖州环渚工业园区投资发展有限公司（现更名为"湖州环渚城乡投资发展有限公司"）、湖州八里店镇资产经营公司分别出资550万元、150万元、150万元和150万元共同投资组建的有限责任公司，分别持股55%、15%、15%、15%。经数次股权转让及增资，截至2017年末，公司注册资本仍为16亿元人民币，全部由湖州市吴兴区国有资产投资控股有限公司出资。公司是吴兴区重要的国有资产运营和基础设施投资建设主体，也是吴兴区政府授权从事土地整治开发业务的主体，主要负责吴兴区东部新区的土地开发整理和基础设施工程建设。土地开发业务和项目开发业务是公司收入的主要来源，土地开发和项目开发业务收入占公司营业收入的99%左右。截至2018年末，公司总资产为306.50亿元，总负债为194.05亿元，资产负债率为63%；营业收入为23.24亿元，净利润为2.69亿元。目前，主体信用评级为AA级。

二、应收账款债务人

湖州市吴兴区于2003年1月经国务院批准设立，是湖州中心城市的所在地，总面积871.9平方公里，总人口59.85万。2017年，湖州市经济保持较快增长，全市实现地区生产总值2476.1亿元，同比增长8.1%，增速同比下降0.4个百分点；全市居民人均可支配收入44487元，比2016年增长9.3%。湖州市地方财政实力增强，以税收收入为主的一般预算收入继续保持增长，收入稳定性较强；受益于土地出让金大幅增加，基金预算收入增幅较大。湖州市工业基础良好，形成了生物医药产业、先进装备产业、金属新建材产业、特色纺织品产业、绿色家居产业和新能源产业六大特色产业。吴兴区是湖州市的中心区域，2018年，吴兴区经济稳步增长，全区实现地区生产总值547.30亿元，同比增长8.3%，经济总量居全市第二位。吴兴区一般预算收入仍快速增长；以土地出让金为主的政府性基金转移性收入增幅较大；转移性收入在财政本年收入中的占比较高，财政本年收入对转移性收入依赖程度较高。

三、增信举措

为有效控制项目风险，吴兴国投控股提供第三方无限连带责任保证担保；南太湖建投、华澳信托、吴兴区财政局、吴兴区住房和城乡建设局与吴兴区政府（见证方）签订《应收款收益权回购协议》，其中将吴兴区财政局的回购款作为信托计划的补充还款来源。本项目对项目贷款资金的使用进行严格监管，需在华澳信托指定银行开立贷款监管账户，按照合同约定对贷款资金进行监管，对每一笔资金的划付按照相关法律文件的约定进行受托支付。

总体来看，湖州市整体经济体量略小，融资平台评级并不高，增信举措充足，项目信用风险一般。

（四）公私合作模式信托

公私合作模式信托（Public-Private Partnership，PPP）是政府部门和私营部门共同签订长期合作协议，依照风险分担、利益共享的原则，共同开发公共基础设施项目，以此降低政府部门公共基础设施投资压力，提高项目运作效率。广义的PPP包括BOT、BOO、TOT、DBFO等形式，政府部门可以根据项目特点，选择不同PPP形式。根据世界银行统计数据，全球新增近270个PPP项目，涉及投资资金150亿美元，其中54%的资金用于新建项目，46%的资金用于原有项目改建、扩建和维护。

PPP 运作涉及项目筛选和评估、招投标、建设、运营等阶段，PPP 实施过程中可能面临工程设计风险、项目建设风险、运营风险、融资风险等风险，这其中融资风险是重要风险之一。由于铁路、交通等基础设施项目投资规模大、运作周期长，对于融资要求较高，融资规模和成本成为项目可行性研究的重要参数和变量。PPP 项目强调风险承担最优化，即政府部门和私营部门彼此承担能够有效控制的风险，达到风险的最优化配置。融资风险一般是由私营部门承担，这主要是考虑到私营部门的资金充足性和融资畅通性，以此达到缓解政府财政支出压力的目的。很多学者的研究都表明，PPP 项目的融资来源和渠道是其成败的关键要素，而各国实际运行发生的案例，也很有力地说明了这一点，如匈牙利 M1-M15公路就是因为没有稳定资金支持，出现严重债务问题，最终被"国有化"。

PPP 融资类似于项目融资，但是与一般项目融资相比，由于 PPP 项目本身的参与方多样性、建设周期长期性以及服务产品公共性等条件，使 PPP 融资更为复杂。PPP 融资主要涉及融资风险分担问题、融资结构问题、融资渠道问题、融资成本问题等。有效解决 PPP 融资难题既是吸引私人资本参与公共基础设施的重要保障，也是保障 PPP 项目有效、顺利完成的重要基础。

第一，以债权资金形式为 PPP 项目融资。债权资金是 PPP 项目最重要的资金来源，有利于提高原始股东资金杠杆水平，提升股权资金收益水平。信托公司可以通过发行 PPP 项目贷款信托形式，为其提供融资服务。这一过程主要面临三个难点：①准确把控 PPP 项目风险，各种不确定性因素都将影响到贷款信托的兑付，因而，信托公司必须具备专业的 PPP 项目分析技能，明晰项目所面临的各种风险以及做好现金流测算，加强风险防控措施，保障债权安全。②信托流动性问题，由于 PPP 项目需要在运营后逐步归还本息，这个过程可能需要较长的时间，对于部分投资者来说不可接受。解决措施：对接保险、养老金等长期资金，实现资金期限匹配；提高信托流动性水平，便于部分投资者及时退出，这还有赖于信托流转市场的建设，需要依靠监管力量推动，现实操作性不高；滚动发行信托产品，实现信托资金的替换，一旦后续信托无法成立，信托项目将面临较大兑付风险，必须提前做好流动性资金补充；由项目合作方或者第三方承诺回购，这就需要评估回购方的履行实力。③资金成本问题，PPP 项目具有很大公共性，最终由普通百姓买单，项目本身收益不会太高，因而也就无法承担目前较高的信托融资成本，所以这就需要信托公司必须对接低成本资金，诸如保险、养老金等长期资金、机构资金、部分国际组织援助资金，从当前市场行情来看，信托获取低成本资金的渠道还是非常有限的。当然，资金成本还与项目流动性、风险性等因素有较大关系，因而需要信托公司提供最优化的信托交易结构，实现与低成本资金的匹配。

同时，建议未来随着 PPP 项目债券的加快发展，诸如项目收益债、项目收益票据等，信托公司可成立该类债券的证券投资信托，认购一级市场发行的各类 PPP 项目债券或者投资交易二级市场的各类 PPP 项目债券，由于资本市场流动性较好，信息透明，能够得到更多投资者认可。

第二，以股权资金形式为 PPP 项目融资。信托资金可以作为 PPP 项目公司初始股权资金，全程参与 PPP 项目建设和运营。这样做的难点：①股东需要承担整个项目建设和运营风险，尤其是建设初期不确定性因素极高，这对于信托公司 PPP 项目运营具有较大的实战经验要求，信托资金募集可能较为困难，这就需要公司选择好 PPP 项目合作方，从而专注于提供金融服务支持。②信托期限问题，与债权资金面临的期限问题一样，在长达 20~30 年的 PPP 项目周期中，如何提高信托产品流动性仍是个问题，对此问题的建议与债权资金相关建议基本相似。除此之外，国际经验表明，PPP 项目运营稳定后，保险等金融机构愿意涉入，获得稳定现金流，这时原始股东就有机会通过股权转让的方式实现退出，不过这种交易仍具有很大不可预见性，但是确实提供了一种有益的退出思路。

第三，以产业基金形式为 PPP 项目融资。相较于单纯的债权或者股权融资，PPP 项目以产业基金形式更具有灵活性，可以广泛采用债权、股权等形式提供融资支持 PPP 项目开发，实现风险有效搭配；投资于多个 PPP 项目有利于分散投资风险，也有利于形成信托产品期限上的搭配，提高产品流动性。麦格理银行运作的基础建设投资资金是全球该领域最大的基金之一。最好是学习印度经验，打造类似 REITs 的基建产业投资基金信托，在流动性、税收等多方面都具有较高的市场优越性和吸引力。产业基金的运作难点在于，要设计好交易结构，具有 PPP 项目投融资方面的专业人才，能够实现募集较大规模资金，实现规模效应，在此方面信托公司可与政府以及专业金融机构合作，有利于发挥政府资金的引导作用和专业经验，有利于降低产业基金运作难度。

第四，以资产证券化形式盘活 PPP 项目存量资产。资产证券化旨在将 PPP 项目未来所拥有的能够获得稳定收益的资产，诸如收费权、政府补贴等打包出售，获得变现资金，用于其他新项目投资。信托公司可以作为受托人和发行人，帮助设计交易结构，推动市场发行。这一过程难点在于我国资产证券化市场发展程度不高，PPP 项目存量资产证券化仍需要有一个探索过程；目前信托公司仅具有承担信贷资产证券化受托人和发行人资格，对于 PPP 项目资产证券化尚无法参与。

2015 年，我国大举推动 PPP 建设，意在改变传统基建投融资模式，处置地方政府债务问题，解决基建资金来源问题。在 2015~2016 年的快速发展过程中，存在地方政府以债务形式参与 PPP 建设的问题, 变相扩大债务规模。2017 年, 《关于规范政府和社会资本合作（PPP）综合信息平台项目库管理的通知》（财办金〔2017〕92 号）、《关于加强中央企业 PPP 业务风险管控的通知》（国资发财管〔2017〕192 号）严厉肃清了 PPP 市场的乱象, 而 2018 年利空政策已经基本出尽。从近两年的政策梳理来看, PPP 监管的目的不是限制 PPP 发展, 而是为了"防控风险"。从 PPP 项目入库数量和落地率数据来看, 虽然 2018 年有所回落, 但是随着利空政策逐步出尽, 入库项目数和总投资额均已企稳并呈现缓慢回升趋势（见图 4-30）。

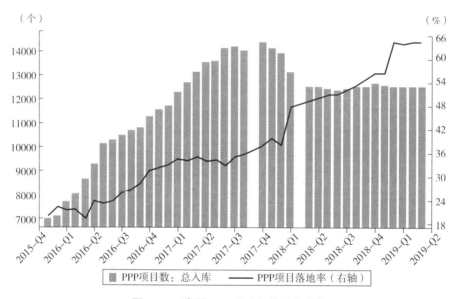

图 4-30　我国 PPP 项目规模增长趋势

资料来源：Wind。

信托公司也积极参与 PPP 项目, 加快政信类项目转型, 中建投信托、中国十九冶集团及昆明市人民政府共同合作的昆明滇池西岸生态湿地 PPP 项目; 江苏信托、紫金信托成为江苏 PPP 发展基金管理人; 中航信托、交银信托参与成立四川省 PPP 项目投资基金。信托公司更多介入前期融资方案的设计, 平安信托、中信信托、建信信托等与大型企业组建的联合体中标多个 PPP 项目。PPP 模式依然是我国基础设施建设的主推模式, 信托公司参与 PPP 项目积极性逐步提升, 个别信托公司设立了 PPP 专业项目团队, 提升业务发展专业化水平。不过信托公司在专业型、适应 PPP 发展的中长期资金方面仍存在短板。

中信信托：唐山世园会PPP项目投资集合资金信托计划

中信信托发行唐山世园会 PPP 项目投资集合资金信托计划（见图 4-31），规模 6.08 亿元，期限为 15 年，预期收益率为 8%，信托资金主要投向唐山世园会 PPP 项目建设。

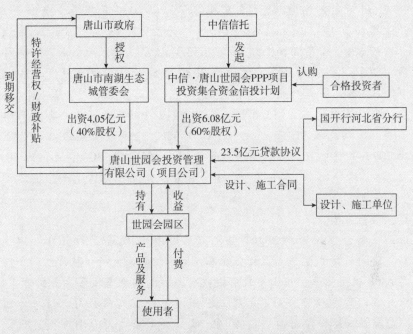

图 4-31　唐山世园会 PPP 项目投资信托计划交易结构

一、融资项目

世界园艺博览会是由国际园艺花卉行业组织——国际园艺者协会批准举办的国际性园艺博览会。该会历史悠久，在国际上有巨大的影响力，近年来我国青岛、沈阳等城市都曾举办过世园会。唐山市于 2016 年获得世界园艺博览会的承办权，大会将"都市与自然，凤凰涅槃"设为主题，唐山世园会首次利用采煤沉降地，不占用耕地。唐山世园会基础设施级配套总投资为 33 亿元，建设工期紧，投入较大，随后将 PPP 模式引入世园会基础设施级配套工程建设中。世园会分为核心区和体验区，占地共计 21.4 平方公里，集旅游、休闲、观光于一体，预计游客将达到 1500 万人次以上。

二、项目发起方

截至 2018 年，唐山市下辖 7 个市辖区、3 个县级市、4 个县，另设有 3 个开发区、1 个管理区，常住人口 793.58 万人，唐山先后获得联合国人居奖、中国优秀旅游城市、国家园林城市、全国双拥模范城市等荣誉。唐山市 2018 年全年地区生产总值实现 6955.0 亿元，按可比价格计算，比 2017 年增长 7.3%，超额完成 6.5% 的预期发展目标，比 2017 年提升 1.0 个百分点。第一产业增加值 493.1 亿元，比 2017 年增长 2.7%；第二产业增加值 3817.8 亿元，增长 6.2%；第三产业增加值 2644.0 亿元，增长 9.6%。全年固定资产投资比 2017 年增长 6.8%，增速比 2017 年提升 0.2 个百分点。第一产业投资下降 3.9%，第二产业投资增长 21.7%，第三产业投资下降 10.5%。全年社会消费品零售总额 2743.6 亿元，比 2017 年增长 8.7%，其中限额以上单位消费品零售总额 328.6 亿元，下降 7.5%。全年全部财政收入 882.5 亿元，比 2017 年增长 20.4%。全年居民人均可支配收入 30309 元，比 2017 年增长 9.1%，增速比 2017 年提升 0.3 个百分点，高于地区生产总值名义增速 2.6 个百分点。

三、项目方案

唐山世园会总投资约 33.63 亿元，采用 PPP 模式下的 BOT（建设—运营—移交）合作方式运作。在社会资本方面中信信托发行信托计划向合格投资者筹得 6.08 亿元出资，唐山市政府授权唐山市南湖生态城管委会出资 4.05 亿元，双方共同设立项目公司——唐山世园投资管理有限公司，信托计划持股 60%，而唐山市政府方面则持股 40%。项目公司负责对项目融资、设计、建设、运营、维护、管理全程负责，唐山市政府将给予项目公司一定财政支持和补贴，项目运营期满后由唐山市政府进行验收。项目投资所差的 23.5 亿元资金由国家开发银行河北省分行提供中长期贷款支持，并在 15 年的贷款期限内偿还完毕。运营期间，信托计划的投资收益劣后于贷款本息偿还。

由于世园会 PPP 项目是带有公益性质的准经营性项目，政府支付一定的财政补贴弥补可行性缺口以实现社会资本的合理回报，符合 PPP 相关政策的操作模式。未来唐山市拟以"园艺博览会项目"为切入点，借助中信集团的综合资源，后续与中信信托就唐山市供水、供热、垃圾处理等 PPP 项目开展一系列深度合作。

建信信托：中建建信发展投资中心汉宫PPP集合资金信托计划

建信信托发行设立中建建信发展投资中心汉宫 PPP 集合资金信托计划（见图 4-32），信托总规模为 15 亿元，主要用于支持汉中市汉文化旅游设施建设项目。

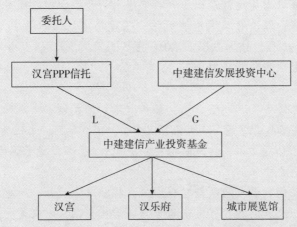

图 4-32 中建建信发展投资中心汉宫 PPP 集合资金信托计划交易结构

一、交易方

汉中文化旅游投资集团有限公司于 2012 年 9 月与兴元新区管委会同期成立，为汉中兴元新区管委会直接管辖的下属公司，具有独立法人资格，依法经营，自负盈亏，注重社会效益，提高经济效益。公司注册资本为 35 亿元人民币，其中汉台区财政局出资 4.5 亿元人民币（占 12.86%），汉中市经济开发区财政局出资 1.5 亿元人民币（占 4.28%），汉中万邦置业发展有限公司出资 24 亿元人民币（占 68.57%），陕西省国际信托股份有限公司出资 5 亿元（占 14.29%）。截至 2017 年 6 月底，汉文投总资产 335.44 亿元，资产负债率为 68.2%，2017 年上半年营业总收入 8.94 亿元，净利润 3.36 亿元。

二、融资项目

本项目募集的资金全部用于认购中建建信产业基金（有限合伙）的有限合伙份额，基金总规模暂定不超过 15 亿元，信托资金拟根据项目实际建设进度及政府支付进度分期到位，每年预计分四期，每期资金募集到位后，产业基金向产业基金与中建七局指定公司共同设立的项目公司发放股东借款，项目公司用收到的股东借款向总承包单位支付过程中的工程款项用以实施汉文化博览园项目。本项目总面积为 501.05 公顷，其中国有建设用地面积 216.4 公顷、农用地 182.5 公顷、集体建设用地面积 102.15 公顷。

汉中汉文化旅游设施建设项目主要内容包括文化旅游设施、征地拆迁及安置、市政基础设施（道路桥梁工程、市政管网工程）三个方面的工程内容。

此次我们通过中建建信产业基金与中建七局开展合作的项目是文化旅游设施工程下的汉宫、汉乐府及城市展览馆。项目总建筑面积约 11.88 万平方米，预计总投资 20 亿元，施工期限自 2016 年 5 月开始，三个子项目预计在 2018 年初竣工。三个项目简要介绍如下：

1. 汉宫

汉宫主体是供参观者朝圣祈愿，祭祖归宗，瞻礼增福，观摩增慧的核心建筑。功能主要包括参观游览，汉文化会议中心，观演剧场、文化展示等；项目整体用地规模 9.76 万平方米，建筑面积 8.8 万平方米，预计投资额约为 16.7 亿元。

2. 汉乐府

一个可以容纳数千人的歌舞宴会中心，将融汉代歌舞、欢宴、鼓乐、文化为一体，以展示汉家皇室贵族文化的生活场景为主调，以汉文化源头和汉水源头为特色，将汉文化歌舞演艺中心、经典音乐会堂和大汉民族乐曲融入一体，使游客进一步体会和领略到汉文化的兴起和昌明。项目整体用地规模 1.54 万平方米，建筑面积为 1.11 万平方米，预计投资额约为 2.4 亿元。

3. 城市展览馆

汉中兴元城市展览馆，集中展示该项目文化、旅游、生态、水系、低碳宜居等方面整体规划从无到有、从简到繁的发展历程，同时，也是建设过程重要人物对项目指导、关心和扶持的记载和重大决策、重大事件的忠实记录，同时也是整个兴元示范区建设过程的写照。项目整体用地规模 1.2 万平方米，建筑面积 0.98 万平方米，预计投资额约为 0.9 亿元。

三、交易结构

建信信托作为本信托计划的受托人，将募集资金全部用于认缴中建建信产业投资基金的 LP 份额，以汉中市汉文化旅游设施建设项目（以下简称"汉中项目"）中的三个子项目：汉宫（又名汉文化博物馆，简称汉宫）、汉乐府及城市展览馆作为本期产业基金投放项目。信托计划成立后认购有限合伙企业 LP 份额，有限合伙企业以所募集的资金与中建指定下属公司共同发起设立项目公司，剩余部分以股东借款的方式根据施工进度按季度向项目公司支付，用以完成汉文化博览园项目的建设。

四、增信措施

第一，建信信托控股的项目公司对施工方中建七局的工程款支付设置了节点控制措施，在单体项目交工验收前，中建七局累计仅能收到80%的工程款项；单体项目竣工验收或交付使用后，中建七局累计仅能收到95%的工程款项。

第二，汉中市城市建设投资开发有限公司对汉文投的支付义务提供连带担保责任。汉中市城市建设投资开发有限公司于2003年8月25日经汉中市人民政府市长会议决定成立，是市政府投资控股的实行"市场运作、自负盈亏"的国有独资法人企业。截至目前，公司注册资本金为34469万元，其中汉中市城乡建设规划局出资500万元，占比1.4506%；汉中市国土资源局出资500万元，占比1.4506%；国开发展基金有限公司出资4469万元，占比12.9653%；汉中市财政局出资29000万元，占比84.1336%。

截至2017年6月30日，公司资产总额比2016年增长31.63%，为28.86亿元；公司资产负债率为60.24%，对比2016年有所下降，反映企业良好的资产负债比以及经营水平稳定提高；截至2017年6月底，公司所有者权益合计为47.73亿元。

作为汉中市城市投资发展建设的政府平台，公司在资产规模及资产质量上具有较强的稳定性，现金流量相对维持在较为稳定的水平以应对短期的债务压力。其已获得主体AA评级，作为项目的担保方，公司具有较强的担保能力。

第三，建信信托向项目公司委派财务总监，对财务及日常运营具有控制权。

（五）铁路基金信托

铁路建设是我国交通建设的重要组成部分。改革开放40多年来，我国铁路改革发展实现历史性突破，取得历史性成就。铁路营业里程由5.2万公里增长到13.1万公里以上；增长154.4%，形成了世界上最现代化的铁路网和最发达的高铁网。铁路服务经济社会发展保障能力显著增强，国家铁路旅客发送量由8.07亿人增长到33.17亿人，增长311.0%；货物发送量由10.75亿吨增长到31.9亿吨、增长196.7%。铁路科技创新取得重大突破，成功构建了具有完全自主知识产权的高速、普速、重载三大领域铁路技术标准体系，总体技术水平迈入世界先进行列，部分达到世界领先水平。

全国铁路固定资产投资完成8028亿元，其中国家铁路完成7603亿元；新开工项目26个，新增投资规模3382亿元；投产新线4683公里，其中高铁4100公里。到2018年底，全国铁路营业里程达到13.1万公里以上，其中高铁2.9万公里以上。全国铁路固定资产投资保持强大规模，总体投资规模约为8000亿元，预计投产新线6800公里，其中高铁3200公里。

为支持国家铁路建设，鼓励信托公司开展铁路发展基金专项信托业务创新，2015年9月，原银监会下发了《关于信托公司开展铁路发展基金专项信托业务有关事项的通知》（以下简称《通知》）。根据《通知》，铁路专项信托是指信托公司担任受托人，信托资金专项用于投资铁路发展基金的信托计划。银监会鼓励信托公司按照市场化原则设立开发专项信托产品投资铁路发展基金，实现铁路发展基金投资主题多元化，拓宽铁路建设资金来源，具体规模、期限、收益率等要素由信托公司与铁路发展基金协商并合理确定。信托公司开展铁路专项信托业务，遵循"规则不变，个案处理，分类对接"的总体原则，按照监管评级结果实行分类对接。经营稳健、风控能力较强的信托公司可以设立铁路专项信托，委托人最低委托金额不低于人民币1万元，参与人数不受限制。其他类别的信托公司设立铁路专项信托，应严格遵守《信托公司集合资金信托计划管理办法》等有关规定。信托公司开展铁路专项信托业务，应当遵循卖者尽责、卖者自负的原则，应当遵守审慎经营规则，就产品营销、投后管理、风险管理等事项制定完善的业务管理制度，有效防范和控制风险。信托公司应当恪尽职守，履行诚实信用、有效管理的义务，按照清算支付信托利益，不得逾期清算。信托公司设立铁路专项信托业务，应逐笔向监管部门事前报告，并承诺严格遵守本办法规定。此后中航信托、重庆信托成为首批试点信托公司。

实际上，早在2014年铁路发展基金成立之初，建信信托就作为发起人参与其中，之后发行了多期中国铁路发展基金集合资金信托计划，同时其还参与了安徽铁路等项目，属于信托行业参与铁路建设较早、发展较快的信托公司；2015年，中粮信托中标广铁基金项目出资人，同时其他个别信托公司也以不同形式参与铁路投融资领域业务。目前，除了国家层面的铁路发展基金，江西省、广东省、安徽省等地区都成立了地方性的铁路投资基金，未来围绕铁路投融资领域的发展前景较好，铁路专项信托已经为信托公司更广泛参与国家铁路建设打开空间，信托公司参与新业务领域的热情也较为高涨，期待早日实现发展转型，但是合作模式、风险管控、资金营销等问题还需要在今后的探索中逐步解决。

案例分析 建信信托：安徽省铁路建设投资基金有限公司投资单一资金信托

建信信托发行安徽省铁路建设投资基金有限公司投资单一资金信托（见图4-33），规模10亿元，期限5年，信托资金主要用于向安徽省铁路建设投资基金有限公司进行增资扩股，用于商合杭铁路及杭黄铁路等项目的建设。

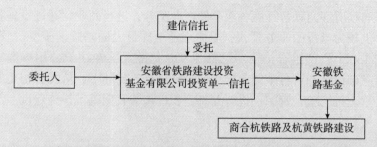

图4-33　安徽省铁路建设投资基金有限公司投资单一资金信托交易结构

一、交易对手

安徽省铁路建设投资基金有限公司后更名为安徽省铁路发展基金股份有限公司，成立于2013年，注册资本为300亿元，目前股东为中皖投集团、安徽铁投、地勘基金和国开发展基金有限公司，认缴比例分别为46.67%、42.37%、6.66%和4.30%，全部出资将于2020年底前分步到位。为了进一步发挥铁路建设投资基金融资功能，安徽省铁路基金还通过明股实债形式吸纳各类社会资本。2018年6月末，国开基金、深圳融通资本财富管理有限公司、华润深国投信托有限公司、中银资产管理有限公司、首誉光控资产管理有限公司、深圳平安大华汇通财富管理有限公司等多家机构通过明股实债形式向公司注资78.90亿元。截至2018年6月末，公司未经审计的合并口径资产总额为252.53亿元，所有者权益为185.13亿元；2018年上半年实现投资收益2.59亿元，净利润-2.78亿元；现金及现金等价物净增加额-6.75亿元。2018年的主体评级为AAA级。

截至2018年6月末，完成铁路建设出资84.85亿元，主要用于杭黄铁路、商合杭铁路、淮北联络线、郑阜铁路和合安高铁等项目的建设。2018年，随着京福客专和合武铁路的开工建设，安徽省铁路建设规模逐步扩大。

二、交易结构

建信信托此次增资金额10亿元，成为铁路基金有限公司的新股东，出资占比16.67%。2016年，全体股东一致同意股东投资集团出资10亿元，受让股东建信信托持有的铁路基金有限公司10亿元股权。

此次，建信信托入股地方性铁路建设机构，积极践行了信托支持我国铁路建设的重要作用。

（六）基础产业基金成长空间大

除了与政府部门联合开展各类基础产业基金，进行商业化基础设施投资运作也是国际上较为流行的业务模式，麦格理是全球最大的基础设施资产管理机构，管理全球 130 个资产组合，资产总额达 920 亿欧元，专注于公用事业、交通运输、通信基础设施和可再生能源领域的投资机会。实际上，信托公司也在加强与专业基金管理机构整合资源、优势互补，积极参与我国基础设施建设。

中航信托：东久工业地产投资信托

中航信托发行东久工业地产投资信托（见图 4-34），总规模约 100 亿元，主要用于认购至谨（上海）股权投资合伙企业份额，最终信托资金用于投资中国一线城市及部分 1.5 线城市的现代化综合性的产业园区。这是国内首只专注于产业基础设施投资的美元和人民币混合型基金，是一只综合本土化、专业化和机构化的基金组合。

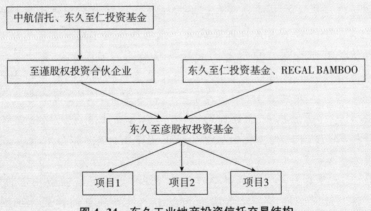

图 4-34　东久工业地产投资信托交易结构

一、交易方

东久中国是产业基础设施综合服务领域的领导者，由美国华平投资集团和创始人孙冬平先生于 2014 年共同投资创建，致力于总部园区和现代化工业园区的投资、开发、建设及运营。2016 年，美国华平投资集团及东久中国创始人孙冬平共同完成对东久中国 2.2 亿美元的 B 轮投资。东久中国同著名基金公司合作，与其他私募基金共同投资开发工业地产项目，目前，在中国上海地区、北京地区、广州地区以及成都地区投资包括总部园区、标准厂房、定制厂房在内的工业地产项目及数据中心项目。

二、投资领域

工业地产是指工业类土地使用性质的所有毛地、熟地，以及该类土地上的建筑物和附属物，有别于住宅、商业和综合类用地以外的第四种性质用地，一般分为重工业房地产、轻工业房地产、仓储房地产（物流地产）、自由贸易区房地产。与国际成熟的工业地产市场相比，我国工业地产发展仍处于初级阶段。过去很长一段时间内，工业地产行业都不是一个完整发展的商业市场。随着这两年工业投资的兴起，特别是在住宅、商业类物业的价格日趋走高，投资回报日渐降低的情况下，越来越多的资金逐步向工业地产转移，使得工业园区、产业地产逐步兴起。2009~2017年，我国以工业地产为主的其他房屋开发投资额整体呈逐年递增的趋势。除2015年外，其余年份均实现同比增长。2017年，我国以工业地产为主的其他房地产开发投资额达到12250亿元，同比增长6.47%。随着经济不断发展，原有生产厂房产生了升级的需求，工业地产可以向更高附加值的领域进行生产，这一部分市场的开发已为较多的投资者所了解。随着第三产业发展和知识经济崛起，企业对总部园区和现代化工业园区的需求日益提升。

目前，信托公司主要采用单体项目形式参与基础设施，形式以债权为主，缺乏对于专业领域的专业能力，此工业基础产业基金是与国际工业基础设施综合运营商的深度合作，既可以发挥信托在资金端的募集优势，也可以加强向先进管理机构的学习，培养人才，提升自身的市场竞争力。

四、金融机构类融资型资金信托案例分析

金融机构类资金融通型信托主要是为金融机构提供融资服务，由于金融机构通常来看融资渠道较为通畅且多样化，而信托融资成本较高，因此金融机构较少采用信托融资方式，不过在部分情况下，在特定资金的配合下，信托可以为金融机构提供融资服务和支持。金融机构对于成本的控制较高，加之资金端和资产端可能都为机构投资，这也决定了一般金融机构类信托融资业务的信托报酬相对不高，整体业务风险较低，业务风险与收益相匹配。

从历史走势看，金融机构类信托业务有持续上升态势，增速也保持在30%~40%的较高水平，当然其中也包含了一些业务通道，而随着近年来严监管包括去

通道压力加大，金融机构类信托业务在 2018 年后出现了较为明显的收缩（见图 4-35）。未来，金融机构融资类业务做大难度较大，一方面资金端的压力，匹配难度较高，另一方面金融机构自身资金来源中信托融资仍是较为小众的渠道，而且金融机构类信托业务也涉及资金空转等监管问题，开展合规风险也较高。

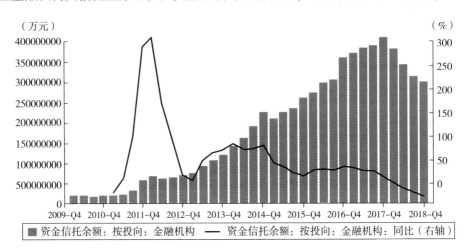

图 4-35 金融机构类信托业务走势

资料来源：信托业协会。

 华融信托：长城信托贷款集合资金信托计划

华融信托发行长城信托贷款集合资金信托计划（见图 4-36），规模 100 亿元，用于向中国长城资产管理公司（以下简称"长城资产"）发放信托贷款，长城资产将贷款资金具体用于新增资产收购业务、参与商业银行不良资产包批量处置、非金融机构不良资产收购和补充营运资金等业务，期限 5 年。

图 4-36 长城信托贷款集合资金信托计划交易结构

一、交易对手

中国长城资产管理公司注册资本金 100 亿元人民币，由财政部全额拨入，为国有独资金融企业。1999 年 10 月 18 日在北京正式挂牌成立，集团总部设在北京，2018 年在全国设有 31 家分公司、1 家业务部，拥有长城金租、长生人寿、长城信托等 10 余家控股公司，辖属金融业务类、中间业务类、辅助业务类三大类。截至 2018 年 9 月末，长城资产总资产为 6389.82 亿元，负债总额为 5723.45 亿元，所有者权益为 666.37 亿元。2018 年前 9 个月实现营业收入 277.03 亿元，实现净利润为 42.91 亿元。综合来看，长城资产作为国有控股的资产管理公司，在不良资产处置方面处于市场领先地位，资本实力强，整体抗风险能力较强，主体信用评级为 AAA 级。

二、项目特点

央企作为信用风险低、信用等级高的优质客户，是各家金融机构争抢的对象，历来属于大型商业银行的传统客户，中小型银行较难介入，信托公司在营销上存在较大难度。需要通过认真分析市场情况，迅速制订客观且有竞争力的项目方案。此类融资主体向传统自然人募集资金的模式难以满足项目的低成本需求。为此，需要进一步向银行、保险、财务公司等机构加强营销力度。

总体而言，该项目属于风险较低但规模总额较高的信托项目，在有效降低项目信用风险的同时，又保持了较高的项目收益总额，实现了传统信托融资项目的创新操作。

光大信托：新元1号西藏金融租赁集合资金信托计划

光大信托发行新元 1 号西藏金融租赁集合资金信托计划（见图 4-37），规模 4 亿元，期限 2 年，信托资金用于受让西藏金融租赁有限公司持有的租赁资产债权，到期由西藏金融租赁有限公司回购，最终用于补充公司流动资金。

图 4-37　新元 1 号西藏金融租赁集合资金信托计划交易结构

一、交易对手

西藏金融租赁有限公司于 2015 年正式开业，是西藏自治区内首家金融租赁公司，注册资本为 50 亿元，最大股东为民营企业东旭集团有限公司，其持股比例为 48.5%，西藏自治区政府则通过西藏自治区投资有限公司、西藏银行股份有限公司和西藏自治区国有资产经营公司持有公司 29.3% 的股权。2018年末，西藏金融租赁有限公司总资产达 484.75 亿元，同比增速高达 134%。2018 年公司全年实现净利润 7.6 亿元，同比增长 13.3%，平均总资产收益率高达 2.2%，位于金租公司前列。在过去几年间西藏金租并没有形成逾期贷款、关注类贷款或不良贷款，资产质量较好。来自长期应付款和企业债的融资来源不断增加，2018 年 8 月，西藏金融租赁有限公司就成功在银行间债券市场发行了首期金融债，发行金额 30 亿元，同时在 2018 年 9 月公司完成股东增资 20亿元。2018 年，联合资信给予西藏金融租赁有限公司主体信用评级为 AA+，表明其偿债能力较强。

二、增信举措

租金回款账户监管，租金回款全部归集到账户监管，优先偿还信托本息；西藏金租补充租赁资产，确保信托本金覆盖率不小于 1.1 倍；西藏金租承担到期回购租赁义务。

总体来看，这是信托公司和金融租赁的成功合作，金融租赁作为重资产运营机构，需要不断扩张外部资金来源，近年来信托公司加强了与金融租赁机构的合作，一方面，信托公司可以为租赁机构提供运营资金；另一方面，也可以帮助租赁机构盘活租赁债权，提高资产周转效率，提高盈利能力。此外，近年来，随着资产证券化的兴起，信托公司更多介入到 PRE-ABS 业务模式中，通过融资帮助租赁机构形成符合证券化要求的基础资产，从而通过资产证券化盘活基础资产达到退出目的。

五、消费信贷类融通型资金信托案例分析

（一）我国消费金融发展态势及驱动力分析

近年来，消费金融成为金融领域又一风口，发展较为快速。截至 2016 年末，国内居民消费贷款总额为 22.6 万亿元，同比增长约 23.4%，2017 年居民消费信贷达到 27.9 万亿元，同比增速为 21.1%（见图4-38），2018 年则达到 33.8 万亿元，同比增长 21.4%；而互联网消费金融交易增速更快，2016 年达到 8695.1 亿元，同比增速为 269%，2017 年交易规模实现19877 亿元，增速为 129%；2018 年交易规模达到 38680.7 亿元，增长 94.6%。据测算，到 2020 年我国消费信贷规模有望达到 50 万亿元。

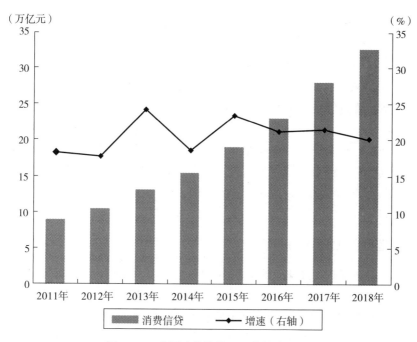

图 4-38　我国消费信贷仍保持较快增长

资料来源：Wind。

我国消费金融业务发展加速，主要得益于以下驱动力：

其一，消费需求潜力释放产生较大的相关金融服务发展空间。我国宏观经济结构持续优化和调整，经济增长动力逐步由投资拉动向消费拉动转变，2016 年消费对于 GDP 增速的贡献占比接近 2/3，呈现逐步上行的态势。近年来消费规模保持稳步上升态势，2016 年社会消费品零售总额突破 33 万亿元，增速保持在 10.4%，未来仍有望保持稳定增长态势。消费需求逐步挖潜和释放，此过程将伴随相关金融服务需求的上升，诸如购房、购车、教育、旅游等消费贷款需求，为消费金融业务发展提供了广阔空间。

其二，消费观念不断转变，超前消费与投资观念逐步得到接受。以前都是有了钱才消费，现在的年轻群体超前消费意识提高，借助消费金融工具进行消费的意愿明显增强。统计数据显示，40 岁以下人群中有近 45% 的人使用过消费分期服务，另有 30% 的人群虽然没有使用消费分期，但对此很感兴趣。以大学生和年轻蓝领群体为主的年轻群体，他们的消费意愿和消费能力不匹配，是重要的消费金融需求主体。

其三，发展普惠金融，国家大力推动消费金融业务。国家出台了一系列鼓励发展消费金融业务的政策，不断完善普惠金融体系，自 2015 年以来，国家出台的多个文件都将消费金融作为重点领域进行推动和政策支持,《关于促进互联网金融健康发展的指导意见》明确提出消费金融是互联网金融主要业态之一,支持有条件的互联网平台开展网络消费金融;《关于加大对新消费领域金融支持的指导意见》明确指出,要创新金融支持和服务方式,促进大力发展消费金融,更好地满足新消费重点领域的金融需求。

其四,风控手段逐步完善,支撑稳健展业。消费金融业务一般笔数多、单笔额度少,需要运用系统化审批和专业化评分模型,以有效防范违约风险、欺诈风险。人民银行个人征信系统逐步完善,个人互联网社交、电商平台交易等大数据信息得到汇聚和深度挖掘,涌现了芝麻征信、腾讯征信等征信机构,为有效管控消费金融业务风险以及稳健展业提供了更强大支撑。

(二)消费金融业务竞争分析

消费金融业务仍在不断开发和创新过程中,各方参与机构逐步涌入,包括消费金融服务商、资金提供方、征信机构、信息系统提供商、催收机构(见图4-39)等,其价值链条日渐清晰。其中核心参与机构是消费金融服务商,其负责筹集资金、设计产品、组合业务发展的相关要素和资源、有效把控风险,从而获取利润。现在消费金融服务商主要为银行、消费金融公司、互联网平台以及信托公司等,下面将从资金来源、产品服务、风控措施、竞争优劣势等方面,对四大类消费金融服务商进行详细比较分析(见表4-8)。

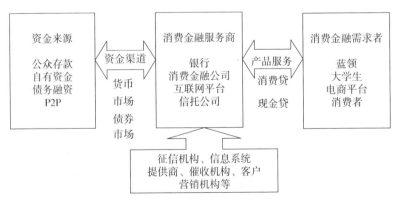

图4-39 消费金融业务价值链条

1. 银行

银行资金来源于各类存款、同业拆借、发行金融债券等,资金成本低而且稳定;银行商业网点多,提供综合金融服务,客户资源和渠道丰富,但是银行受限于自身风险偏好、监管要求等因素,目标客户主要以白领、高收入人群为主,典型产品如宁波银行白领贷、平安银行新一贷等消费信贷产品，目前仍无法覆盖中低收入人群，普惠型小额消费金融业务参与较有限，这也为其他金融机构涉足消费金融业务领域提供了机会。银行风控严格，具有成熟的征信及审批模式，一般审批周期较长，客户体验不佳，消费金融业务不良率较低，为 1.2%~2.7%。

2. 消费金融公司

2009 年我国开始试点设立消费金融公司，截至 2018 年 5 月共获批 25 个消费金融公司，如中银消费金融公司、马上消费金融公司等，其中以银行股东为背景的消费金融公司为主，不同股东背景决定了消费金融公司经营策略的差异性。消费金融公司主要资金来源于股东存款、银行间同业拆借、金融机构借款、发行金融债等，来源渠道较广泛，但资金成本要高于银行；消费金融公司风险容忍度有所提升，目标客户群体为银行尚未覆盖的优质客户群体。消费金融公司分支网点较少，获客渠道有限，主要与商户、零售商合作；消费金融公司可以接入人民银行征信系统，风险管理主要结合银行成熟风控措施以及大数据征信手段，具有审批时间短、放款快等特点，部分服务需要面审，目前不良率在 2.5%~6%。

3. 互联网平台

互联网消费金融发展相当快，参与群体也较多，主要分为电商平台、分期购物平台以及 P2P 平台等。典型的电商平台主要是阿里巴巴、京东等，电商平台基于消费场景和客户流量提升了获客能力，积累了宝贵的客户信息数据，有助于设计更贴近客户需求的金融产品，同时增强了风险评估准确性，提升了审批效率，主要产品包括借呗、微粒贷、京东白条等。分期购物平台主要包括趣分期、分期乐等，其主要依托电商消费场景提供消费金融服务，主要面向大学生群体等。相比较而言，互联网平台利用互联网消费热潮兴起的大背景，在获客渠道以及累积客户信用信息数据方面具有很大的优势，同时基于互联网基因，能够强化产品设计的灵活性、适应性和良好体验，但是其资金来源主要是股东资金以及少部分 ABS融资，资金来源渠道狭窄，而且成本更高，也缺乏金融专业人才和牌照优势。

4. 信托公司

信托公司紧抓消费金融业务机会以及面临转型发展的迫切需求，逐步切入消费金融领域，外贸信托、渤海信托、中航信托等较早介入消费金融领域，均已接入了人民银行征信系统，消费金融业务规模也是在百亿元规模以上，形成了一定规模优势和品牌优势，其他信托公司开始逐步跟随行业领先者加强消费金融业务拓展，诸如云南信托、百瑞信托等。信托公司主要在金融牌照、资金端具有一定优势，但是信托公司零售业务经验不足，获客渠道有限，市场定位并不明确，产品开发设计能力不高，风险控制体系尚不健全，独立开展消费金融业务难度较大。

表4-8 各消费金融服务商比较分析

	银行	消费金融公司	互联网平台	信托公司
资金来源	各类存款，资金来源稳定且成本低	股东存款、同业拆借、发行债券	自有资金、金融机构借款以及少部分ABS	募集的机构以及个人资金
客户来源	广泛的营业网点以及庞大的存量客户，以白领、高净值客户为主	与零售商、商户等合作获取客户或聘请中介机构外包客户营销工作	基于电商平台、分期购物平台等消费场景获取客户	由助贷机构提供符合风控要求的客户资源
风险控制	传统成熟的风控、审批模式	银行成熟的风控体系与大数据征信技术相结合，以线下审核为主	基于平台累积数据、征信数据等进行在线审批	基于外部采购信息系统以及其他征信数据进行在线审批，设置黑名单
竞争优势	资金优势、客户资源优势	资金优势、产品风控优势	客户获取优势、客户体验优势、IT技术优势	牌照优势、资金优势

资金渠道、客户获取、风险定价是消费金融业务的核心竞争力，从目前来看，消费金融服务商各具优势和劣势，未来能够在上述竞争力要素方面强化的机构才有可能在消费金融市场获得更稳健、更长足的发展。

（三）信托公司消费金融业务模式分析

从目前来看，信托公司开展消费金融业务，主要依靠以下四种业务模式：

第一种是事务管理业务模式。针对无牌照的互联网机构为其提供后续放贷和管理服务，或者发挥信托制度优势，协助部分从事消费金融业务的机构开展资产证券化等业务，实现外部融资。此种业务模式基本不承担主动管理责任，以发挥信托公司牌照优势和制度优势为主，属于劳动密集型业务，信托报酬率相对较低，以做大规模为主，适合刚刚涉足消费金融业务或者风险偏好较低的信托公司。

第二种是批发融资模式。除银行外消费金融机构融资渠道有限，信托公司可利用自身资金募集优势为其提供批发融资服务，诸如信托贷款、Pre-ABS基金、消费金融债权流动化等，这也是目前信托公司普遍开展的业务模式。这种业务模式与现有信托业务模式融合度较高，风控标准可以延续使用，主要是依赖消费金融融资方的偿债能力，增信措施包括优先层级设计、劣后层级设计、消费金融债权质押等，现阶段主要与大型、优质的消费金融机构开展此项业务，如捷信等。此种模式适合于尚未建立消费金融业务流程体系的信托公司，但是无法获得下游消费金融零售客户资源，难以更加专业化地开展消费金融业务。

第三种是助贷模式。限于获客渠道以及风控技术不成熟等因素，部分寻求深入开展消费金融业务的信托公司，将客户推荐、初步风险审查、日常管理、催收等业务环节服务外包，信托公司负责客户筛选、放款等，逐步参与到消费金融业务核心环节。从风控措施来看，主要设置不良率上限、消费金融机构差额补助等，实际上信托公司仍是获得固定收益。在此种模式下，信托公司将款项直接发放到零售客户账户，直接与终端客户接触，有利于充分积累和获取客户信息，加强业务防控能力，为做大做强消费金融业务提供更强大支撑。

第四种是专业化模式。在消费金融业务具有一定规模后，可以考虑成立消费金融业务事业部或者成立专业的消费金融公司，以此有效发展消费金融业务。目前，信托公司已有参股消费金融公司以及上下游企业的案例，未来可能有更多信托公司效仿这种模式，或者信托公司自行发起成立消费金融公司，以专业子公司的模式开展消费金融业务。

案例分析　外贸信托：汇金2号三十五期消费信贷集合资金信托计划

外贸信托发行汇金2号三十五期消费信贷集合资金信托计划，规模1亿元，期限1年，信托资金用于向捷信消费金融有限公司提供其开展消费金融业务的贷款。

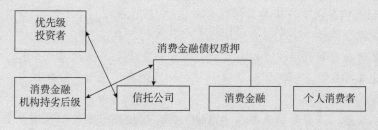

图4-40　汇金2号三十五期消费信贷集合资金信托计划交易结构

一、交易对手

作为国内消费金融服务供应商，捷信于2004年进入中国，2007年12月在广东省正式启动消费金融业务，在深圳设立了第一个中国运营后台，搭建了国内领先的金融数据处理和业务支持平台。通过与全国零售商建立战略合作，为客户提供店内消费贷款服务。捷信消费金融有限公司设立于 2010 年，是我国首批试点的 4 家消费金融公司中唯——家外资公司，注册资本 80 亿元，股东为国际领先的消费金融服务提供商捷信集团。截至 2018 年末，已在 20 个省直辖市设立 25 万个贷款服务网点，活跃用户达到 1400 万人。捷信消费金融总资产为 990.75 亿元，营业收入为 185.06 亿元，同比增长 41%，净利润为 13.96亿元，同比增长 37%，经营业绩居各持牌消费金融公司的首位，显示了较强的经营发展实力。

二、增信举措

一是次级信托财产支持。次级受益人承诺以其全部信托受益权保障优先受益人本息安全（融资期间优先级受益人信托财产与次级受益人信托财产比例任何时点不高于 3：1）。

二是优质公司连带责任担保。捷克 PPF 集团（中东欧地区最大的国际金融和投资集团之一）境内下属公司为消费信贷债权提供连带责任担保，保障信托资金安全。PPF 集团是中东欧地区最大的国际金融和投资集团之一。其业务横跨欧洲、俄罗斯、亚洲及北美市场，投资领域覆盖银行、金融服务、电信、房地产、零售、保险、矿产、农业及生物科技领域等诸多领域。作为 PPF 集团的子公司，捷信集团是国际领先的消费金融服务提供商，业务遍及中东欧地区、独联体国家、亚洲及美国。捷信集团在包括中国在内的全球 10 个国家开展业务，服务的客户总数已经超过了 1.06 亿，活跃客户 2900 万人，拥有超过42 万个线下贷款服务网点。2018 年，捷信集团在中国的业务已覆盖 29 个省份和直辖市、312 个城市。与全国知名的零售商有非常好的合作关系，通过超过25 万个贷款服务网点，服务的活跃客户超过 1900 万人。

三是现金截流。受托人为保证优先受益人的利益，有权对信托专户内的资金存量进行控制和截流，并以截留资金用于优先受益人信托利益分配。

四是日常监控。信托计划贷款管理人按月出具信托财产管理报告，保证信托运作公开、透明。

总体来看，消费金融业务属于零售业务，信托公司直接切入消费金融业务有难度，如果首先与消费金融公司合作，既可以了解消费金融运作，同时作为批发信贷业务，又与信托公司传统业务差距不大。不过，消费金融公司一般成本承受能力有限，信托公司需要在消费金融公司综合实力和成本之间做出平衡。就捷信而言，其是早期的持牌机构，其母公司也是全球领先的消费信贷业务机构，加之具有严格的保障举措，提升了项目的风险控制水平。

案例分析

爱建信托：分期乐1号消费金融集合资金信托计划

爱建信托发行设立分期乐 1 号消费金融集合资金信托计划，总规模 5 亿元，期限 1 年，信托资金用于向借款人发放消费信用贷款，并最终用于借款人在乐信集团有限公司项下分期乐商城的购物消费。

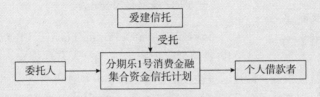

图 4-41 分期乐 1 号消费金融集合资金信托计划交易结构

一、交易对手

深圳市分期乐网络科技有限公司 2013 年成立于深圳，是国内最大的专注于年轻人分期购物的互联网金融公司。分期乐目前主要有两个产品，分期乐和借点花。借点花是分期乐向年满 18 周岁以上的年轻人提供的一种现金消费服务，通过现金直接打入用户银行卡的方式，快速满足小额、多场景的现金消费需求。分期乐已获得数字天空技术（Digital Sky Technologies，DST）、贝塔斯曼（Bertelsmann Digital Media Investments，BDMI）、险峰华兴（China Renaissance K2 Ventures）、经纬中国（Matrix Partners China）等多家顶级 VC 的投资。

二、风险控制措施

第一，深圳市乐信融资担保有限公司（以下简称"深圳乐信"）应于连续代偿 180 天信贷资产的次日回购信贷资产，应于存续期满 12 个月之日或提前终止日收购全部未变现的信贷资产；并且，有对逾期资产履行保证代偿的义务。第二，深圳乐信将向受托人开立的保证金账户缴纳保证金，保证金金额为已投放信托资金的 5%。第三，深圳乐信为借款人在《借款合同》项下全部义务、责任、陈述与保证及承诺事项提供不可撤销的连带责任保证担保。

总体来看，信托公司参与消费金融业务，由于没有网点等引流平台，在获客方面存在困难，加之自身风控系统也不健全，因此需要借助外部力量来获客和筛选客户。目前，很多电商平台能够获取客源，但是自身在资金实力方面存在困难或者没有放贷资质，需要借助信托公司渠道满足客户消费金融服务需求。本信托计划是典型的消费金融助贷模式，由分期乐将其平台消费客户推荐给爱建信托，由其对外募资后，向合格的客户个人发放基于分期乐平台的消费需求，在此消费场景下，分期乐对于客户的筛选能够提升消费金融安全性，同时分期乐提供保证金等增信措施，进一步增强了项目安全性。

六、私募股权基金投资案例分析

（一）PE 基金基本概况

私募股权基金（Private Equity，PE）是指以非公开的方式向少数投资者或者个人募集资金，主要向非上市企业进行的权益性投资，最终通过被投资企业上市、并购或者管理层回购等方式退出而获利的一类投资基金。私募股权投资源于美国，1976 年，华尔街著名的投资银行贝尔斯登的三名投资银行家合伙成立了一家投资机构科尔伯格·克拉维斯（Kohlberg Kravis Roberts & Co. L. P.，KKR，）专门从事并购业务，这就是最早的私募股权投资公司，我国 20 世纪 80 年代末 90 年代初开始发展私募股权投资基金。

随着我国经济转型深入，新兴产业涌现，企业股权投资机会增多；我国深入推动去杠杆，致力于提升直接融资和股权融资比例；政府加强多层次资本市场建设，IPO 审批节奏加快，并购活动频繁，股权投资退出渠道更为通畅。总体来看，股权投资业务未来发展向好。我国经济转型和产业结构调整离不开新能源、医疗、高端制造、信息科技等战略性新兴产业的发展壮大和新动能的形成。未来三年，轨道交通装备、高端船舶和海洋工程装备、智能机器人、智能汽车、现代农业机械、高端医疗器械和药品、新材料、制造业智能化、重大技术装备等将成为提升我国制造业核心竞争力的关键领域，也将是股权投资的重点领域。根据基金业协会统计数据，截至 2019 年投资规模达到 9.17 万亿元，达到有统计数据以来的最高点，增速为 16.3%，随着规模的扩张，增速有放缓趋势（见图 4-42）。

（二）PE 基金运作模式

PE 的运作模式包括公司制、有限合伙制以及信托制，三种方式各有不同。

第一，基础法律关系各异。信托型 PE 的基础法律关系是信托关系，即投资人与基金管理人之间的关系是信托关系；合伙型 PE 基础法律关系则是合伙关系，即投资人为有限合伙人，基金管理人为普通合伙人；公司型（中国）PE 的基础法律关系是股权关系和委托代理关系，即投资人与公司之间是股权关系，即股东与公司之间的关系。

第二，基金的组织性质不同。信托型 PE 基金的组织形式为契约，并无任何

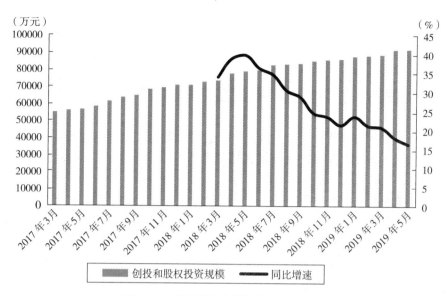

图 4-42　我国创投和股权投资规模趋势

资料来源：Wind。

实体存在，没有物理空间；合伙型 PE 与公司型（中国）PE 组织形式分别是非法人和法人实体，应按照合伙法或公司法以及相关登记办法进行登记注册。

第三，所得税征收原理不同。信托型 PE 基金无纳税义务，各参加人根据自己所得收入依法缴纳所得税，但信托基金本身不纳税；合伙型 PE 基金按照我国法律规定也无缴纳所得税的义务；公司型（中国）PE 应缴纳企业所得税。

第四，管理人债务责任和报酬方式不同。信托型 PE 基金管理人对投资产生的负债不承担责任，如果其作为受益人之一加入信托，则仅根据自己投入资金负有限责任，同时基金管理人原则上仅收取固定比例的管理费，如果加入信托或有收益分层设计则按信托合同的规定；合伙型 PE 基金管理人对合伙运营的债务承担无限责任，同时按约定比例分享投资盈余；公司型（中国）PE 的基金管理人对基金投资债务仅就管理义务承担有限责任，同时报酬按照固定比例管理费加上超额盈利的绩效奖励的方式计算（见表 4-9）。

表 4-9　三种类型的 PE 特征比较

PE 类型 基本特征	信托型 PE	合伙型 PE	公司型 PE
基础法律关系	信托关系	（有限）合伙关系	股权、委托代理
所得税征收	不对信托征所得税	不对合伙征所得税	对公司征所得税

续表

基本特征＼PE 类型	信托型 PE	合伙型 PE	公司型 PE
组织法律性质	契约性质	非法人组织	法人
管理人责任/报酬	有限责任/固定管理费	无限责任/按比例分享盈余	有限责任/管理费+绩效

2001 年，我国信托公司开始开展 PE 业务，部分信托公司加快探索股权投资业务，信托公司开始将股权投资作为转型发展的重要方向。2017 年中国信托业协会的调研数据显示，信托公司中涉足私人股权投资信托业务的公司接近 50%，开展主动管理类私人股权投资信托业务的公司占比为 25%，将其纳入公司战略规划的信托公司占比为 47%，建立内部操作流程的公司占比为 46%，具备专业团队的占比为 32.35%。当然，尤其值得注意的是，部分信托公司（25 家）甚至在该类业务上已经获得一定规模收入，如中融信托、中信信托、中航信托、中铁信托、华鑫信托、中国民生信托等。总体而言，行业内各家信托公司开展私人股权投资信托业务程度不同，但是从整个信托业的角度来看，2017 年私人股权投资信托业务有所发展的趋势是比较明显的，但是整体业务落地率和成效并不明显。截至 2019 年第一季度末，PE 类信托业务余额为 492 亿元，同比增速为 26.61%，呈现持续收缩的趋势（见图 4-43）。信托公司发展 PE 存在较大的困境：一方面，信托公司长期以债权融资为主，而 PE 投资是完全与债权融资业务不同的一类业务，需要建设新的专业能力和品牌，才能赢得客户信赖，这需要一个较长的过程；另一方面，现有监管制度对于 PE 类信托的退出并不有利，例如证监会监管要求我国拟上市公司股东中不能有信托计划，如果有必须先清退，才能够实现 IPO，这使得 PE 类信托业务退出渠道受阻。

从 2008 年开始，监管部门开始规范信托公司 PE 类业务，后又着力发展信托公司 PE 子公司，以此推动信托公司的更快转型发展。

一方面，PE 子公司能有效解决信托公司股权投资业务的普通合伙人资格受限问题及风险隔离问题。目前，国内金融机构开展直接股权投资业务主要是通过设立有限合伙企业的形式进行，执行管理人通常以普通合伙人的身份加入有限合伙企业进行投资管理。然而《中华人民共和国合伙企业法》第三条规定："国有独资公司、国有企业、上市公司以及公益性的事业单位、社会团体不得成为普通合伙人。"目前信托公司多为国有控股企业，从某些监管口径上来看，此背景信托公司作为普通合伙人受到了主体资格的限制。此外，普通合伙人需要对合伙企业债务承担无限连带责任，信托公司直接作为普通合伙人会增大经营风险性。因此，通过设立 PE 子公司，并由该 PE 子公司和专业机构下设二级子公司作为普

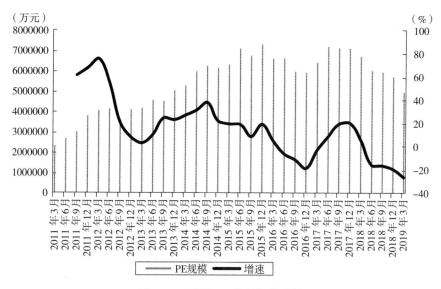

图 4-43　我国 PE 信托规模趋势

资料来源：Wind。

通合伙人进行投资管理，有效解决了信托公司主体的普通合伙人资格受限及相关主体责任风险的问题。

另一方面，间接构建股权投资业务上市退出路径。直接股权投资的退出机制主要包括公开发行上市、股权转让、并购重组以及管理层收购几大类。其中，公开发行上市无疑是实现投资溢价的最优选择。由于证监会目前不认可信托计划作为企业上市的原始股东，使得信托计划参与直接股权投资面临无法上市退出的尴尬局面。通过设立 PE 子公司，并由其作为普通合伙人参与有限合伙企业进行直接股权投资，可以有效避免信托计划作为上市企业发起人资格的问题。除了通过设立 PE 子公司参与股权投资外，信托公司也在通过产业资本合资成立基金管理公司等形式开展股权投资业务，此外，在监管政策下个别信托公司通过信托计划、关联公司等形式参与构建 PE 投资平台。从资源利用效率和便利程度上看，通过设立 PE 子公司建设直投平台无疑是首选。

（三）PE 子公司基本业务模式

1. 直投业务

该业务模式主要由 PE 子公司自有资金或通过对外募集资金（基金模式）直接投资于标的项目。资金主要投资于未上市成长性企业股权；投资的目标企业为处于成长期和成熟期未上市阶段的企业。资金通过夹层投资方式（包括项目阶段性融资）进入项目的不同阶段。最终通过 IPO、股权转让、并购重组、管理层收购等方式退出。

2. FOF 业务

该业务通过直投子公司设立有限合伙基金（母基金）投资于专业机构发起的产业投资基金的 LP 份额。资金端由信托计划募集资金对接或提供短期过桥，另外，亦可通过其他合格投资者募集长期资金直接认购母基金 LP 份额；资金端可设置开放期或增设流动性份额，以缓解项目到期的流动性压力。

3. 通道业务

该业务是对接信托计划的通道类业务，包括有限合伙通道、定向增发等通道业务。在该业务中，直投子公司可以承接各类非主动管理业务，约定各类通道业务的通道费用支付标准和收取方式，制定标准化合同文本，压缩审批流程，力求快速复制该类业务。

（四）PE 信托业务监管政策分析

2009 年，为进一步规范信托公司私人股权投资信托业务的经营行为，保障私人股权投资信托各方当事人的合法权益，监管部门下发了《信托公司私人股权投资信托业务操作指引》，主要从展业条件、PE 业务规范、投资资格等方面进行了详细规范。

2011 年 6 月，原银监会非银部曾拟定《信托公司 PE 子公司设立操作指引》，但是最终并没有正式出台，主要是通过试点推动部分信托公司建设 PE 子公司。

2014 年 4 月，《关于信托公司风险监管的指导意见》明确指出，要大力发展真正的股权投资，支持符合条件的信托公司设立直接投资子公司。鼓励开展并购业务，积极参与企业并购重组，推动产业转型。积极发展资产管理等收费型业务。由此可见，信托公司设立直接投资子公司，是银监会明确信托公司转型的方向之一。这一时期前后，正是信托公司设立 PE 子公司的高峰时期。

2015 年，《信托公司条例（征求意见稿）》中对于信托公司设立专业子公司也明确支持，即"信托公司不得设立分支机构。根据业务发展需要，信托公司可以申请设立全资专业子公司，信托公司对专业子公司实行并表管理"。

2017 年以后，严监管成为常态，考虑到现有监管体系并没有很好地覆盖到PE 子公司，监管部门无法完全掌握这些专业子公司的风险状况，加之个别信托公司设立 PE 子公司后过快扩张，出现了风险苗头，监管部门逐步开始暂停新批 PE 子公司牌照。证监会对于证券公司、公募基金公司的专业子公司在设立注册资本、业务规范等方面都有明确的监管法规，这也成为未来信托公司设立 PE 子公司监管的参考。目前，监管部门正在研究通过并表监管，不仅包括财务并表，也包括风险资本监管的延伸等举措，将各信托公司下设的专业子公司有效覆盖，相关研究虽然取得了进展，但是依然没有形成成熟的监管政策框架。

从近期监管部门的法规制定计划来看，监管部门明确表示加快制定资金信托管理办法、流动性管理办法等监管政策，这可能意味着短期内 PE 子公司等专业子公司审批会非常审慎。2018 年，紫金信托因未经批准以固有财产从事股权投资业务，被中国银监会江苏监管局罚款 60 万元。也凸显了固有资金从事股权投资以及设立 PE 子公司方面的严格程度。

中信信托近年来持续加强专业化发展，旗下主要的子公司包括中信聚信（北京）资本管理有限公司（持股 100%）、中信信惠国际资本有限公司（持股 100%）、中信保诚基金管理有限公司（49%）、中信信诚资产管理有限公司（持股 45%）、中信锦绣资本管理有限公司（持股 40%）。2018 年，中信聚信全资控股中信锦绣。在各子公司（见图 4-44）中，中信聚信和中信锦绣均从事股权投资等资管业务，不过近年来中信锦绣项目风险增大，中信聚信已成为中信信托的最主要 PE 投资平台，而中信信惠主要为国际化业务平台，具有香港证监会颁发的第一、第四、第九类牌照。

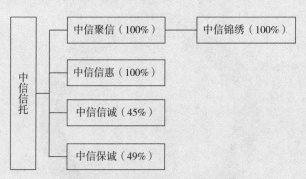

图 4-44　中信信托专业子公司情况

中信聚信成立于 2012 年 4 月，由中信信托副总经理蔡成维担任中信聚信董事长，是中信信托旗下专业股权投资平台，为基金协会备案的私募股权、创业投资基金管理人，所经营的基金业务主要包括私募股权投资基金、并购与重组基金、政府引导基金、另类投资基金及房地产投资基金。已投资的项目涵盖了生物医药，高端装备制造，新能源，节能环保，科技、媒体、通信（Technology

Media Telecom，TMT），公共基础设施建设，资源类项目等新兴行业。中信聚信目前人员总数约为 30 人，管理的基金总数超过 100 只，管理的资产规模总额近 700 亿元。

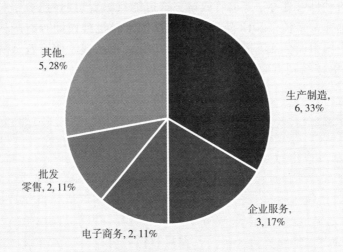

图 4-45　中信聚信对外投资行业分布情况

资料来源：根据互联网公开信息整理。

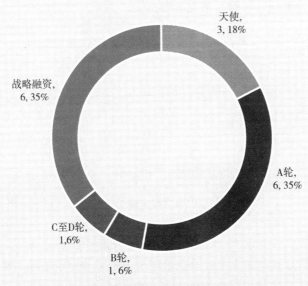

图 4-46　中信聚信对外投资阶段情况

资料来源：根据互联网公开信息整理。

中信聚信通常以共同设立基金管理公司的形式与相关企业建立合作关系，双方通过资金供给与项目筛选分工协作的方式搭建合作平台。中信聚信参与的基金管理公司包括北京聚信安盈投资管理有限公司、天津聚信企业投资管理有限公司、包头聚信城市发展基金管理有限公司、深圳中亿城信基金管理有限公司、聚信泰富（深圳）基金管理有限公司等几十个主体，涉及合作主体包括阳光股份、红阳能源、国防科技工业局等。

（五）产业基金分析

产业基金也是 PE 信托业务的一个重要类型，产业基金主要是指在境内以产业投资基金名义，通过私募形式主要向特定机构投资者筹集资金设立产业投资基金，由基金管理人管理，在境内主要从事未上市企业股权投资活动。随着我国经济转型、新兴产业的兴起以及传统产业的整合，很多行业发展具有大量的投融资机遇，因而为信托公司发展提供了有效机遇。目前，信托公司主要是与产业企业联手设立产业基金，从而实现优势互补，促进实业投资业务的发展（见表 4-10）。

表 4-10　信托公司产业基金设立情况

时间	信托公司	产业基金领域及规模
2013 年	中信信托	中信联合法国、英国等知名的医养产业机构设立 100 亿元健康产业基金
2015 年	华澳信托	与东方园林基金管理公司设立 10 亿元生态产业基金
2015 年	百瑞信托	参与中原航空港产业投资基金，规模 100 亿元
2015 年	爱建信托	与东方园林基金管理公司设立 10 亿元生态产业基金
2015 年	中融信托	与北大医疗产业基金签署 50 亿元战略合作协议；与凯乐科技成立 5 亿元并购基金；中融信托子公司中融康健分别与爱尔眼科、武汉健民合作管理两只医疗并购基金，规模共计 14 亿元
2016 年	长安信托	长安信托与腾达建设、东英金融集团有限公司、博石资产管理股份有限公司共同发起创立"中国·氢产业发展基金"，投资范围将涵盖氢产业链的上下游，该基金的规模首轮目标为 100 亿元
2017 年	中诚信托	中诚信托与上市公司浙江迪安诊断技术股份有限公司联合设立产业基金，规模约 6 亿元

续表

时间	信托公司	产业基金领域及规模
2018 年	中航信托	红星美凯龙与中航信托联合成立家居产业私募股权投资基金，首期募资规模为 20 亿元，其中红星美凯龙出资 40%，中航信托出资 60%。未来意向总融资规模预计为 50 亿元

信托公司参与产业基金的领域如下：

1. 服务国家重大战略项目

近年来，信托公司通过发起设立产业基金的方式服务国家重大战略项目，提供融资支持，优化信托资金投向，响应"一带一路"建设，助力"京津冀"一体化发展，推动"长江经济带"建设以及多个省市级重点 PPP 项目，涉及交通基础设施、生态环境修复等多个领域，促进资金要素的流动，实现资源的合理化配置，不断提高服务实体经济量，实现了政府、企业、投资者的互利共赢。如北京信托与北京市建工集团合作成立 200 亿元的京津冀基础设施建设产业基金，积极响应"京津冀一体化"战略，以支持北京、天津及河北地区的基础设施建设为目的发起设立。

2. 聚焦战略性新兴产业

随着产业升级进程的加快，新能源、节能环保、医疗健康等高质量与人民群众对美好生活追求密切相关的领域引起信托公司的广泛关注。这些特定产业处于成长期，产业基金通过参与企业经营管理实现企业增值，并借助 IPO、股权出售、回购、管理层收购等方式退出实现收益，为这些领域提供了宝贵的资本支持，促进了产业的发展壮大。通过产业与金融的深度结合，产业基金能够提高资源整合效率，实现产业与资金的良性互动。2017 年，中信信托与聚信泰富（深圳）基金管理有限公司以及深圳超多维科技有限公司签署战略合作框架协议，基金首期规模达 100 亿元人民币，旨在通过设立产业投资基金等方式，在全球范围内对计算视觉产业链上下游优质企业进行投资，推动产业生态发展，共同打造万亿级市场。这是信托公司不多见的深入参与高科技领域发展，也代表了行业发展前沿方向的探索。2018 年世界 VR 产业大会在南昌举行，中航信托在这一期间发起两只 VR 基金，助力南昌打造世界级 VR 中心。一只基金为中航焕真泛文化娱乐科技系列基金，规模 10 亿元，关注虚拟现实等泛文化娱乐科技领域；另一只为红谷盛山虚拟现实投资基金，规模 10 亿元，关注虚拟现实技术在工业、国防以及教育领域的运用。

3. 积极参与供给侧改革

随着中国经济步入新常态，在国家大力推进供给侧改革的背景下，并购已经成为实现产业升级、淘汰落后产能的重要工具。信托公司作为资本支持平台、专业的增值服务机构，借助产业基金的方式，帮助企业并购完善自身产业链，在调整和改善经济结构、推动产业重心向高附加值和高技术含量转移的过程中发挥了重要作用。信托公司积极开展并购基金业务，参与政府合作与企业重组等大型项目，为企业化解过剩产能提供资金支持。2017 年，河北国控与建信信托联合出资设立河北省国企改革发展基金管理有限公司，注册资本 5000 万元，母基金总规模 100 亿元，基金将采取母子基金结构模式，以项目为载体推动与金融机构千亿元级资金的落地实施，引导各类资本参与河北省经济结构调整和产业转型升级。

中信信托—聚信汇金煤炭资源整合基金1号

中信信托曾在 2010~2012 年连续发行了 9 期聚信汇金煤炭资源整合资金信托，主要用于煤炭行业资产整合。其中 1 号发行规模 37.12 亿元，优先级 24 亿元（社会募集），信托期限 2 年（可延长 1 年）；中间级 1 亿元，信托期限 3 年；一般级 12.12 亿元，信托期限 10 年（见图 4-47）。

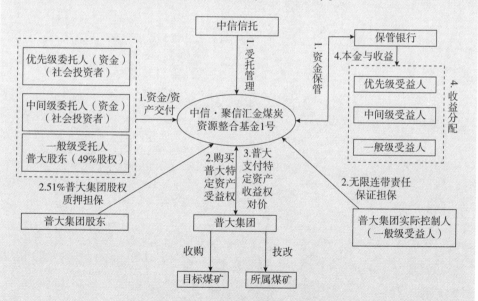

图 4-47　中信信托煤炭产业基金

信托资金主要用于受让并回售山西普大煤业集团的特定资产收益权，包括 8 家煤炭生产企业以及 3 家洗煤厂；次要投资为银行存款、货币债券市场投资、优质信贷资产等低风险投资。

该信托主要风险控制举措如下：

其一，中信信托通过 49% 股权过户，剩余 51% 股权质押绝对控制山西普大煤业集团有限公司及下属的 8 家煤炭生产企业以及 3 家洗煤厂。普大集团股权评估价值约 172.24 亿元，抵押率 20%。

其二，实际控制人提供无限连带责任担保，实际控制人另外控制美国和香港地区两家优质上市公司。

其三，中信信托派驻董事参与公司重大事项决策，对重大事项具有一票否决权。委托专业机构对企业经营、投融资活动、安全生产进行严格监管。

❯❯ 第五章

配置型资金信托操作实务

配置型资金信托主要是具有明确的投资策略，优选投资标的，通过组合管理，进行专业化管理和有效分散风险的一类信托业务。相比融通型资金信托的投资标的的单一性、流动性低等特点，配置型资金信托则具有投资多元化、流动性相对较强、投资风格更加稳健等特点。

第一节 配置型资金信托的特点

实证研究资产配置可以解释投资组合收益率波动的90%以上，所以必须高度重视资产配置，根据经济周期、金融周期、政策趋势、流动性、投资者情绪等因素，选择合适的资产配置，配置型资金信托也应运而生。总体来看，配置型资金信托具有以下特征：

第一，资产组合管理。配置型资金信托就是要优选出最具投资价值的资产，在有效控制回撤风险的基础上，实现最高收益。马科维茨最早提出基于均值—方差分析的投资组合选择理论，假设收益率服从正态分布，从而可以用"均值±"和"方差±"两个指标来描述投资组合的收益分布特性，使资产配置的建模成为可能。后来有人根据马科维茨的资产组合理论发展了风险平价等组合管理理论，进一步促进资产组合管理水平的提升。

第二，投资策略明确。配置型资金信托并未实现明确投资标的，而是择时优选投资标的。这就需要资产管理人制定明确的投资策略，详细阐述投资策略背后的逻辑。投资者一般会结合信托经理过去管理的信托产品业绩，来考虑投资策略的可行性以及可实现性，由此做出投资决定。

第三，风险管理突出把控集中度。配置型资金信托除了要考虑有效控制回撤水平，还要把控好集中度风险，即单个资产在组合中的占比，这一要求也在监管政策中有明确规定，旨在充分发挥组合管理分散风险的作用，防止信托经理为了博取业绩，过度持有单一投资标的，可能造成投资组合风险过大，波动性过高，进而损害投资者利益的问题。应当控制资产管理产品所投资产的集中度：

其一，单只公募资产管理产品投资单只证券或者单只证券投资基金的市值不得超过该资产管理产品净资产的10%。

其二，同一金融机构发行的全部公募资产管理产品投资单只证券或者单只证券投资基金的市值不得超过该证券市值或者证券投资基金市值的30%。其中，同一金融机构全部开放式公募资产管理产品投资单一上市公司发行的股票不得超过该上市公司可流通股票的15%。

其三，同一金融机构全部资产管理产品投资单一上市公司发行的股票不得超过该上市公司可流通股票的30%。

非因金融机构主观因素导致突破前述比例限制的，金融机构应当在流动性受限资产可出售、可转让或者恢复交易的10个交易日内调整至符合相关要求。

第四，投资能力突出。配置型资金信托需要优选投资标的，这会对投资业绩形成较大影响。这就要求信托公司必须具备较强的投资和研究能力，体现为对于投资策略所覆盖的资产有较为深入的研究，能够清晰理解此类资产的收益—风险特性、周期特性、影响其收益表现的因素等，同时能够准确预判资产未来走势，在大类资产中精选单个投资标的。

第五，具有明确的业绩评价标准。配置型资金信托可以运用两种策略，一种是绝对收益策略，即不论市场行情如何，需要实现一定目标收益，从而满足投资者预期和要求，私募资管产品一般运用此策略。另一种是相对收益策略，即市场行业持续变化，投资组合需要跑赢市场、跑赢同业，因此制定业绩比较基准，从而来判断投资管理是否能够跑赢大势，如果跑赢基准，那么就为客户创造了超额收益，体现了主动管理的价值。还有就是要跑赢同类产品，体现在市场排名上，投资者一般会优选排名靠前的资管产品。

第六，需要具有完善的运营体系。配置型资金信托投资标的多为标准化产品或者投资标准化产品的资管产品，因此，会涉及较多日常交易，需要具有较为完善的信息系统作为支撑，满足产品运营要求；此类产品需要估值，进行净值化管理，定期披露产品净值走势，让投资者及时了解投资收益状况；此类产品流动性较强，一般会定期给予投资者申购、赎回操作，日常交易会相对频繁。总之，此类产品的特性决定了其对于运营体系要求较高，需要具备一定信息化水平。

第七，信托公司主要以管理市场风险为主。配置型信托投资标的以标准化产品为主，主要面临市场风险。因此信托公司需要做好市场风险监测，及时根据市场变动调整持仓规模。

第二节　配置型资金信托的业务范围与产品结构

　　根据底层资产的不同，配置型资金信托主要包括证券投资信托、基金中的基金（Fund of Funds, FOF）、移交—经营—移交（Transfer – Operate – Transfer, TOT）等类别。

一、证券投资信托

　　证券投资信托主要是指信托财产投资标的为证券产品的信托项目。2003 年，云南信托发行的中国龙资本市场信托计划，是我国首只证券投资信托，2004 年深圳赤子之心资产管理公司和深国投共同设立"赤子之心（中国）集合资金信托"，则是我国首只阳光私募信托，此后阳光私募大发展，证券投资信托不断取得较快发展，尤其是跟随资本市场取得一定发展业绩。2014 年第四季度中国资本市场的启动，则再一次带动证券投资信托的火热，中信、中融、平安等都是国内证券投资发展较快的信托公司。

　　从证券投资信托的投资标的划分，可以分为债券投资信托、股票投资信托、混合型投资信托，债券投资信托主要投资国债、金融债等各种固定收益金融工具，股票投资信托主要投资股市各种流通股以及参与定增，混合型投资信托主要是债券以及股票按照不同比例进行资产配置。

　　最初，证券投资信托是否结构化设计是区分上海模式和深圳模式的重要标志，因为最初上海信托、华宝信托的证券投资信托通常采用结构化模式，而平安信托、华润深国投并没有采用这种模式，是否结构化模式对于证券投资信托操作激励机制有一定区分。不过现在这种区分已经没有那么明显了，各个信托公司可以根据客户需求设计证券投资产品结构。对于结构化证券投资信托，警戒线、止损线的设置要与优先次级结构的比例相匹配，确保止损完后有足够的现金支付各项费用和优先级的本金及收益。投资范围的约定要明确列出具体的投资品种，费用的计提和支付方式是否与产品设计冲突。同时，根据资管新规对于结构化产品的明确要求，分级私募产品的总资产不得超过该产品净资产的 140%。分级私募产品应当根据所投资资产的风险程度设定分级比例（优先级份额/劣后级份额，中间级份额计入优先级份额）。固定收益类产品的分级比例不得超过 3∶1，权益类产品的分级比例不得超过 1∶1，商品及金融衍生品类产品、混合类产品的分级比例不得超过 2∶1。发行分级资产管理产品的金融机构应当对该资产管理产品进行自主管理，不得转委托给劣后级投资者。分级资产管理产品不得直接或者间接对优先级份额认购者提供保本保收益安排。

证券投资信托业务的发展与金融市场的走势有很大关系，与投资者投资意愿有较大关联，还与监管政策的差异性密切相关。所以，证券投资信托业务在多种因素影响下呈现较高的波动性。从目前来看，证券投资类信托规模约为 2.20 万亿元，其中股票投资类信托业务规模约为 5287 亿元，债券投资类信托业务规模约为 1.4 万亿元，基金投资类信托业务规模基本维持在 2500 亿元，债券投资类信托业务规模最大，这与信托投资客户偏稳健有关系，另外委托方多为银行等金融机构，更偏好债券投资。

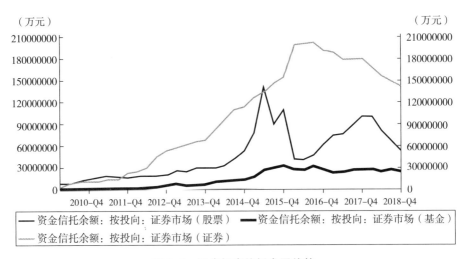

图 5-1　证券投资信托发展趋势

资料来源：Wind。

这里面需要关注股票投资信托，经历过两个明显的波动周期。第一个是增速高点发生在 2015 年上半年，主要是 2014 年开始的牛市吸引了投资者对于股票投资类信托的青睐，这个时期还有一个非常突出的业务就是伞形信托，帮助风险偏好较高的投资者进行高杠杆场外配资，所以 2015 年股票投资信托曾一度高达 1.5 万亿元，创出历史最高水平。随着监管部门加强对于场外配资的清理，尤其是暂停了伞形信托，使得伞形信托成为了历史，股市也开始了大幅度的回调，2015 年下半年开始股票投资类信托规模持续收缩，基本回到了 2014 年的水平。第二个增速高点发生在 2017 年，持续的宽松货币政策刺激了资金大幅流入股市，投资者风险偏好持续上升。这一时期的显著特点是，监管部门对于投资杠杆的要求出现了差异性，证监会要求的股票投资杠杆倍数为不超过 1 倍，而且中间级计入优先级，但当时的银监会对于信托业务的要求则是股票投资杠杆倍数不超过 2

倍，而且并未明确中间级计入优先级，可以进一步变相提高杠杆倍数，所以这一时期大量资金通过信托通道提高杠杆倍数，博取投资收益。部分信托公司大举开展股票投资配资业务，获取较高的投资收益。2018 年，随着中美贸易摩擦的出现以及宏观经济下行压力的增大，股市出现了大幅回调，这一时期资管新规发布，各类资管业务的投资杠杆倍数拉平，信托公司在股票投资方面的优势逐步降低，也推动了股票投资类信托业务规模持续收缩。

从现有统计数据来看，债券投资信托主要经历了一个较明显的波动周期。2016 年第四季度之前的大部分时间内，债券投资信托都呈现较快增长，尤其是 2015 年、2016 年债券投资规模增长更为明显，这与当时债务牛市的走势有很大关系，而且部分信托公司也在加强债券投资的主动管理能力培养，接受机构客户委托投资，成为债券投资信托持续上升的关键推动力。然而，自 2016 年第四季度开始，央行收紧货币政策，上调货币政策工具利率，债券市场进入熊市，债券收益率持续上升，债券价格走低，投资者对于债券投资信托的偏好明显下行，致使债券投资信托规模持续下行。

二、基金中的基金

基金中的基金（FOF），是指投资标的是基金的理财产品，是基金公司旗下众多产品类型中较为特殊的一类。与股票型基金、债权型基金等仅投资于一两种资产的金融产品不同，FOF 通过广泛化投资可以实现多种资产的覆盖，实现更广泛的分散风险的投资。

相比于一般资管产品，FOF 的特点如下：

首先，FOF 专业性更强，值得信赖。市场上的基金产品数量巨大、品种众多、风格多样，投资者想要有效地进行产品筛选难度非常大。而发行 FOF 的资产管理公司具备专业的基金产品研究和投资的团队支持，通过严谨的投资流程，专业的定量与定性研究方法，加上严格的基金经理尽职调查流程，能够实现精选优质产品的投资理念。

其次，FOF 基金具备了双重分散风险的特点。基金本身通过直接投资于股票、债券等分散风险，而 FOF 则是通过投资于不同风格、区域和投资管理人的基金，以达到二次分散单一品种、单一投资管理人和单一投资区域风险，增强稳定收益的目的。

最后，FOF 通过投资各类基金构建不同投资策略、风险收益特征的产品，为投资者投资基金提供快捷、有效的渠道，满足多样化的资产配置要求。

不过 FOF 涉及二次收费问题，会提高投资成本，此外，如果 FOF 投资过度集中于同一地区或同一公司旗下的同类基金，则分散风险效果会被淡化。

FOF 起源于美国，为了满足客户对于高收益的需要，公募机构开始推出投资标的为 PE 的公募产品，帮助普通居民参与股权投资，在风险可控的情况下获取更高收益。截至 2018 年末，美国 FOF 类产品总额为 2.1 万亿美元，占据全部公募基金总额的 10% 左右，日渐受到市场欢迎。我国自 2005 年开始由券商发行 FOF 产品后，银行理财、信托、私募基金等开始发行此类产品，2017 年公募基金正式获批发行 FOF 产品，各个资管机构都在搭建 FOF 体系，满足打破刚性兑付后投资者对于大类资产配置、稳健投资的需求。

除了服务于私募基金开展各类 FOF 产品发行和管理外，信托公司也在加强 FOF 主动管理业务的探索，精选各类基金及资管产品，帮助客户挑选良好的资管产品，实现组合管理和资产配置，从而获取稳健的收益和可控的风险水平。目前，开展 FOF 业务的信托公司并不多，主要在于信托公司需要对各类资管产品具有较深刻的了解，部分长期开展阳光私募的信托公司则通过自身平台建设和培育，开展部分优质私募基金管理人和产品的选择，进一步建设 FOF，为投资者提供优选产品。

三、移交—经营—移交

移交—经营—移交（TOT）是指投资信托产品的信托，主要是信托公司精选信托产品，建立投资组合，方便投资者进行投资管理，实现分散管理。由于各公司的信托产品风险差别较大，各信托公司对于自身产品更为了解，一般 TOT 产品都是投资自身发行的信托产品。TOT 有利于进行组合投资，分散风险，不过需要注意的是，目前信托公司的整个产品线比较单一，分散效果并不一定好，而且目前多是预定收益性产品，更多是在风险处置方面给予了信托公司更多缓冲时间。未来，此类信托产品仍需要继续改造，按照资管新规要求，加强净值化管理；明确业绩比较基准，明确投资策略，扩大投资范围。

第三节　配置型资金信托案例分析

一、证券投资信托

证券投资信托是发展时间最长、目前规模最大的一类配置型资金信托，随着我国资本市场的改革推进、对外开放的加快，证券投资信托仍有较大的发展空间。证券投资按照投资标的不同划分为股票投资信托、债券投资信托、新三板投资信托、大类资产配置信托、现金管理类信托等不同种类，下面以案例进行详细分析。

（一）股票投资信托

根据资管新规定义，股票投资信托是指投资于股票等权益类资产的比例不低于80%的信托业务。股票投资策略多种多样，既可以专注一定行业，也可以专注一定主体，还可以采用量化交易，不同策略主体对于投资操作和投资业绩都有较大影响，下面主要以结构化投资、定增投资策略、对冲投资策略等为案例进行分析。

案例分析

华融信托—昭时二期权益投资集合资金信托计划

华融信托发行华融·昭时二期权益投资集合资金信托计划（见图5-2），信托规模1亿元，信托期限5年。

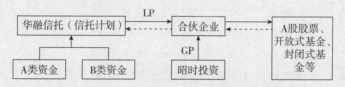

图5-2　华融·昭时二期权益投资集合资金信托计划

一、普通合伙人

广州昭时投资合伙企业成立于2007年3月，实收资本为人民币3000万元，专注于证券资产投资和管理业务，投资范围包括已上市企业的股票、债券、金融衍生品以及未上市企业的股权等。投资理念为恪守价值、历史为根、财务为本、稳中求胜，以为客户创造持续收益为目标，致力于安全稳健的投资，通过把握宏观经济趋势，对优秀企业进行合理、灵活的资产配置，实现客户资产稳定增值。昭时投资管理基金产品十余只，根据投资业绩排名来看，多处于同类型基金的中等水平。

二、投资范围

信托资金用于与昭时投资设立合伙企业，并以合伙企业的名义投资于境内发行的A股上市公司股票（汉新股申购）、开放式基金、封闭式基金以及监管部门允许信托计划进行投资的其他证券品种，闲置资金可用于银行存款。

三、申购赎回

本信托封闭期为1年，封闭期内委托人不得申购、赎回信托份额。封闭期结束后最近月份20日和每月20日（如遇节假日则顺延），委托人可以在开放日申购、赎回信托份额。

四、认购费

认购资金规模在 100 万~300 万元的，按照认购资金的 1%收取；认购资金在 300 万~500 万元的，按照认购资金的 0.5%收取；认购在 500 万元以上的，按照每笔 1000 元的费率收取。

五、风险控制措施

一是受益权分层设计，通过区分 A、B 两类受益人，使投资风险首先由 B 类受益人承担，在一定程度上降低 A 类受益人的投资风险，同时封闭期结束后，B 类信托单位数不得低于 100 万份，以使普通合伙人的利益与全体受益人保持一致。

二是设置预警线和止损线。若信托单位净值跌至 0.85（含）或以下时，普通合伙人需要对投资策略、投资计划等重新分析，并向受托人提交分析报告。封闭期内，如果信托单位净值跌破 0.80 元，则 B 类受益人应在 T+1 日 13：00 之前追加资金，以使信托单位净值达到不低于 0.90 元的水平。否则，受托人自 T+1 日下午开盘后拒绝普通合伙人的任何指令，自主地、连续地、不可逆转地进行止损平仓操作，直至合伙企业财产全部变现。B 类受益人追加资金后，若信托财产净值回升至超过信托计划成立规模与最近一次追加资金金额之和，则 B 类受益人可要求取回最近一次追加的资金。若信托财产净值进一步回升至超过信托计划成立规模与最近倒数第二次追加资金金额之和，则 B 类受益人可要求取回最近倒数第二次追加的资金，依次类推。B 类受益人追加的信托资金属于信托财产，但不改变信托单位总数，不改变 A 类份额与 B 类份额的比例，也不增加、不改变 B 类受益权项下信托利益的计算方法。B 类受益人如取回追加资金，必须一次将单次追加资金全额取回，不得分次取回。封闭期结束后，如果信托单位净值跌至 0.6 元及以下时，则受托人有权拒绝普通合伙人的任何指令并有权自主地、连续地、不可逆转地进行止损平仓操作，直至合伙企业财产全部变现。

引入保管银行，由工商银行广东分行对信托计划和合伙企业进行双重保管，并对财产估值结果进行复核。

规范管理，受托人有效监管、参与合伙企业的管理，并通过采取在交易系统中预设股票池、投资比例、预警止损线等风控参数以及安排专人逐日盯市等措施，使投资管理合规、有效运行。

这是一个典型的结构化阳光私募股票投资信托，通过有限合伙开展股票投资，信托公司负责把控相关投资运营风险，设定一定封闭期，有利于建仓，后期每月开放日可以申购和赎回提高产品流动性，同时净值化管理，能够让投资者及时看到投资收益情况。由于普通合伙人实力一般，加之并没有明确的投资策略，因此此信托计划设定了较为充分的风控措施，包括由普通合伙人申购 B 类信托单位，促进与投资者的利益一致性；具有明确的预警线和止损线，进一步完善了投资者保护举措。

（二）定增证券投资信托

定向增发是指上市公司向符合条件的少数特定投资者非公开发行股份的行为，目前规定要求发行对象不得超过 10 个，投资者现金认购定向增发股份其发行价不得低于公告前 20 个交易日市价的 90%，发行股份 12 个月内（大股东认购的为 36 个月）不得转让。

我国定增融资规模自 2014 年开始逐步提升，2016 年当年融资规模超过 1.5 万亿元，这主要是由于定增监管相对不那么严格，而且定增可以获得折价好处，部分情况下还可以获得大股东的保底增信措施，确保能够实现较为可观的投资收益。自 2017 年以来，随着定增监管的收紧，整个定增市场也趋向冷清。2018 年全年累计发行定增项目 243 个，同比下滑 53%，合计募资 7658 亿元，为 2015 年来首次跌破万亿元，同比降幅 25%。若剔除农业银行和三六零两个超大规模的定增，那么 2018 年定增募资总额将仅有 6130 亿元，约占 2017 年的 58.7%（见图 5-3）。

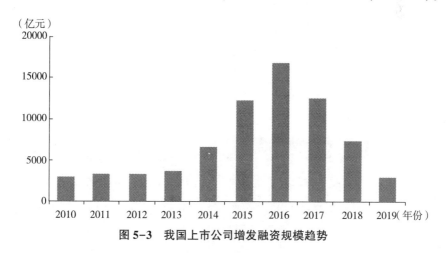

图 5-3 我国上市公司增发融资规模趋势

2018 年，化工、机械设备、计算机、电子、电气设备、医药生物行业定增项目数位居前列，均不低于 15 个，上述六个行业定增项目数合计占比约 50%。而传媒、房地产、建筑材料皆为并购类定增，此外，通信、商业贸易、电气设备并购类定增项目占比也均在 80% 以上。从定增目的来看，一是实际控制人做资产植入，通过定增把另一部分资产装到上市公司里面；二是集团整体上市；三是壳资源重组，一个壳公司没有价值，但是很多其他的未上市公司有大量壳资源的需求，通过定增的方式完成借壳上市，同时募集配套资金，这是非常常见的方式。还有一些上市公司做项目融资，如新建一个工厂或者补充流动资金，改善财务状况。另外，还有一种是上市公司引入战略投资者一般都是发行三年期定增，比如复牌的罗莱生活，这是非常典型的引入战略投资者的类型。

在报价更保守、定价机制更市场化的共同作用下，2018年全年竞价项目折价率整体在10%左右波动，整体呈上升趋势，下半年的7月、9月和11月均明显超过10%，下半年首日基准下竞价项目折价率约11%，相比上半年的6.97%明显回升（5~12月，竞价项目基准日均为发行期首日）。而从定价折价率来看，从2018年下半年开始，随着二级市场震荡加剧，定价项目发行前倒挂程度不断加剧，第四季度定价项目发行前的倒挂率更是高达80%~90%，使得定价发行折价率一路下滑，导致溢价程度不断扩大。

参与定增也是上市公司股票投资的一种重要投资策略，而且由于定增要求条件较高，部分投资者难以参与其中，而定增证券投资信托能够满足部分投资者难以参与定增的不足之处，因此伴随定增市场的做大，公募基金、券商资管、私募基金、信托公司都在寻求定增市场获取投资机会。

在信托计划参与定增投资方面，由于证监会的政策限制，信托计划无法直接参与定向增发。为了进入这片蓝海，依法合规地开展定增类信托业务，在仔细研究分析《上市公司证券发行管理办法》《基金管理公司特定客户资产管理业务试点办法》等法律法规的基础上，与律师、会计师、基金公司以及商业银行等机构进行了充分探讨，一般可以通过有限合伙、基金专户、券商资管等通道开展定增投资，此举相应增加了投资成本，不过能够获取参与定增市场的机会。

中信信托：定增基金投资1号集合资金信托计划

　　中信信托发行定增基金投资1号集合资金信托计划（见图5-4），总规模3亿元，期限2年。

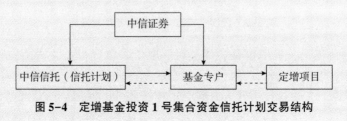

图5-4　定增基金投资1号集合资金信托计划交易结构

一、财务顾问

本信托的财务顾问中信证券于 1995 年 10 月 25 日在北京成立。2002 年 12 月 13 日，经中国证券监督管理委员会核准，中信证券向社会公开发行 4 亿股普通 A 股股票，2003 年 1 月 6 日在上海证券交易所挂牌上市交易。2018 年中信证券实现营业收入 372.23 亿元，同比下降 14.02%，实现净利润 93.94 亿元，同比下降 17.83%。基本每股收益 0.78 元。2018 年，中信证券在股权业务承销、资产管理规模、债券业务承销等多个业务领域排名行业第一位，综合实力显著，主体信用评级为 AAA。由中信证券作为财务顾问，可以凭借其突出的投行业务实力，提供丰富的项目资源。

二、投资范围

联合管理人信诚基金将作为本信托计划的联合管理人，与受托人共同对拟参与认购的非公开发行项目的投资方案进行决策。此外，本项目将开展二级市场买卖操作以争取增厚投资者收益，并拟利用股指期货进行套期保值，防范趋势性风险，上述两项投向的资金占用合计不超过信托计划规模的 20%。

三、管理费率

本项目信托手续费率为 1.5%/年，联合管理费率 1%/年，以上费用均按每个估值基准日的估值计提，浮动管理费为投资者年化单利收益超出 8% 部分的 20%。

四、净值披露

本项目的估值基准日为投资期满当月开始每月的最后一个工作日、期间信托利益核算日、信托计划预定到期日，在以上估值基准日受托人将对信托计划进行估值，并在信息披露日向受益人披露。

本项目聚焦股市定增项目，为投资者提供更多投资机会。此项目的特点：其一，这是一个集团内部联动的项目，受托人、联合管理人、财务顾问均为中信集团下属，利用集团内部经营单位的不同优势，强化协同效应，是金控集团业务协同的良好示范。其二，通过公募基金专户进行定增，解决了信托计划无法直接参与定增投资的问题。其三，设置了财务顾问机构，由于信托公司本身所能够掌握的定增资源有限，而证券公司长期从事投行业务，所接触的定增资源更丰富，有利于扩展定增项目候选范围。其四，该项目投资管理费采取基础费率+浮动管理费的模式，基础管理费为 2.5%，同时当投资收益超过 8% 时，超额收益的 20% 作为浮动管理费，这也有利于激励受托人提升投资水平，分享超额收益。

（三）新三板投资信托

2006 年新三板设立，2012 年进行扩容，2013 年实现新三板市场制度变革，2014 年引入做市商制度，新三板政策推动力度不断增大，尤其是随着 2014 年下半年股市牛气冲天，新三板市场更是快速发展，实现了市场发展的质变。从 2015 年开始新三板挂牌数量持续增多，2017 年达到最高峰，达到 11630 家，此后随着资本市场的调整以及科创板的推出，新三板挂牌数量已跌破 10000 家，显示出调整态势。

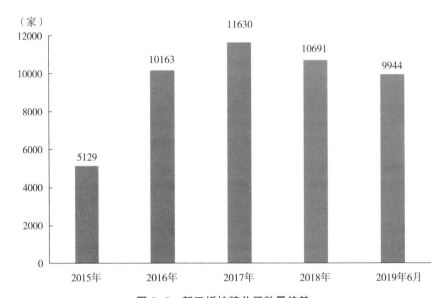

图 5-5　新三板挂牌公司数量趋势

伴随着新三板市场人气的聚拢，以及所实现的财富效应，各类资金纷纷进入新三板市场，自 2014 年 4 月中铁宝盈推出首款专门投资新三板的资管计划后，各类投资新三板的理财资金不断涌入。公募基金公司及子公司、私募公司、券商、信托公司都有发行新三板相关投资产品，尤其是 2015 年前后是新三板投资资管产品发行的最高峰，各类新三板投资产品达到近百只。其中基金子公司、各类 PE 机构发行此类主题资管产品相对积极。相比较而言，部分信托公司也参与了新三板投资信托的设立和发行。

市场发行的各类新三板资管产品，规模为 3000 万~10000 万元，寻找优质新三板标的以及进行资产配置并不容易，因而资金规模不宜过大；期限一般为 2+1 年，主要考虑到新三板在资产配置以及后期退出都难于主板市场，因而设有较长期限；投资领域和主题有所区分，有明确投资高新技术、健康、TMT 等行业的，也有主要参与定增的产品，这主要取决于项目投资主题和营销特色；退出方式主要采用二级市场转让、并购、转板、IPO、股东回购等方式。不过从产品运作模式上看，信托公司参与新三板的主要模式包括以下几种：

一是独立运作模式。此模式下信托公司独立承担产品管理人角色，不需要引入其他投资顾问，此种模式适用于具有较强的新三板投研经验的信托公司，国内信托公司都缺乏新三板投资研究经验，所以已发行产品并没有采用这种模式。相反，公募基金、券商、私募基金公司新三板资管产品多采用此种模式。未来，信托公司要想在新三板市场形成核心竞争力以及实现更加主动的产品管理，那就需要向此种模式迈进。

二是与投顾合作模式。在此模式下，信托公司作为产品受托人，同时引入投资顾问，共同开发管理新三板产品，此种模式较适合新三板投资能力不强，又想较快切入该项业务的信托公司，已发行的新三板信托产品基本都采用此种模式。此种模式中，对于投资顾问的选择非常重要，一般而言，券商、私募基金公司、部分公募基金公司都可以成为合格投资顾问，券商作为挂牌企业承销商和做市商，拥有最丰富的挂牌企业资源；私募基金公司较强的投研能力以及 PE 业务背景，适合新三板投资；部分公募基金在新三板市场投研方面也具有一定优势。因而，信托公司在选择投资顾问时需要充分考虑投资顾问新三板投资经验、相关产品管理经验、研发团队水平等。同时，为了有效促进投顾尽职，可以采用投顾跟投、投顾认购劣后级以及与投顾共同出资成立合伙人企业等形式，加以约束。

三是新三板母基金模式。在此模式下，信托计划不直接投资新三板项目，而是作为母基金投资市场上发行的各类新三板资管产品，实现分散投资。这时，信托公司需要把控好所投新三板资管产品的安全、方案可行性以及退出机制等，监督好所投资管产品的后期运作，从而有效管理信托资金。

案例分析　四川信托：盛世景2号新三板投资集合资金信托计划

四川信托发行盛世景 2 号新三板投资集合资金信托计划，规模 5 亿元，期限 2 年，投资顾问盛世景资产管理股份有限公司。

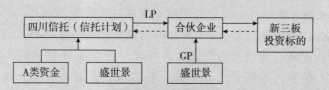

图 5-6　盛世景 2 号新三板投资集合资金信托计划交易结构

一、投资顾问

盛世景资产管理集团股份有限公司于 2006 年开始从事资本市场资产管理业务，注册资本 2.02 亿元，公司总部位于北京，在深圳、上海、杭州、成都设有分公司，广州、武汉、拉萨、香港、纽约设有子公司。盛世景是全产业链的资产管理机构，业务涵盖私募股权、新三板投资、产业并购、策略投资、战略收购、国际业务等。盛世景曾入围全国首批十家私募机构新三板做市试点名单，中国私募股权投资机构 50 强。

二、投资策略

信托资金通过有限合伙企业投资于全国中小企业股份转让系统（以下简称"新三板"）挂牌公司股票、信托业保障基金、新三板拟挂牌公司股权，拟挂牌公司股权原则上以 TMT、大消费、大健康、高端装备、文化创意、环保新能源等为主要投资领域，以快速成长期企业为主要投资对象。资金闲置期间，可投资于银行存款、货币基金、国债等高流动性资产；在市场出现新的金融投资工具后，按照国家相关政策法规，履行相关手续并向委托人公告后可进行投资。

三、风险控股措施

信托计划可根据信托合同的约定调整投资范围。具体投资限制如下：

（1）对单一项目（企业）的投资限额原则上不超过整个系列信托计划本金的 30%。

（2）对单一项目（企业）的投资股权比例原则上不超过被投资企业股权的 20%。

（3）对单一行业（证监会分类）的投资限额原则上不超过整个系列信托计划本金的 50%。

（4）不得投资于股转系统中的两网公司股票，从主板、中小板和创业板退市的公司股票以及股转系统中有预警提示的股票。

（5）不得投资于与信托项目参与各方存在或可能存在关联关系的主体发行的证券或公司股权，但是满足以下全部条件的除外。①投资顾问承诺如实向受托人披露关联关系情况；②投资顾问承诺不损害本信托利益；③有股权转让的，同受托人交易的转让方或受让方不得与投资顾问存在直接或间接的控制与被控制关系；④通过关联交易形成的存续投资资金量（按照成本法计算）不超过信托财产净值（按照成本法计算）的 50%；⑤若投资顾问或其关联方已向标的公司进行投资，投资顾问承诺本信托计划信托资金退出前投资顾问或其关联方投入资金不得退出。

（6）不得从事承担无限责任的投资，也不得用于资金拆借、贷款、抵押融资或对外担保。

（7）不得从事内幕交易、对敲交易、反向操作、操纵证券交易价格及其他不正当的证券交易活动。

（8）不得从事法律法规、中国证监会以及本合同规定禁止从事的其他行为。

（9）拟投资股票的财务指标需满足以下条件之一：①最近一期或最近一个会计年度主营业务收入增长率超过10%；②最近一期或最近一个会计年度扣除非经常性损益后净利润增长率超过20%；③最近一个会计年度主营业务毛利率超过20%；④最近一期或最近一个会计年度扣除非经常性损益（经审计）后净利润不低于400万元。

（10）投资顾问盛世景以其自有资金或其管理的其他产品资金（不包括受托人管理的产品）按照不低于本信托计划整体规模的1%跟投信托计划所投标的项目。

这是典型的投顾合作模式，此信托计划投资顾问为盛世景，属于综合实力较为突出的资产管理机构，能够较好地把握投资机会；由于新三板投资标的较多，需要明确投资方向，因此该信托在风险控制方面制定了较多投资要求；投资顾问跟投能够将投资者与投资顾问的利益捆绑。

（四）债券投资信托

从20世纪80年代初起，中国政府为加大财政驱动经济的力度而启动了国债发行。伴随着中国经济的逐步市场化，持续的国债发行也渐渐引进了市场化机制。截至2018年底，各类债券余额86万亿元，占该年末社会融资规模存量200.75万亿元的42.8%，占金融机构本外币贷款余额141.8万亿元的60.6%，占当年90万亿元GDP的95.6%。2018年，银行间债券市场现券交易规模为150.7万亿元，日均成交5982亿元；债券回购累计成交722.7万亿元，日均成交2.9万亿元。

过去多年来，相关部门陆续允许并不断扩大外资金融机构参与这一市场，无论在该市场上发行债券还是参与二级市场交易，均以一定的速率持续增加。另外，通过托管结算系统的对外连接，以及如"债券通"等机制的安排，中国债券市场不断扩大同周边市场，以及全球范围内的其他市场的互联互通的广度与深度。截至2018年底，外资机构持有中国各类债券接近1.8万亿元，持有比例为3.4%。其中，仅外资银行的债券回购交易在2018年就达到6.8万亿元，接近中国所有保险业机构 7.4 万亿元的债券回购交易额。

伴随债券市场规模的攀升以及交易的活跃，各类机构加强了债券市场的投资，而且债券投资属于低风险投资，深得普通投资者信赖。截至 2019 年 5 月底，我国公募基金中债券类公募基金为 2.84 亿元，仅次于货币基金，占比为 20%。券商资管中债券类资管产品规模为 8317.18 亿元，在各类资管产品中规模最大，占比为 43.43%；在银行理财中，债券投资的占比更高。

信托公司虽然主要从事非标信托业务，不过近年来随着转型发展步伐的加快，信托公司也逐步关注到了债券投资机会。一方面，债券本质上还是债权业务，与非标业务有一定同质性，能够延续现有业务的逻辑；另一方面，信托公司获得银行间市场非金融企业债权分销资格，有利于将一级、二级市场联动起来。因此部分信托公司开始推动主动管理型债券投资信托，以此作为转型发展的重要方向。

 重庆信托：崇信债券投资信托

重庆信托发行了崇信债券投资信托（见图 5-7），规模 6280 万元，期限 5 年。信托资金主要用于对沪深证券交易所及银行间市场的债券、货币工具、债券投资基金，以及仅限于投资前述范围的基金管理公司特定客户资产管理计划、证券公司定向资产管理计划等金融工具以及法律法规允许信托投资的其他固定收益类品种的直接或间接的投资。

图 5-7　崇信债券投资信托交易结构

从本次认购资金来看，主要是重庆信托自有资金认购，也可以看出，这是重庆信托自主管理的信托产品，为了推进该产品的面世和业绩累积，主要由自有资金参与运行。在产品运行并有了投资业绩后，才能够继续吸引其他投资者，这也是很多此类产品起步都会经历的阶段。

（五）现金管理信托

企业及个人市场会有短期现金投资需求，所以现金管理产品有较大市场，而且我国利率市场化还在推进中，金融脱媒仍在持续，现金管理产品作为存款的替代品，仍然具有较大市场空间。以公募基金为例，货币基金规模达到 8.28 万亿元，是规模最大的公募基金种类，占比达到 59%。信托公司看到了这个业务机会，逐步发展现金管理类产品，满足投资者需求。

上海信托：现金丰利系列集合资金信托计划

上海信托发行设立现金丰利系列集合资金信托计划，主要产品要素为：

一、投资范围

本信托主要投资于价格波动幅度小、信用风险低并且流动性良好的短期货币市场金融工具，具体包括：①金融同业存款；②期限在 3 年以内的短期固定利率债券，包括上市流通的短期国债、金融债、企业债、央行票据、商业银行次级债和企业短期融资券等；③上市流通的浮动利率债券；④期限 1 年以内的债券回购；⑤货币市场基金；⑥期限 6 个月以内的银行定期存款、协议存款或大额存单；⑦为高资信等级的企业提供期限在 6 个月以内的短期流动资金贷款；⑧期限 6 个月以内的有银行回购承诺的资产包；⑨剩余期限在 3 年以内的信托计划；⑩法律法规允许投资的其他流动性良好的短期金融工具。

二、投资限制

如果信托计划的资金用于向资信等级较高的企业提供短期流动资金贷款，则必须要求该企业有足够的偿债能力，财务状况良好，并且要与受托人有较为长期的业务合作关系。投资比例的限制如下："运作计划"运用于贷款的资金总额不得超过其自身规模的 30%；"运作计划"向同一个企业的贷款总额不得超过该企业流动资产的 30%。所有贷款的期限均不得超过 6 个月。

投资比例限制如下："运作计划"对其他信托计划的投资总额不得超过其自身规模的 40%（所投资的其他信托计划剩余期限在 1 个月以内的不在此列）。标的信托计划的剩余期限不得超过 3 年。严格禁止对于不能明确兑付资金来源的信托计划进行投资。

如果信托计划买入有银行回购承诺的资产包，则必须对该银行的资质进行严格要求，并且交易金额不得超过公司对该银行的授信额度。回购期限不得超过 6 个月。

在本信托计划运作的开始阶段，信托资金不得投资于上述三种投资工具。如果受托人拟进行投资，则必须向所有委托人进行公示（可采取公司网站公告等形式），并必须向监管部门进行公告。

"运作计划"投资于上述三种投资工具的总额不得超过其自身规模的40%。

三、估值方法

本信托估值采用摊余成本法，即估值对象以买入成本列示，按票面利率或商定利率并考虑其买入时的溢价与折价，在其剩余期限内平均摊销，每日计提收益。该方法是一种直线法。假如信托计划买入一种非现金资产（包括短期债券或票据、其他信托计划或者其他资产包），买入时付出的成本为X，预期投资到期时获得的收入为Y，投资期限为N天，那么该资产每天所产生的收益＝(Y-X)/N。本信托不采用市场利率和上市交易的债券和票据的市价计算信托资产净值。

四、运作方式

在各期信托计划之上成立一个"现金丰利运作信托计划"（以下简称"运作计划"），各期信托计划所募集的资金定向流入该运作计划的信托财产专户，受托人对全部信托资金进行统一运作、管理和核算。受托人仅对运作计划进行核算，不对每一期信托计划单独进行核算，但运作计划财务报表中会反映各期信托计划的受托资金规模等信息（见图5-8）。

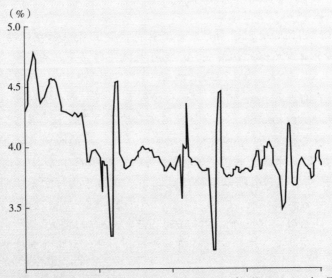

图5-8　现金丰利系列集合资金信托计划净值表现

该产品是信托公司较为成熟的现金管理类产品，实现净值化管理，产品成功运行较长周期，得到了市场和客户检验，接近资管新规的要求。不过，从投资范围来看，该产品可能投资了部分非标业务，如果严格按照现有现金管理类或者货币基金的角度来看，可能影响低于流动性风险冲击的能力，需要有效限制非标投资比例。

（六）国际化业务

在我国"一带一路"倡议下，企业将加快布局与沿线国家及新兴市场合作，机电产品、高新技术产品、成套设备出口增长，农产品、非资源类产品进口力度加大，贸易活动将日趋活跃；更多参与"一带一路"国家交通、电力、通信等基础设施建设，进行矿产等资源的合作开发。在这些经营活动中，企业对于跨境服务需求将进一步显现，信托业可以积极提供跨境信托、国际并购、产业基金等金融服务。另外，随着人民币国际化趋势的增强以及全球化资产配置需求的增大，高净值客户个人移民、全球资产配置需求也在持续提升，外汇存款、股票、债券、基金和保险仍是最主要的金融产品，信托公司可以把跨境金融服务、跨境金融产品开发作为高端客户服务的重要内容。

信托公司国际化业务继续不断向前迈进，作为国际化业务的重要通行证——合格的境内机构投资者（Qualified Domestic Institutional Investor，QDII）资格申请也更为积极，全年共有安信信托、民生信托等 6 家信托公司获得 QDII 资格，初步统计，已有 20 余家信托公司获得 QDII 资格，不过受限于当前我国汇率政策，自 2016 年 9 月开始，外汇管理局已不再新批 QDII 额度。目前，14 家信托公司共拥有 77.5 亿美元的 QDII 额度，其中华宝信托最大，为 19 亿美元（见表 5-1）。截至 2018 年第四季度末，信托行业 QDII 信托业务规模为 417.32 亿元，QDII 使用率较高。2016 年，中信信托发行了跨境员工持股信托计划，外贸信托、华宝信托、上海信托等相继发行了境外固定收益率类 QDII 投资信托产品。除了聚焦 QDII 投资产品，上海信托继中信信托、中融信托等部分信托公司之后建立香港的子公司，加快在新加坡等国际金融市场的布局，国际化业务布局更加立体和深入。

表 5-1　信托公司 QDII 额度情况　　　　　　　单位：亿美元

中诚信托	16
上海信托	9.5
中海信托	1
平安信托	1
华信信托	1

华宝信托	19
中信信托	9.5
新华信托	1.5
外贸信托	5
建信信托	4
中融信托	3
兴业信托	2
北京信托	3
交银信托	2

从监管政策来看，早在 2007 年监管部门就发布了《信托公司受托境外理财业务管理暂行办法》，要求对信托公司申请办理受托境外理财业务进行资格审批，并明确了申请条件；严禁信托公司向境内机构出租、出借或变相出租、出借其境外可利用的投资账户；信托投资公司的受托境外理财集合信托计划，其资金的运用限于下列投资品种或者工具：①国际公认评级机构最近 3 年对其长期信用评级至少为投资级以上的外国银行存款。②国际公认评级机构评级至少为投资级以上的外国政府债券、国际金融组织债券和外国公司债券。③中国政府或者企业在境外发行的债券。④国际公认评级机构评级至少为投资级以上的银行票据、大额可转让存单、货币市场基金等货币市场产品。⑤中国银监会规定的其他投资品种或者工具。信托公司的受托境外理财业务风险管理体系应覆盖受托境外理财业务的各类风险，并根据相关风险制定有效的控制制度。风险控制制度至少应包括投资决策流程、投资授权制度、研究报告制度、风险计量制度、绩效考核指标体系等。

国际化业务经营模式日渐多元化。由于国内资金出境有多重限制，包括换汇、税收等因素影响都较为复杂，因此，探索有效的国际化业务成熟模式是当前各家信托公司努力的方向。

一是通道业务。由于 QDII 等各类境外投资牌照当前额度有限，牌照具有一定稀缺性，因此，部分急需进行海外投资的金融机构或者个人就会通过第三方 QDII 通道进行操作。尤其是在港股市场普遍被看好的情况下，QDII 的通道业务相对火热，从数据统计来看，2018 年兴业信托有 6 只海外精选单一资金信托成立，很可能都是此类通道业务。目前，信托行业很多 QDII 业务都属于被动管理，这与行业国际化业务起步晚、专业能力不足等都有很大关系。

二是与国际知名基金管理机构合作设立国际投资信托产品。如果说利用 QDII 提供事务管理类服务作为国际化业务的起点，那么与知名国际基金管理机构合作则是国际化业务进阶的重要阶段，这种方式有利于实现优势互补，逐步形成后发优势。平安信托近年来成立海外基金优选系列，从而建立了国内投资者参与投资海外对冲基金的良好尝试。以海盛新博这只产品为例，该产品是平安信托和美国纽伯格·伯曼资产管理公司合作发起的房地产投资基金，以有限合伙方式设立，后者为基金管理人，主要投资美国住房抵押贷款投资基金份额。该产品的特点是通过内保外贷的方式实现了境外资金出境投资海外市场，节省了行政审批流程，但可能面临投资收益回流分配的汇率风险。实际上，平安信托后续的此类产品进一步优化了交易结构，在资金出境方面有所优化，不管怎样，其已搭建起了信托+有限合伙企业+SPV+境外基金的较为成熟模式，有效解决了税收等问题。

三是境外证券投资模式。信托公司实现国际资产投资和配置的主动管理仍比较少，之前上海信托等少数信托公司曾尝试发行主动管理的集合信托计划，不过近年来相关产品仍较少。2015 年，中融信托发行了多款投资港股的证券投资产品，2015 年以来，港股投资确实是个热点，中融信托在港股基石投资者、锚定投资者方面进展较快。以中融信托—融临 55 号港股 IPO 投资集合资金信托计划为例，该计划规模 1.2 亿元，期限 12 个月，主要作为基石投资者投资国联证券相关 IPO 份额。

四是基于国际业务平台的内外联动。国际化信托业务不仅包括帮助国内资金"走出去"，也包括使国际资金"走进来"，诸如中信信惠于 2014 年成功完成一笔规模超 1 亿美元的创新型结构化海外债券融资，同时，中诚国际也获得了人民币合格境外机构投资者（RQFII）资格，未来有可能通过设立海外资管计划，投资国内资本市场等标的。

信托公司在证券投资领域主动管理能力不强，而由国内市场向国际市场投资的转变，这个跳跃实际上并不轻松，除了自身能力、系统、人才等方面的资源匹配，还要获得投资者、监管部门认可，这些都需要有一个较长的实践过程。

第一，信托公司开展国际化业务能力不足。信托公司以往以投融资业务为主，对于资本市场业务涉足较少，自主管理能力不强。而就国际化业务而言，更是一个陌生的行业，实际上自 2007 年 QDII 推出后，国内各类金融机构 QDII 业务都存在发展缓慢的问题，这在很大程度上是由于国际业务的复杂性、市场制度的差异性，导致与国内金融机构相匹配的资产管理能力明显不足。就信托公司而言，不足主要存在于以下方面：国际市场投资研究专业人才缺乏，目前国际市场投研人才主要集中于券商、公募基金机构，信托公司中此类专业人才较少，短期内完全依靠引进也较为困难；国际业务对于交易估值等方面的要求使得系统建设要求较高，目前信托公司的业务系统难以满足要求；国际金融投资业务涉及汇率风险、市场风险等更为复杂的风险管理，这对于市场风险管理专业化程度上不高的信托公司而言，仍然是个较大的考验。总之，信托公司开展国际化业务的专业能力基础仍较薄弱，正因为如此，其并没有市场的专业认可度。

第二，产品服务较为单一。目前，虽然信托公司也开始探索多种模式的国际业务，然而受限于国际业务发展的初级阶段，所能提供的金融服务相对较少而且单一，主要是固定收益类投资产品、港股一级市场、二级市场投资业务。目前券商、公募基金已推出股票型、债券型、混合型、主题型、另类型等多种领域投资产品。因此，对于高净值人群所需要的更广泛的资本市场、不动产以及另类资产配置等需求，信托公司依然无法满足，在与其他金融机构的国际化业务竞争中，也是处于下风。

第三，信托公司国际业务的市场品牌认可度较低。信托公司向来以固定收入业务而深受投资者青睐，主要是因为存在刚性兑付。然而，对于证券投资类产品，投资风险则需要完全由投资者自行承担。那么，在信托公司国际化业务尚不成熟，市场竞争优势不明显以及缺乏刚性兑付所提供的收益保证之下，加之境外投资金额高、风险大、费用高等特点，使得市场投资者对于该类业务投资意愿并不是很高，造成信托公司国际业务市场品牌认可度并不高，影响力不足。

第四，国际化业务监管政策有所限制。从 QDII 业务监管政策来看，在证监会、保监会对于 QDII 的应用投资范围上，目前信托公司所能够投资的范围略有狭窄，同时对于单只证券产品的持有比例也更为严格；设立境外子公司方面，证券公司均有设立子公司明确要求，信托公司设立境外子公司的监管态度仍不太明确；上海、天津、福州、广东自贸区建设，信托公司参与仍较少，除了爱建信托、上海信托、中融信托、中诚信托相继在上海、广东自贸区建立了子公司外，整体上信托公司尚未把握住自贸区的境外开放优惠政策，所能实现的国际化业务助力不高。因此，信托公司开展国际化业务所面临的政策环境依然不是很理想，未来还需要加强监管沟通，获得更多政策支持。

 案例分析　　　　外贸信托：全球资产配置集合资金信托计划（三期）

外贸信托发行全球资产配置集合资金信托计划（三期）（见图 5-9），总规模 5 亿元，期限 2 年。

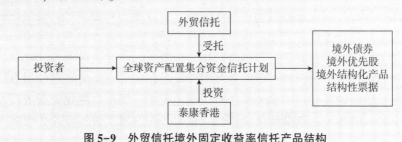

图 5-9　外贸信托境外固定收益率信托产品结构

一、投资范围

信托资金主要用于认购中资美元债、中资金融机构优先股以及 Mozaic 指数组成的结构化票据。产品以少部分资金投资于全球知名量化投资策略 Mozaic 指数的结构性票据，挂钩三大工业国大类资产表现，基础资产表现与中资固定收益组合表现相关性较低，有助于分散产品风险。其看涨期权的本质锁定最大风险，以最大亏损 3.4% 的风险开启博取 100% 超额收益的可能。

二、合作机构

泰康香港作投资顾问，与外贸信托共同管理。其对固定收益市场尤其中资发行主体的信用分析和判断经验丰富；经纪商摩根大通为海外资产配置提供全产业链的支持，提供本次投资的无追索债券票据融资，雄厚的做市能力为债券组合交易提供强大保障，同时为产品债券组合增加额外风控机制。

三、申购赎回

从本信托成立后满一自然年的工作日为本信托的开放日，如遇休息日则顺延至其后第一个工作日；受托人有权根据市场情况决定设立任一工作日为临时开放日；开放期间为开放日前十个工作日（含）至开放日当日（不含）的时间区间，接受申购赎回申请。

四、管理费

无申购、赎回费，固定信托管理费不超过 2.0%/年，浮动信托管理费在年化收益率超过 9% 的部分按年提取 20%。

在个人资产全球配置下，外贸信托推出了这款配置固定收益类产品的境外理财，同时由具有丰富经验的机构作为投资顾问和经纪商，进一步保障了产品安全性，能够在当前人民币贬值压力增大的环境下，寻求资产保值增值的新路径。

二、FOF

FOF 类信托产品需要建立在对于基金产品具有较为丰富研究的基础上，研究不同经济环境下大类资产配置。我国华润信托、外贸信托都建立有阳光私募服务平台，能够与较为优秀的私募基金机构接触，累积了大量私募基金产品的数据，进而为进一步发展 FOF 产品提供了良好机遇。通过配置于旗下顶尖的阳光私募基金，不但能够帮投资者优中选优，还能通过动态配置，平滑单一基金的波动风险，给投资者创造长期稳定的收益。

华润信托：托付宝TOF-1号集合资金信托计划

　　凭借多年阳光私募信托领域的经验，华润信托发行设立了托付宝 TOF-1 号集合资金信托计划，期限为 5 年。

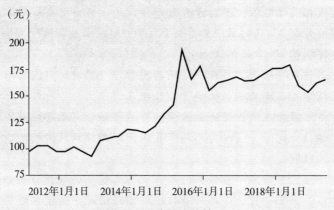

图 5-10　产品净值情况

一、投资理念

　　托付宝 TOF（Trust Of Funds）由华润信托管理团队优中选优，集聚国内顶尖私募投资高手的智慧，采用动态主动管理的方式，以为投资者创造长期稳定的绝对投资收益为使命，为投资者提供长期平衡风险与收益的证券投资新选择。

二、产品特点

　　首先是组合投资，托付宝 TOF 属于阳光私募基金组合投资，同时还具有突出分阶段风格，强化配置效率的特点。其次是动态优选，托付宝 TOF 要进行系统性定量与定性分析；实现优中选优，提高配置效率；而且具有动态择机调整的特点。再次是持续回报，托付宝 TOF 鼓励持续投资；强调追求可持续的中长期复合收益；而且会通过系统化的持续投资减少犯错概率。最后是绝对收益，托付宝 TOF 产品目标追求绝对收益；减小下行波动幅度，提升绝对收益增长的复利效果。

三、华润信托的优势

　　华润信托具备最专业的阳光私募信托管理团队：专业从事阳光私募信托管理，投资顾问筛选，专职团队成员超过 20 人，包括交易分析团队、基金研究团队、投资管理团队、投资顾问管理团队，团队人员均从一流学府和机构招募，不断充实和优化、全部经由系统培训，专业分工合理。华润信托具有最严谨的组合基金投研体系：拥有最全面的 TOF 投研管理系统和业务支持系统；投研管理系统包括基金评测系统、市场评估系统、交易分析系统、投资顾问综合信息系统和研究报告系统；业务支持系统包括集中交易系统、客户份额管理系统、估值清算系统、CRM 系统和风险控制系统。

通过多年的经营积累，华润信托平台拥有多年权威的阳光私募信托每日交易数据，并形成了一套完备的基金评测系统。与市场上的评测标准不同，华润信托的评测系统是依据基金多年来交易数据和具体到每日的交易净值，其客观性和完整性都非其他评测系统可比。华润信托通过对独有的每日历史数据量化分析，能够从众多的基金样本中挑选出更加符合市场需求、风格各异的优秀基金，并及时介入或退出，进行适合的组合配置。

四、投资范围

该信托主要投资于证券投资信托计划，投资比例 0～100%，辅助投资于货币市场基金、ETF 等流动性高的投资品种，不直接投资于股票（一级市场申购新股除外）。

五、申购赎回

自认购之日起 14 个月为封闭期，每 14 个月开放一次，开放日公布信托单位净值；委托人可在开放日进行认购或赎回；受托人可增加开放日或估值日。

六、赎回条件

委托人可在开放日进行赎回，但须在开放日前不迟于 29 个工作日提交赎回申请。除非经受托人同意，委托人提出赎回申请后不得撤回。

七、管理费

认购费为认购资金的 1%；管理费以开放日的信托计划资产总值为基础，按照 0.8% 的年费率进行计算。若经分红派息调整后的信托单位净值低于 90 元，则免收当期信托管理费。浮动管理费率为年化收益率超过 10% 时，提取超额部分的 10% 作为浮动信托管理费。银行保管费以开放日的信托计划资产总值为基础，按照 0.2% 的年费进行计算。

三、 TOT

TOT 产品也是以组合投资的理念，精选信托产品，主要为非标产品，实现更加稳健的投资。

中铁信托：聚金15号稳健增值集合资金信托计划

中铁信托发行了聚金 15 号稳健增值集合资金信托计划，信托规模为不低于 4000 万元，信托期限为 24 个月。

一、主要投资标的

本信托计划的信托资金采取包括但不限于债权、股权、权益等在内的一种或多种方式进行组合运用。

（一）基础设施建设项目

资金用于城市基础设施建设，如旧城改造、安置房、修路等。土地抵押，抵押率 2~5 折。

（二）优质企业流动资金贷款

选择大优企业合作，为其补充流动资金；以股权做质押、土地做抵押，集团控制人提供连带责任担保。

（三）上市公司股权质押贷款

以上市公司流通股或限售股做质押（须办理质押登记手续），质押折扣率一般为 2~5 折；设立 1.4~1.6 倍警戒线；关联企业提供连带责任担保。

（四）能源开发项目

选择有市场前景的能源开发类项目，通过质押其股权，委托相关企业进行项目和资金监管，到期融资方通过转让股权收益和能源生产经营收益偿还。

二、投资方式、保障措施

（一）组合投资，分散风险

本信托计划精选投资于两个及以上信托计划，降低系统性和非系统性风险，使投资者能以较低资金同时投资于多个信托计划。

（二）保障措施

投资信托计划以贷款方式运用的保障措施包括但不限于：信托资金使用人或第三方提供的实物资产抵押、优质股权和项目收益权质押或金融机构、大型企业信用担保等。

以权益类投资方式运用的保障措施包括但不限于：权益出让方回购承诺，权益出让方或第三方提供的实物资产抵押或经营可靠、实力较强的第三方企业、法人受让承诺等。

以股权投资方式运用的保障措施包括但不限于：对被投资标的的控股权；对被投资标的信托期内对外融资、担保事项的否决权；股权对应资产的足值审查及监管权；信托资金优先退出的优先权等。

以债权投资方式运用的保障措施包括但不限于：债权出让方回购承诺；信托资金使用人或第三方提供的信用担保；股权质押等。

三、预期年收益率

50 万元≤认购金额<100 万元，8.5%/年；100 万元以上，9%/年。

四、项目特点

资金投向多个信托计划，参与多种资金运作方式，最大程度分散风险，保证投资者利益。

投资者能以较少资金同时投资于多个信托计划，周期短，流动性好。

收益率高，远高于银行同期理财产品收益。

产品运作模式成熟，常规项目，滚动发售。

中铁信托风格稳健，风险控制能力强。专门设立投资决策委员会，对投资进行严格筛选和风险控制，对所投资可能涉及的风险进行全面评价。

中铁信托累计发行信托产品超过 700 个、管理信托财产规模超过 1300 亿元，通过有效发挥自身专业理财能力和经营优势，公司所有到期信托产品的兑付率达到 100%，均实现或超过预期收益率。

五、信息披露方面

中铁信托每季度在公司网站和营业场所发布本项目管理报告，向投资人报告本项目管理运行情况，保证投资者能及时了解资金使用和管理全过程，放心投资。

四、大类资产配置信托产品

上面介绍的都是标准化的理财产品，其特点在于，信托公司根据市场多数投资者的需求，包装设立了产品，并集中向投资者推介，投资者只能选择接受或不接受，无法满足部门投资者的个性化需求。实际上，不同层级的投资者，其投资需求是有不同的，一般投资者购买信托产品基本可以满足其资产保值增值的需求，而财富水平进一步升高后，投资者会对自身需求更加关注，超高净值客户的需求更加复杂，涉及价值财富传承、子女教育、养老、慈善事业等方面。为了满足投资者的个性化需求，信托公司逐步开发出了针对投资者自身情况的资产配置类信托产品。信托公司会配备有投资顾问或者理财经理，首先了解客户具体情况，包括收入水平、经常支付、投资需求等。其次根据上述情况，为投资者制定更为个性化的资产配置信托方案，包括资产配置范围、比例、收益分配方式等，极大体现客户的个性化需求，实现定制化、贴身化设计。最后经客户确认资产配置方案，由信托公司进行具体实施，定期向投资者报告投资组合表现情况；信托公司加强投资组合的跟踪，及时跟进客户和外部环境的变化，调整组合方案，以最能满足投资者自身需求。

 中航信托：顾问型家族信托

中航信托发布一款顾问型家族信托产品，委托人为单一自然人，信托受益人由委托人指定，该信托为不可撤销信托，信托规模为 500 万~3000 万元，委托人可随时追加，原则上单笔追加金额不低于 100 万元。该信托期限最长为 50 年，最短为 10 年，但成立 4 年后可以申请提前终止。信托分配标准、分配条件和分配方式具体依据信托合同约定，但是信托成立第一年不分配。受益权原则上均不可继承、转让、清偿债务。中航信托将根据委托人意愿拟定受益人分配条款，对生前或身后的信托利益分配进行管理运作。同时，中航信托以固定收益类产品配置为主，兼顾考虑具备风险承受能力的客户需求，提供绝对收益策略、稳健策略、平衡策略、进取策略四种标准化投资策略选择，并在委托人选择的策略框架内实施所有投资决策和产品配置。

第六章

资金信托发展趋势

在资管新规实施后，传统资金信托业务发展遇到更大瓶颈，同时伴随我国经济转型和社会需求变化，资金信托需要适应新的环境变化，表现出新的发展趋势。

第一节 我国资金信托的创新发展

严监管下通道业务受制约以及传统主动管理业务受影响后，信托业将会不断寻求新的发展机遇与盈利增长点，加强创新发展能力，发挥信托制度优势，提升行业生产力与活力。资金信托的创新发展主要体现为传统业务的升级、创新业务的培育等方面。

一、传统业务的创新升级

信托传统业务并不是完全不能做，而是需要与时俱进，调整商业模式，提升专业化水平。在房地产方面，需要增强房地产运作水平，提升对于整个房地产周期的把控，实现由债权向股权投资的方向转型，从而升级为房地产基金化业务模式，能够强化房地产链条的资源整合，提高市场竞争力。此外，在房地产业务领域，除了深耕住宅类地产项目，继续向商业地产、工业地产领域拓展，积极布局物流地产、养老地产、写字楼等具有发展潜力的不动产领域，通过升级改造、出租或者出售，获得增值收益，为投资者创造价值。在基础设施方面，需要改变对于政府信用的依赖，需要加强参与 PPP 业务的能力，能够强化对于基础设施运营管理、风险管理的把控，为其设计适当的融资方案，积极参与项目投标；需要加强基础设施基金的拓展力度，深入渗透到基础设施建设领域，通过专业化管理，增加项目附加值，获取更高的投资收益。私募类证券投资信托一直是信托公司的薄弱环节，部分信托公司甚至未开展此类业务，而部分信托公司在此类业务上发展较快，信托公司间呈现出较为显著的分化态势。从未来转型发展来看，中国资本市场的快速发展、机构投资者的增加等因素都会提振证券投资信托，不过考虑到证券投资类信托对于投研体系等方面要求较高，以及现有的市场参与者众多，对于此类业务转型的总体思路具体如下：

一是加强主动管理能力，增强资本市场研究力量的投入，更好地发挥信托制度的优势，为投资者提供更多投资机会。

二是在产品布局上，坚持由易入难、由低风险到高风险，如信托公司可以以债券投资信托为发力点，逐步扩展大类资产配置等产品，稳步打造优秀的信托产品。

三是在产品体系上采用差异化、特色化的策略，我国证券投资资管产品相对较多，券商资管、私募证券投资基金等都已开展多年，因此信托公司需要走特色化、差异化的发展道路，在产品布局、客户覆盖等方面要有更明确的定位和目标，诸如在权益投资方面，考虑客户风险偏好，加强绝对收益类产品的开发；在客户方面，以机构投资者为主，打造更加精准定位的产品。

二、创新业务领域的重点培育

结合我国经济发展新阶段的特征，从市场需求和金融服务空间来看，绿色环保、消费升级、医疗养老、制造业升级、国际化业务及高净值客户服务六大领域有可能成为信托业创新发展重点和新的盈利增长点。

（一）绿色环保新能源

党的十八大以来，以大气、水、土壤污染防治为重点，环境治理进程不断加快，2017 年，我国生态保护和环境治理固定资产投资完成额 3822.34 亿元，累计同比增长 23.6%，未来仍有较大上升空间。党的十九大报告、中央政治局会议和中央经济工作会议也将"污染防治"与防范化解重大风险、精准脱贫并列为全面建成小康社会的"三大攻坚战"。服务于环保、新能源等绿色产业的金融服务正在崛起，发展绿色金融已经成为新时代推进绿色发展的重要举措、助力经济优化升级的重要抓手。通过绿色信贷、绿色股指、绿色保险等金融工具，引导社会资金进入重视环境保护的企业、再生能源或新型能源企业、绿色节能型企业等经济单元中，在考虑环境成本的前提下促进社会资金的优化配置。预计未来五年我国绿色金融领域规模将达到约 2 万亿元，绿色信托业务将有较大发展空间，业务规模增速将会加快。

（二）消费升级

我国宏观经济结构持续优化和调整，经济增长动力逐步由投资拉动向消费拉动转变，2017 年消费对于 GDP 增速的贡献占比接近 2/3，呈现逐步上行的态势。同时，消费升级也在加快，从消费方式上看，消费正在发生着线上代替线下的结构变化，在社会消费品零售总额中，实物商品网上零售额占比不断走高，从 2015 年 2 月的 8.3% 升至 2017 年底的 15%。从消费品种上看，有形消费逐渐转向无形消费，2017 年限额以上零售企业零售额同比增速中，体育娱乐类商品以 15.6% 的增速排在首位，化妆品、家具、药品和通信类商品增速位居前列，而以食品、服装为代表的必需消费增速排名普遍靠后。从消费观念来看，消费观念不断转变，超前消费观念逐步得到接受，借助消费金融工具进行消费的意愿明显增强。未来，在消费升级大背景下，一方面信托业可以加强与消费企业金融合作，为其提供投融资服务；另一方面也可以充分利用个人消费金融需求的上升，提供汽车、旅游、教育等消费金融服务。

（三）健康养老、医疗

截至 2016 年，我国 60 周岁及以上人口为 2.31 亿人，占总人口的 16.7%，根据国家卫生和计划生育委员会预测，到 2020 年，我国 60 岁及以上老年人口将达 2.55 亿左右，占总人口的 17.8% 左右。人口老龄化加速将带来医疗、养老需求的释放。医疗方面，党的十九大报告中提出"加强基层医疗卫生服务体系和全科医生队伍建设"，常见疾病居民在家门口就能得到及时诊疗，解决"看病难"问题；2017 年国务院、卫生和计划生育委员会、食药监局也出台了九个重要文件，对药品创新、注册、采购等环节进行改革和完善，药品零加成后，"看病贵"问题有望缓解。在养老方面，"医养结合"将成为未来养老产业的发展方向，其将现代医疗服务技术与养老保障模式有效结合，实现了养老机构与医院之间资源共享。未来的"医养结合"可能会有四种存在形式：原有医疗卫生机构开展养老服务，原有的养老机构增设医疗服务资质，医疗机构与养老机构协议合作，医养结合进社区、进家庭。2018 年更多落地性的政策出台，鼓励民间资本投资于此，"医养结合"的新型养老模式有望成为本轮产业发展的爆发性增长点。信托公司已开始加强大医疗领域的布局，一是与大型医疗产业优秀企业成立医疗产业基金，参与资产收购、医疗行业投资；二是直接投资处于成长期的医疗企业，并通过并购、上市等方式退出；三是帮助医疗养老企业盘活存量资产，开展资产证券化业务。

（四）制造业升级

从党的十九大报告和中央经济工作会议对制造业发展的表述可以看出，融合发展是我国制造业优化升级的实现方式。制造业企业通过与互联网、大数据、人工智能等新技术的融合，一方面能够实现生产流程、管理模式和商业模式再造，另一方面也能够使产品和服务更好地满足消费者的差异化需求。未来，我国制造业政策将重点立足于推动中国制造向中国创造转变，推动我国制造业加快迈向全球价值链中高端。党的十九大后，国务院和各部委出台的关于促进制造业发展的发展规划、指导意见和行动规划等多达 11 个，预计通信（与 5G 相关）、物联网、人工智能、新能源汽车等行业的政策支持力度将继续加大。未来三年，轨道交通装备、高端船舶和海洋工程装备、智能机器人、智能汽车、现代农业机械、高端医疗器械和药品、新材料、制造业智能化、重大技术装备等将成为提升我国制造业核心竞争力的关键领域。信托业可以抓住制造业升级的有利时机，积极提供贷款、股权投资、资产证券化的信托服务，深化产业结合，创新合作模式。

（五）国际化业务

在我国"一带一路"倡议下，企业将加快布局与沿线国家及新兴市场合作，机电产品、高新技术产品、成套设备出口增长，农产品、非资源类产品进口力度加大，贸易活动将日趋活跃；更多参与"一带一路"国家交通、电力、通信等基础设施建设，进行矿产等资源的合作开发。在这些经营活动中，企业对于跨境服务需求将进一步显现，信托业可以积极提供跨境信托、国际并购、产业基金等金融服务。另外，随着人民币国际化趋势的增强以及全球化资产配置需求的增大，高净值客户个人移民、全球资产配置需求也在持续提升，目前外汇存款、股票、债券、基金和保险仍是最主要的金融产品，信托公司可以把跨境金融服务、跨境金融产品开发作为高端客户服务的重要内容。

（六）高净值客户服务

根据 BCG 调查数据，2016 年中国高净值人群已达到 210 万户，可投资资产约为 54 万亿元，预计到 2021 年，高净值及超高净值家庭将达到 400 万户，可投资资产规模超过 110 万亿元，在潜力巨大的财富管理市场中，信托业可以把握先机，实现业务模式的转型升级。当前不同层级的客户展现出日益分化的财富管理需求，由于高净值和超高净值客户均看重机构的产品设计、风险隔离、资产配置等综合服务能力。而相较于银行、券商等竞争对手，通过精细化信托架构的设计构建，更好地服务于此类客户的核心诉求。借鉴成熟的美国市场服务高净值及超高净值客户的经验，中国信托业务财富管理可相应发展综合财富管理和家族办公室两大类模式。

第二节　资金信托投向调整与结构优化

一、资金信托投向调整

服务实体经济是信托业发展的根本宗旨，也是推动我国经济高质量发展、满足人们美好生活需求的必然要求。作为一种建立在信任基础上的财产管理制度，信托具有高效的资产配置能力，是促进我国实体经济发展的重要力量。在新常态背景下，我国信托业也在为积极调整信托资金的投向做出努力，不断加大信托服务实体经济的广度和深度。中国信托业社会责任报告数据显示，截止到 2017 年末，信托业直接投入实体经济领域的信托资产规模为 14.7 万亿元，占资金信托总规模的 67.09%，基本覆盖了实体经济的各个行业，在支持国家重大战略，促进经济结构转型，解决企业融资难、融资贵等方面起到了积极作用，为实体经济的发展起到了重要支撑。然而，不可否认的是，目前我国很多信托公司仍面临通道业务多，而且涉及多层嵌套和资金空转的问题，严重影响了服务实体经济的质量，因此需要更加调整信托资金投向，弱化对于房地产等行业领域的投向，转而加大扶持实体经济力度。严监管下信托回归本源，其根本是更好地服务实体经济，发挥信托业务所具有的灵活多样、全周期、全景式服务特点，大力支持经济社会发展。加强主动管理能力，优化业务结构，深入支持现代经济体系建设，深化产融结合，紧抓改革开放机遇，助力经济发展质量变革、效率变革、动力变革。

（一）助力供给侧结构性改革

在供给侧改革背景下，信托公司应积极贯彻落实国家宏观经济政策和产业政策，充分利用其业务经营综合性、灵活性、敏锐性的特点，以市场化方式聚集社会资金，通过多方式运用、跨市场配置，将社会闲置资金引入实体经济领域，支持实体经济"去、降、补"，提高服务实体经济质效，服务供给侧结构性改革，推动化解过剩产能，支持传统产业优化升级，大力发展产业链金融、并购重组信托服务、资产证券化业务，帮助实体企业去杠杆、降成本，盘活存量资产。

（二）帮助企业去杠杆，积极开展投贷联动业务

鼓励信托公司充分发挥信托制度优势，支持科创企业发展，降低企业杠杆率，促进经济发展转型升级。支持具有集团背景和已开展科技企业投融资业务的

信托公司优先进行试点，鼓励其他信托公司积极探索投贷联动业务的新产品、新模式。另外，大力推进新兴产业投融资业务，支持先进制造业发展，以投贷联动、股权投资、产业基金等业务模式，在中高端消费、创新引领、绿色低碳、共享经济、现代供应链、高科技、现代服务业等领域培育新增长点，形成新动能。

（三）继续推进基础设施建设投融资业务，转变传统政府平台融资业务模式

在平台公司去政府信用的大背景下，通过传统融资方式参与基础产业投资已经存在很大的局限性，信托公司与政府的关系需要改变，在地方基础设施建设投资过程中，双方不应仅仅是债权人与债务人的关系，更需要着手建立新型合作关系。基于此，信托公司积极采取多种形式的合作模式参与基础设施建设，如积极推进 PPP、基础设施投资信托、基建资产证券化等业务，助推"长江经济带""京津冀协同一体化""西部大开发"等国家战略以及其他重大工程建设。

（四）优化信托资产投向结构，助力产业结构升级

其中，投向地方政府融资平台、房地产和产能过剩行业的信托资产占比不断下降，投向新能源、生态建设、信息科技、生物制药、健康养老等新兴产业的信托业务不断增长。设立并购基金帮助产能过剩领域的龙头企业兼并重组、升级做强；通过消费信托将消费权益与金融服务有机结合，促进文化、教育等第三产业增加有效供给。

（五）积极对外开放，参与"一带一路"建设

在经济全球化背景下，信托公司应紧抓我国对外开放有利机遇，积极参与"一路一带"金融服务，着力开展跨境投融资、国际并购信托业务、产业基金，支持国内企业"走出去"。

二、资金信托结构优化

在传统业务模式下，信托公司通道业务依靠低价策略承揽业务，而集合信托则依靠高收益率来加强销售。随着行业发展形势的变化，服务质量、专业化水平将成为信托公司更加凸显的竞争重点。另外，伴随着资管新规和资金信托管理新规未来的相继出台，监管层的政策导向必然会逐渐弱化融通性资金信托，主要原因是其贷款信托具有一定的局限性：①同质性竞争加剧，传统资金信托在资管行业面临严峻的行业竞争；②信托业务变相保底，逐渐异化为负债业务，脱离其回归本源，服务实体经济的本能定位；③面临严峻的刚性汇兑风险，从而使得行业风险集中；④资金来源途径较窄，从而使其在拓展融资渠道方面处于不利地位；⑤风险揭示不完

全，不利于"买者有责，买者自负"资管市场的建设等。而逐渐强化对资产配置型信托的运用，将是资金信托管理新规背景下，资金信托的必然发展趋势。在新时期背景下，监管层鼓励发展资产配置型资金信托主要原因如下：

（一）回归信托本源定位

信托回归本源是指回归资产管理、财富管理和受托服务三大本源业务领域。信托业务的开展依托信托制度，信托制度在本质上是一种集财产转移与财产管理功能于一身的财产法律制度安排。信托制度的功能决定着信托业务的本源，那就是为满足委托人在财产转移、财产管理方面的需求而开展的受托服务业务。信托具有明显的制度优势和功能定位，而发展资金配置型资金信托有利于信托公司结合自身特点，制定科学、清晰的发展战略和可操作的业务规划，逐步回归资产管理、财富管理和受托服务三大本源领域，着力于提升专业化管理水平，不断培育核心竞争力，切实服务实体经济发展。

（二）社会财富规模增长，资产管理需求巨大

随着我国经济规模高速增长，人民收入水平不断提高，我国社会财富的规模迅速增长，个人理财和企业投资意识不断增强，资产管理需求巨大，急需专业的财富管理机构对其进行理财规划。作为资管行业的重要资管机构，信托行业依靠其独特的制度红利和功能优势，也逐渐受到社会财富的青睐，过去传统的信贷业务也已无法满足投资者的财富管理需求，而资产配置型资金信托凭借其专业化管理则有利于对社会财富的优化配置，从而满足日益提高的资产管理需求。

（三）与家族信托等服务类信托配套发展

随着人民收入水平的不断提高，我国家族财富规模迅速增加，成为推动财富管理行业发展的强大动力，市场需求极其巨大。在新时期，家族信托等服务型信托作为重要的财富管理工具逐渐被社会公众所认可，从而也产生了更强烈的资产配置需求，需要更加专业的资产配置团队对其进行资产管理，实现财富的增值与传承。因此，资产配置型信托的应运而生，将实现资金信托与家族信托等服务类信托的配套发展。

基于此，传统资金信托业务结构必须优化调整，大力发展资产配置型信托，逐步限制压缩融通型资金信托业务的发展。未来，资金端稀缺性要高于资产端，在打破刚性兑付的情况下，个人投资者会更加注重信托公司专业性，对于信托产品会有更深入的考察，而机构投资者定制化需求可能会提高，需要信托公司针对客户需求有效匹配资产端。

当前仅以非标信托为主的资金信托产品已经不能够适应客户多元化的需求，未来需要进一步调整产品结构，逐步向资产配置型转变。一是完善产品体系，增加除非标资产以外的其他大类资产，诸如权益投资类资产、现金关联类资产等，可以为客户提供综合化产品服务，实现一站式采购。二是加强大类资产配置产品的开发，诸如 FOF、MOM 或者基于大类资产投资的证券投资产品，以此为投资者提供具有更为稳健风险的信托产品。三是针对部分具有大类资产配置需求的高端客户，可以建立专业团队，为客户提供资产配置方案以及收益分配方案的定制化设计，来满足客户差异化需求，实现客户的差别化管理。

第三节　资金信托经营模式面临转型需求

在严监管形势下，通道业务、资管嵌套、监管套利备受打压，目前信托业务仍以通道业务驱动，通道业务占比约 70%，在资管行业全面去通道、去嵌套、去杠杆形势下，2018 年监管部门已经开始严格压制银信通道业务以及其他通道业务，信托公司通道业务也主要保持只减不增的态势。2019 年第一季度末，信托行业关联资产规模约为 22.54 万亿元，连续第五个季度呈现下降态势。

虽然监管部门对于通道业务有边际放松的迹象，但是难以扭转去通道的大趋势，整个资管行业都会经历挤水分的过程。2019 年信托项目到期量增速有所放缓，但是绝对规模仍较大，加之新增信托规模动力不足，这也决定了 2019 年信托资产规模仍然呈现下降态势，预计降幅会有所扩大，信托规模可能降至 20 万亿元左右。由于信托通道占比达到了 60%~70%，而且大部分委托人为银行资金，在银行理财转型尚未完成前，以及监管严格限制银行表内资金同业投资时，去通道趋势将会不断削弱信托规模增长驱动力，预计这种趋势在 2020 年前难以实质缓解，最终信托规模可能降至 20 万亿元以下，之后逐步稳定。

2020 年之后，主动管理业务规模增速可能会受到净值化管理、去刚兑等影响而进一步放缓，而事务管理类会逐步保持稳定增长。未来，信托公司可以加强资产证券化、阳光私募专业服务、股份代持等事务管理类信托业务以及真正的财产权信托业务，缓解现有业务增长动力不足的问题。

通道业务发展受制约后，信托公司很难再以通道业务立足，专业能力才是赢得市场竞争的根本保证，这就需要继续提升主动管理能力，强化投研体系建设，培养专业人才，建立相适应的机制体制。与其他资管相比，信托公司比较优势在于非标债权资产包装设计方面，需要继续在此领域发展，突破传统业务领域的范畴、紧抓区域经济发展战略、供给侧结构性改革等机遇，加快布局新兴产业，深入服务实体经济，在特定细分市场、特定行业领域、特定市场区域形成绝对竞争优势，打出业务品牌和拳头产品，提高市场占有份额，实现差异化发展定位。在巩固现有优势的同时，信托公司可以继续沿着另类资产管理的业务范畴，加强私募股权投资、风险投资等股权投资业务布局，促进股债联动和结合，扩充产品条线；也可以由非标债权资产向标准化债权资产延伸，通过参与银行间债券市场承销、发力债券投资等举措，实现对于各类债权资产的全覆盖。

然而，短期来看传统主动管理业务仍以房地产、地方融资平台等为主，这些传统业务增长空间有限，具有较高的周期性，而创新业务孵化较慢，业务模式探索、风险管控政策制定等需要一定磨合时间，难以在短时间内大面积铺开规模，主动管理业务规模增长也会维持较低增速。总之，未来信托业将处于一个提质增效、规模收缩、结构优化的阶段。

世界各国也存在类似我国非标债权的资管业务，其名称为信贷基金（Loan Fund），其良好的发展经验值得我国学习。国际信贷基金最早于 20 世纪 90 年代在美国加快发展，全球金融危机后银行受到冲击，同时全球金融监管变革后，加大了对于银行资本、流动性等方面的监管要求，致使银行信贷供给能力受限，尤其是中小企业融资仍面临较大困难，国际信贷基金正是在这一背景下得到更大的发展空间。统计数据显示，截至 2017 年上半年，全球信贷基金规模已超过 6000 亿美元，预计到 2020 年有望超过 1 万亿美元，年均增速约为 20%。美国较早发展信贷基金，而且对于私募基金发贷要求限制不多，所以其信贷资金规模占据全球总规模的一半以上，KKR、黑石等全球知名另类资产管理机构都积极参与了信贷基金的发展，黑石公司的信贷业务占比达到 20% 左右。欧洲是近年信贷基金发展较快的另一地区，仅次于美国，这是因为欧洲国家看到了信贷基金在美国发展的良好作用，希望通过发展信贷基金拓展企业融资渠道，尤其是中小企业融资渠道，增强经济发展动力。

我国资金信托或者说非标信托仍有一定发展空间，不过在资管新规下，未来需要加强模式重塑，强化基金化、组合化、破刚兑化的发展模式。

（一）聚焦市场需求，以客户为中心进行产品开发

资管新规对于信托业务资金端冲击显著，信托公司对于市场资金的竞争会更加激烈。资金端的竞争归根结底是客户的竞争，这就需要从客户需求出发，由以产品为中心向以客户为中心转变，加强产品研发的针对性，才能形成适销对路的资管产品。那么，以客户为中心就要加强客户行为分析和数据挖掘，根据职业、年龄等信息对客户进行分类管理，针对不同层次的客户需求和偏好开展产品设计

和供给，进行精准营销，提高资金端和资产端的匹配效率；要加快销售渠道建设，合理进行异地财富中心布局，培养优秀的理财经理团队，建立与客户的充分信任；增强客户服务意识，由单一的产品销售向综合化资产配置方案咨询转变，提供综合金融服务，加强金融科技应用，通过 App 等信息科技技术，不断改善客户服务体验，提高客户满意度。

（二）强化风险管理，以尽职履责赢得客户信任

金融机构本质是经营风险和风险定价，风险管理能力是金融机构的核心竞争力所在。一方面，在严监管下，要做好《关于规范金融机构资产管理业务的指导意见》（以下简称《意见》）各项要求的落实，依法合规经营，坚守底线思维，同时后续《意见》实施细则的出台以及资管领域其他监管政策调整和新规范也会更为频繁，信托公司需要及时领会监管政策精神，并落实到公司内部制度规范以及业务流程当中。另一方面，在打破刚兑环境下，信托公司需要进一步增强风险管理能力，更加充分地尽职履责，以受益人利益最大化为根本出发点，审慎管理和运用信托财产，帮助投资者实现财富的保值增值。如果信托公司本身风控能力不强，受托人职责不到位，那么在信托财产遭受损失的同时，可能面临投资者追偿，也会使声誉受损，将极大损害信托公司发展的客户信任基础。

（三）增强创新能力，以发挥信托制度灵活多变优势

信托制度一大特点就是灵活多变，信托的应用空间可以与人类的想象力相媲美，那么在激烈的资管市场竞争中，信托公司要充分发挥信托制度的创新优势，以不变应万变。具体来看，一方面，信托公司大力发展具有信托制度优势的业务领域，诸如产业基金、证券投资信托。另一方面，信托公司需要提升市场敏感度，要勇于抓机遇，勇于发挥创新和创造能力，将社会需求与信托制度充分结合，满足社会经济发展的重大需求，这方面表现在可以利用信托制度深入挖掘我国的养老需求、消费需求等，扩展信托制度应用广度和深度。

（四）依靠市场竞合，以优势互补实现共赢

我国资管行业仍处于初步发展阶段，资管机构优势各异，银行具有更广泛的客户资源以及综合金融服务能力，公募基金公司具有较高的资本市场投研能力，保险资管具有长期低成本资金，券商资管具有较高的投研以及资本市场业务协同能力。各资管机构既有直面市场竞争的压力，又有在优势各异下的合作基础，信托公司需要充分促进优势互补，加强与其他资管机构的合作，诸如在服务高净值客户方面可以与银行合作，而在开拓标准化资产投资方面可以与券商或者公募基

金公司合作，实现双赢局面，而且有利于信托公司学习先进经验，加快弥补自身短板，缩短学习曲线。

第四节　资金信托科技赋能与风险管控优化

一、金融科技助力资金信托发展

以大数据、云计算、人工智能、区块链等技术为代表的金融科技正在重塑金融行业的业务模式和未来发展格局，我国已是世界金融科技应用率最高的国家，这更凸显了金融科技对于我国金融机构转型发展的重要性。调研数据显示，金融科技最有可能冲击的金融领域包括支付、信贷、资管等。信托公司作为重要的资管机构，在金融科技应用方面较银行等相对滞后，未来应大力拥抱金融科技，塑造资管新时代的核心竞争力。金融科技正在逐步渗入资管业务的各个环节，成为资管业务高质量发展的重要助推器。目前，信托公司正处于转型发展关键时期，拥抱金融科技成为必然选择。

（一）从经营模式和盈利模式寻求突破口

依靠金融科技打造智慧型、科技型资管机构，深度融合互联网思维，优化信托服务业务模式，促进数字化转型，增强价值创造能力和创新动能；打造兼容性、生态化业务平台和生态圈，实现更加包容、开放的经营模式，提高业务资源整合能力。

（二）从市场营销和客户服务寻求突破口

随着互联网以及智能手机的普及，高净值客户对于金融科技的接受度正在不断提升，尤其是年青一代，已习惯使用各种移动设备进行办公和资管管理操作。因此，信托公司以客户为中心，可以借助金融科技手段，采用 App、微信等数字渠道，及时为客户提供产品推介、资产管理信息、产品净值信息以及增值服务。同时，可以借助大数据技术，对客户进行精确画像和分类管理，根据客户偏好，为其推荐产品，提供资产配置建议，提升客户体验。

（三）从产品创设和投资管理寻求突破口

在产品创设阶段，依靠金融科技，针对目标客户有效进行产品开发和创新，如利用区块链技术为客户提供存管服务等。在产品投资方面，利用数据挖掘、人工智能等技术可以有效把控信用风险、利率风险，确定适当的交易策略，进行智能化、高频化交易。在风险管理阶段，利用大数据开发信用评估模型，改进现有的专家型评审模式，提升评估精准性以及精细化。同时，利用金融科技技术，开展客户预警，及时根据舆情管理，识别负面信息，快速响应和处置风险。

（四）从运营管理寻求突破口

基于金融科技进行业务流程再造和优化，将更多管理操作流程由线下转移到线上，实现运营管理流程化、信息化，提升内部运营效率和降低成本。建立整体化的 IT 系统架构，通过云计算技术，实现 IT 资源的统一管理和集中供给。建立统一的数据平台，持续累积客户信息、产品服务信息，加强数据清洗、处理和分析，增强管理决策的基础和依据，实现数据驱动经营。

二、资金信托业务的风险管控优化

信托行业做大，离不开高效的风险管理做保障，信托行业需要吸取上一轮风险显现过程中的教训，对标先进金融机构风险管理做法，结合自身实际，不断增强风险管理能力。

（一）未来风险暴露值得关注

过快的信贷业务增长总会伴随风险，那么自 2016 年下半年以来的信托资产快速增长背后，可能也有类似问题，除了通道业务驱动，还有大量房地产等业务驱动，随着 2017 年房地产调控深化以及部分实体企业信用质量下降，风险可能会有所显现。但是，预计总体影响相对有限，主要是经历了上一轮下行周期，信托公司风险偏好并没有回升太高，而且现在信托行业的保障基金达到 1300 亿元，对于抵御行业风险形成较强的安全垫。

（二）提升全面风险管理体系建设水平

信托公司需要改变以信用风险为核心的风险管理体系，打造全面风险管理体系，将对信托公司经营发展具有重大威胁的风险全部纳入监管范畴，有效勾画风险地图，并定期更新风险清单，进一步完善风险的管理政策和制度、识别、评估、监控、报告等流程环节，最终实现全员风控、全业务条线风控、全风险种类风控。

（三）形成以经济资本为核心的风险防御体系

当前，信托行业建立的净资本管理主要是满足监管资本需求，而且主要是围绕信托项目开展，具有一定局限性。信托公司仍需要建立内部经济资本管理体系，在满足监管资本需求的基础上，构建有效应对各类风险的缓冲机制，促进业务结构有效调整，实现更高效的绩效考核。

（四）增强风险管理精细化程度

当前信托公司风险管理仍较为粗放，主要是专家型风控模式，面临标准不一和主观性强等不足，面对风险管控新挑战，信托公司需要实现更加精细化的风控体系。具体而言，加强风险管理的量化手段，诸如不断引进信用评级体系、限额管理体系，市场风险的 VaR 模型，操作风险的内部控制自我评估、关键风险指标等，从而能够更加准确地评估和管理风险；增强风险科技信息系统建设，有效实现风险数据汇总、分析和及时报告等功能。

（五）培育风险管理专业人才

信托行业风险管控专业人才仍不充足，对于专业人才培养的重视程度还不够，信托公司增强风险管理核心竞争力塑造归根结底还是在于加强各类风险管理专业人才的培养、选拔和引进，建设高素质、多风险条线的专业人才团队，实现更加稳健的经营发展。

（六）有效平衡风险管理与创新转型

随着信托公司转型发展的深化，业务领域也逐步多元化，突破了原有的房地产信托、融资平台等传统业务，在这种情况下，如何有效把控创新业务风险成为一个难点，尤其是在一些业务机会具有时点性时，问题更为突出。在这种情况下，既要管理好新业务风险，又不能在原有风险管理框架下继续束缚创新业务。信托公司转型发展不可逆，解决方案就是：等待创新业务在行业内操作成熟了再介入，风险整体可控；建立新的风险管理标准，如建立创新业务审查团队等。理想状态是针对一些公司重点布局、业务机会较好的创新业务，可突破现有风险管理框架或者提高风险容忍度；而对于部分依然无法看清或者业务机遇不是很大的创新领域，则采取跟随策略更为妥当。